囚われのいじめ問題

未完の大津市中学生自殺事件

北澤 毅
間山広朗……編

越川葉子
稲葉浩一
今井 聖
山田鋭生
紅林伸幸

岩波書店

目次

目　次

Ⅲ　囚われからの解放へ

凡　例

＊大津市中学生の自殺事件（二〇一一年一〇月）を「大津市いじめ自殺事件」（大津市事件）と呼称する。

＊新聞の引用表記は、原則として、①東京本社版朝刊は新聞名のみ記載し夕刊の場合「夕刊」と続け、②東京以外の本社版は新聞名の後に本社名を続け、③地方面は新聞名に続けて記載する。

＊大津市事件に関する第三者調査委員会報告書の正式名称は次のとおりである。
大津市立中学校におけるいじめに関する第三者調査委員会 二〇一三、『調査報告書』。

＊大津市事件に関する裁判判決文として、裁判所ホームページ公開版を使用する。
大津地方裁判所判決文：https://www.courts.go.jp/app/files/hanrei_jp/609/088609_hanrei.pdf
大阪高等裁判所判決文：https://www.courts.go.jp/app/files/hanrei_jp/420/089420_hanrei.pdf

＊元生徒らの表記は原則として右記の地裁判決文に従って、亡くなった男子生徒をXとし、いじめ加害が疑われた生徒をA、B、Cとする。第三者調査委員会報告書の人物表記もこれに従い修正して使用する。

＊〔　〕は引用者による注を示す。

序　章　「いじめ」とは何か
――苦痛・事実・社会問題――

北澤　毅

一　「いじめ」定義問題

（1）「いじめ問題」の問い方を変更する

「いじめ」が社会問題化してからすでに三〇年以上の時間が経過している。この間、何度も大きな社会的注目を浴びた「いじめ自殺」事件が起き、「いじめ問題」の深刻さが語られるとともに、さまざまないじめ問題対策が講じられてきた。そうした中、本書が検討対象とする大津市いじめ自殺事件（以下、大津市事件）が社会問題化したことを受けて、二〇一三年には「いじめ防止対策推進法（以下、いじめ防対法）」が制定され、教育現場はより徹底したいじめ対策を求められるようになってきている。しかしながら、これほど長期間にわたって問題視され、さまざまに対策が講じられてきているにもかかわらず、依然として「いじめ」も「いじめ自殺」もなくなる気配がないのはなぜなのか。

この種の問いに対してはすでにさまざまな議論が展開されてきているが、本書はそうした流れを踏まえつつも、あえて問いの立て方を変更するところから議論を始めたい。すなわち、「いじめ問題」

を解決するためには「いじめをなくす」ことが必要なのか、そしてそれ以前に、「いじめをなくす」ことは現実的な目標になり得るのか、ということである。

「いじめ」は排除の一形態と理解できるが、排除のない社会は歴史上存在したことがないはずだ。社会は、内部に異物を作りつつ排除するとともに、外部に敵を作りつつ対立することで自らのアイデンティティを打ち立て秩序を維持してきたということは、社会学や文化人類学の基本認識である。実際、現代日本社会にもさまざまな排除形態が内包されており、たとえば原発いじめや新型コロナウイルス感染者に対する差別のように、ときに露骨なかたちで噴出することがあるなど、排除メカニズムはさまざまにかたちを変えつつこの社会の中に不可避的に埋め込まれている。だから排除があるのは仕方がないなどと言いたいわけではない。「いじめ」という名の排除はなくならないかもしれないという前提のもとで「いじめ問題」の解決方策を考える必要があるのではないかということである。このように言うと、「いじめ」がなくならなければ「いじめ問題」は解決しないのではないかという反論が予想される。確かに、「いじめ」がなくなれば「いじめ問題」がなくなるのは自明の理であり、だからこそ、「いじめをなくせ」「いじめを早期発見し対応せよ」という主張は力をもつが、同時に、この種の考え方に社会が囚われ続けているからこそ「いじめ問題」は解決に向かわないのではないか、というのが本書の基本的な問題関心である。

(2)「いじめ」と「自殺」の関係性を問い直す

「いじめ」は子どもを死に追い込むほどの苦しみをもたらす、だから「いじめ」をなくせという訴えは説得的であるが、同時にこの訴えは、「いじめは死に値する苦しみである」といういじめ観を前提としてしまっている。それに対し本書が目指すのは、この種のいじめ観を問い直すことである。そもそも、「いじめ」と「自殺」とのあいだには、「病死」や「事故死」と同じような意味での因果関係が成立しているわけではない。病や事故と死との関係は必然的な因果関係をもつのに対し、「いじめ」から「自殺」までのあいだには、自殺を試みる人間が自分の経験を「いじめ」と捉え「いじめは死に値する苦しみである」と捉えるという、二段階に及ぶ解釈行為が介在している。そうでなければ、「いじめを苦に自殺をする」ことができない。

ただし誤解してほしくないのは、ここで問題としているのは一人一人の気持ちのもちようやそれぞれの主観的現実などではなく、日本社会の文化のありようであるということだ。なぜなら、「いじめ」と「自殺」を因果的に結びつけているのは慣習となった考え方であり、それは私たちの社会が三〇年以上にわたって作り上げてきた文化の一部であるからだ。[1] それゆえ、「病」→「死」や「事故」→「死」という因果関係は必然であるのに対して（もちろん、病の治療法は変化する可能性があるが、「病」→「死」という関係性それ自体は変化しない）、「いじめ」→「自殺」は、その関係自体を変化させることもできるはずだということである。

（3）「いじめ」を定義することの困難——「主観的現実」と「事実」との区別

たとえ親しい友人同士でもトラブルになることはあるだろうしケンカもするだろう。むしろ、そのような経験を積み重ねることで確かな友情が育まれることもあるはずだ。いじめの早期発見・早期対応を求める人々も、友人関係のこのような機微は認めつつ、「しかし、いじめは許されない」と言うのかもしれない。とはいえ、友情を育む可能性のあるトラブルと「いじめ」とを見分ける基準など存在せず、「いじめ」をどのように定義したところで、目の前で起きる出来事が「いじめである」と誰もが一致して言い当てることができるとは限らない。

このような「事実」観については後述するが、それとの関連でまず注目しておきたいのは、「いじめ」が社会問題となって三〇年以上の時間が経過する中で、文部科学省のいじめ定義が少なくとも三度にわたり書き換えられてきたということ[2]、さらには研究者らのいじめ定義も、森田・清永（一九八六）の四層構造論をはじめ、さまざまに提案され変化してきているということである[3]。その理由についてはさまざまに議論できるだろうが、もしかしたら私たちは、正体不明の問題について延々と語り続けてきているのかもしれない。いやむしろ、正体がはっきりしないからこそさまざまに語り続けることができるとも考えられる。いずれにせよ厄介なのは、定義しがたい「いじめ」に遭遇することで苦痛を覚え自殺をしてしまう子どもたちが、たとえ少数だとしてもあとを絶たないということだ。これは一体どういうことなのだろうか。

「苦痛を感じたらいじめ」といういじめ防対法の定義の目的は、被害者に寄り添い被害者の主観を最大限尊重しようとすることにあると思われるが、ここで確認しておきたいのは、被害者の「いじめられて苦しい」という主観的主張のみで「いじめ」事実と認定することができるのかということである[4]。苦しみの主張に耳を傾けるのは重要なことだが、寄り添うことの重要性と、「何が事実か」を明らかにすることの重要性とは明確に区別する必要があるはずだ、というのがここでの論点である。

しかし、いじめ防対法に基づくいじめ対策ばかりかマスメディア報道なども、「事実」をめぐるこの種の重要な問題を素通りしているように思われてならない。つまり、「いじめられて苦しい」という被害者の「主観的現実」と、ある出来事が「いじめ」と認定されることで「事実」になることとのあいだには決定的な違いがあるにもかかわらず、その相違を考慮せず一体のものとして扱うことで混乱を生み出しているのではないかということだ。そうだとすれば、「主観的現実」と「事実」との違いとは何か、その違いを理解することが「いじめ問題」解決にどのような意義をもつかを明らかにする必要があるだろう。この問題については、本書第4章から第8章にわたってさまざまな角度から切り込んでいるのでここでの詳述は控えるが、以下では、本書全体に通底する「事実」観についてのみ論じておきたい。

二　「事実」とは何か

（1）「事実」をめぐる信仰について

私たちはしばしば、「事実」についてまったく異なる考え方を状況に応じて使い分けているように思われる。たとえば、人それぞれモノの見方は違うから何が本当かなんてわからないと語りつつ、他方で、事件の真相は究明されなければならないと主張する、などのように。こうした思考パターンは、他者の気持ちなど本当にはわからないが、他者が発するこころのＳＯＳには気づくことができるなど、「事実」の捉え方に限らず、いろいろな局面に観察することができるだろう。このように、一見すると矛盾し対立しているように思われる考え方を、私たちはどのように使い分けているのか、さらには、使い分けを可能としている「事実」観とはどのようなものだろうか。

私たちの身の回りでは、日々絶え間なく何事かが起きているが、まだ言葉を用いて語られていない状態を、さしあたり「出来事」と名づけることにする。たとえば、教室で何かが起きているが、それが「遊び」なのか「ケンカ」なのか「いじめ」なのかははっきりしない、という状態を想定してほしい。とはいえ日常生活では、何かが起きると、「友達に無視された」「A君がB君を殴った」などの言葉が付与され（以下、「言葉を付与する」営みを「記述」と呼ぶ）「事実」として受け入れられ、そのようにして日々の相互行為はいつも通りに進行していく。そして、いつも通りだからこそ、そのほとんどは記憶にとどまることもなく忘却の彼方へと過ぎ去っていく。

しかし、何か「特別」と思える出来事が起きたときのことは、事あるごとに思い出したり話題にしたりするだろうし、生涯の記憶として刻印されるかもしれない。つまり、私たちが「何かが起きた」と注意を向けたり語ったりするのは、何らかの意味で人生の中の特別なこととして選び取られた出来事であるということだ。ここで重要なのは、「語ること＝記述すること」は、記述者本人が自覚しているかどうかにかかわらず本質的に「選択」行為であるということ、言い換えれば、出来事の記述のすべてには記述者の解釈が含まれており、「ありのままの記述」などというものは存在しないということ、それはつまり、あらゆる記述について、原則として別の記述の可能性が存在するということである。もっと強く言うなら、唯一正しい事実という意味での「真相」や「客観的事実」などというものはこの世には存在しないということである。

（2）「人それぞれの主観的現実」と「社会的な事実」との関係

しかしでは、記述することが「事実」を構成することになるのだろうか。これについては、ある記述はさしあたり一つの「主観的現実」を構成するが、それが「事実」になるかどうかはまだわからない、ということになる。そうだとすれば、これら二つの概念の違いは何か、区別することにどのような意義があるのか。

まずは「主観的現実」についてだが、人によって利害関心や立場が異なるばかりか出来事を見る位置も異なるゆえ、「主観的現実」は無限に生み出される可能性がある。それゆえ、生徒同士の相互行為を「いじめ」と記述するか「ケンカ」や「プロレスごっこ」と記述するかは人によってさまざまであり得るのだが、これは何も特別なことではなく、私たちが日常的に受け入れている「人それぞれ」という経験的命題の言い換えに過ぎない。

「人それぞれ」の世界とは、身の回りで起きる出来事の一部を切り取り、そのつど言葉を使って記述し意味を付与することで作り出している世界というほどの意味だが、この世界は、基本的には私だけの主観的意味世界と言って良い。ただし、だからといって孤立した独断的な世界というわけではない。そもそも言葉は歴史社会的なものであり公共的なものであるから、言葉を使って記述することで立ち上げた私の世界（＝主観的意味世界）は他者にも理解可能である。しかしここで重要なのは、理解が可能であることと、理解が一致することとは異なる（「可能」≠「一致」）ということだ。

あなたの意味世界は理解できる、しかし、私の意味世界はあなたとは違う、といったすれ違いは日常的に起きるが、だからといってコミュニケーションが不可能となるわけではない。というよりもむしろ、解釈の相違（各人各様の現実）を確認できるということはコミュニケーションが成立しているからであり、こうして私たちは「考え方は人それぞれ」と納得することで生きている。

（3） 構築されるものとしての「社会的な事実」

しかしその一方、非日常的な何事かが起きれば、「人それぞれ」では済まされなくなる。教室の窓ガラスが割れる、誰かが怪我をする、誰かが事故死するなど、ことの重大性はさまざまであったとしても、何らかの非日常的な出来事が発生すれば、その被害がどの程度で誰が責任を負うべきかが重大関心事となり、「何が起きたのか（＝事実）」「なぜ起きたのか（＝原因）」をはっきりさせなければならなくなる。こうして私たちは、「人それぞれの現実」が漂う世界から「ただ一つの真相（真実）」が希求される世界へと劇的に移行することになる。

いうまでもなく私たちは、究明を待つ「真相」があらかじめ存在していると思うからこそ真相究明を求めようとする。しかし、究明以前に「真相」が実在しているわけではなく、究明という行為が「真相」を作り出すと捉えるのが、構築主義に依拠する本書の基本的な「事実」観である。(5)

ここでの真相究明行為という概念には、たとえば学級会の場で教師や生徒たちが窓ガラスが割れた事情を明らかにしていく行為も、マスメディアが社会的注目度の高い事件を報道する行為もどちらも含まれる。なぜなら、窓ガラスが割れる現場や凄惨な事故現場に居合わせたと思われる人びと（実行者、目撃者など）それぞれの主観的現実が、学級会、マスメディア報道、あるいは警察捜査、裁判など、多様な公的組織の場において検証され、「真相」という名の「事実」に収斂していくという意味では同じメカニズムが働いていると考えられるからである(ときには迷宮入りもあるだろうが)。

ここで重要なのは、「真相」や「真実」とは、人それぞれの主観的意味世界とはまったく異質な「社会的で公的な事実」であり、私たちの人生に重大な影響を及ぼす道徳的かつ強制的な「力」であるということだ。大津市事件に関連させて言うならば、警察による「自殺」判断に始まり、大津市教育委員会による「加害者三名によるいじめ」認定、さらにはマスメディア報道による「いじめ自殺」事件としての社会問題化、それに続く第三者調査委員会や裁判所による「いじめ」の事実認定や「自殺」の因果関係認定などのすべては、公的組織による判断という名の記述実践であり、こうした組織的記述実践によって制作されたものこそが、本書の定義する「事実」である。

(4) 「神の視点」からの創作としての「真相」

ただし「事実」は一枚岩でも確定的なものでもなく、その後の状況次第で書き換えられていく可能性をもっており、これはあらゆる「事実」に該当する基本原理である。しかしたとえそうだとしても、私たちは「真相」究明という営みをやめることはないだろう。だとすれば、そこで希求されている「真相」とはどのような特徴をもった「事実」として想定されているのだろうか。

『刑事コロンボ』というテレビドラマがある。日本では、一九七〇年代に大きな注目を浴びた一話完結のシリーズものである。このドラマを物語の構造という視点から見たときの最大の特徴は、私たち視聴者側にはあらかじめ犯人が知らされており、コロンボ警部が真犯人をいかに追い詰めていくかをコミカルかつスリリングに描いている点にある。

ドラマの冒頭部分で犯行の一部始終が描かれるが、現場には加害者と被害者しか存在せず、目撃者はいない。犯人は社会的地位が高く、用意周到なアリバイ工作をし、完全犯罪に近い殺人を実行する。そして私たち視聴者は、現場にとっての外部からその様子を眺めることになる。いうまでもなく現実世界においては、こうした外部の視点から事件を見ることのできる人間は存在しない。というよりも、視聴者の立場のような「外部」など存在しない。その意味で、私たち視聴者は誰のものでもない視点、言い換えれば、現場を超越した「神の視点」からアリバイ工作や殺人現場を眺めていることになる。こうして私たち視聴者は、事件の本当の顚末(＝真相)をすでに知っているので、コロンボ警部の捜査の正しさを確信をもって保証できる立場にある。まさにこれこそが、私たちが求めている「真相」の構図と言って良いのではないか。

しかし現実の世界はどうだろうか。警察や裁判所が到達すべき正しい着地点を、あらかじめ知っている人間がいるだろうか。思わず当事者なら知っているはずだと言いたくなるが、必ずしもそうとは言えない。この問いに対する解答は、黒澤明監督の映画『羅生門』の中に印象深く描かれているが、当事者ばかりか目撃者でさえ、「自分の立場から現場を見る」という制約を超えることはできない。それゆえ、現実世界の中では神の視点をもち得ない私たちには、「真相」という名の揺るぎない「客観的事実」には到達できないということになる。

(5) 構築主義的社会問題研究の意義

「事実」についての以上のような主張にどのような意義があるだろうか。たとえ神の視点に立てる存在がいないとしても、だからといって現実世界では「真相」究明という名の営みが消えることはないだろう。私たちの世界では、日常生活を破壊するような不測の事態や異常事態が連綿と続いてきたし、これからも続くはずだ。そしてそのたびに、真相究明や原因究明を求めざるを得ない状況が出現することになる。しかし実は、だからこそ神の視点をもち得ない私たちは、事実認定という名のもとに何がなされているかを絶えず検証し続ける必要がある。なぜなら、それを怠ると、神の視点をまとった「真相」の前にひれ伏すことにより、それとは異なる「事実」を示唆するようなさまざまな「主観的現実」が抑圧されることになりかねないからである。

たとえば、ある出来事が社会問題化する場合、大津市事件の「自殺練習させられた、市教委は公表せず」という新聞見出しのように、何ら予備知識のない読者や視聴者でも即座に事件の概要が理解できるようなわかりやすい物語形式が採用される。そこでは不確定で流動的な要素を孕む出来事を定型化された物語構造やストーリー展開の中に落とし込むために、多くのものが削ぎ落とされているはずだ。

社会問題化の起点は、非日常的な出来事が起きたその時点もあれば、かなりの時間が経過してからの場合もあるだろうが、いずれにせよそれ以前の出来事は、問題視を起点として振り返ることで、「なぜいじめに気づかなかったのか」などと非難されることになる。このような過去の再解釈は、出来事が起きた過去からすれば、私たちが生きている現在は「未来」となるという意味で、構造的には神の視点からの過去の断罪とみなせる。格言じみた言い方をすれば、それはたやすい行為であるがゆえに危うさを秘めている。もちろん社会問題化は、多様な「現実」を抑圧するように機能するだけではなく、抑圧されてきた「現実」を掘り起こし、定説という名の「事実」を、新たな「事実」に書き換える機能を果たすこともある。その意味では、ある出来事の社会問題化がどのような社会的意義をもつかは、時間経過の中で変化する可能性があるということも確かである。

なお、誤読を防ぐために急いで補足しておくなら、「真相」とは組織的に作られた社会的構築物であると主張することと、日本のマスメディアはフェイクニュースを流しているなどと主張することとはまったく次元が異なる。ここで言いたいのは、神の視点などこの世に存在しないとすれば、たとえばマスメディアは、その時々の複層的で流動的な出来事の中の何を切り取りどのような文脈の中に位置づけて報道しているのか、そうしたことが常に問われなければならないということである。それゆえ本書では、大津市事件の社会問題化とその後の推移、さらには事件の特徴とそれがもつ社会的意義などを、可能な限り複層的な視点から立体的に描き出すことを通して、現代日本における「いじめ問題」の特質を明らかにすると同時に、「いじめ問題」が陥っている混迷状況から抜け出す方策を考える一助となればと思う。

三 「大津市いじめ自殺事件」をめぐる本書の問題関心

（1） 本事件との出会い方

私たちが大津市事件に注目し始めたのは二〇一一年一一月、私の知人からの、大津市内の中学生が自殺をしたようだとの一報が始まりだった。新聞を調べたら、男子中学生の転落死の記事を見つけることができた。ほどなくして高島市でもいじめ加害者の中学生が少年院に送致されたという新聞報道が続いた。偶然とは言え、新聞で報道されるようないじめ事件が、隣接する二つの市で連続して起きたことが気になり始め、まずは情報を収集したいと思い、新聞社の知り合いと、当時滋賀大学教授だった紅林伸幸氏(本書第9章担当)を通じて、大津市内の新聞社地方局と滋賀県内の中学校に勤務する複数の教員にインタビューするところから調査を始めた。それが二〇一二年二月後半であり、その調査期間中に、自殺した生徒の遺族が民事訴訟を提起したというニュースを知ることになる。それゆえ、しばらくはこの事件を追いかけてみようと思い、同年六月、滋賀県内の中学校教員を主な対象とした二回目のインタビュー調査を実施した。

そして、夏休みに向けてどのような調査計画を立てようかと考えていたところに「自殺練習」報道があり(二〇一二年七月四日)、事態は一変した。その後しばらくは、とても調査できるような状況ではなかったので、在京キー局テレビ報道の録画をはじめ、新聞や週刊誌報道などを中心に可能な限り情報を収集するとともに、インタビュー調査を再開できそうなタイミングを考えつつ事態の推移を見守り続けた。そして、同年一一月初旬にインタビュー調査を再開し、その後これまでに、遺族とその弁護士、加害者とされた少年たちとその家族や弁護士、新聞社やテレビ局を含めた複数のマスメディア(インタビュー依頼を拒否されたり無視されたケースも複数ある)、大津市を含む滋賀県内の小中学校教員、第三者調査委員会の複数の委員をはじめ、本事件に何らかの関係をもつ実に多くの方々にお話しをうかがう機会を得た。さらには、二〇一七年後半に大津地方裁判所で実施された四回の証人尋問、二〇一九年二月の大津地方裁判所判決、二〇二〇年二月の大阪高等裁判所判決なども傍聴した。

（2）大津市事件の再検証——揺るがない「事実」と揺らぐ「事実」

二〇一一年一〇月一一日、大津市で中学二年生の男子生徒が自殺をした。しかし、本事件が社会問題化したのは、その約九カ月後の二〇一二年七月四日の毎日新聞報道からである（詳しい経緯については第1章や第2章を参照）。だとすれば、およそ九カ月間に、遺族と学校や教育委員会とのあいだでどのようなやりとりがあったのか。なぜ七月四日に社会問題化したと言えるのか。その後、どのような展開を経て二〇二〇年二月の大阪高等裁判所の「いじめが自殺の原因である。ただし、自殺を防げなかったことには家庭にも過失がある」とする判決に至ったのか。

この高裁判決に至るまでにはさまざまな紆余曲折があったが、「深刻ないじめが自殺をもたらしたにもかかわらず、担任教師は適切な指導をしなかった」という「事実」（以下、「事実Z」）は、マスメディア報道をはじめ、第三者調査委員会報告書、そして地裁と高裁の判決に至るまで、ほぼ一貫して維持されてきた。しかし他方、社会問題化するきっかけとなった「自殺練習」をはじめ、「加害者三名説」「家庭環境原因説」など、本事件を構成するいくつかの重要部分の判断をめぐっては、時間経過の中で重大な変更があった。それゆえここでは、本事件の特徴を理解してもらうためにも、上記三つの論点がどのように変遷してきたかを振り返っておきたい。

まずは、「自殺練習」報道だが、そもそもそのような事実があったかどうかが曖昧になり、地裁や高裁の事実認定過程においてはまったく言及されなくなった。転機となったのは滋賀県警の動きである。滋賀県警は過熱報道を受けるかたちで当該中学校と市教委に対する強制捜査に乗り出し、さらに死亡したX君と同学年の約三〇〇人の生徒に事情聴取を行った。そして八月末に、「自殺練習を目撃した生徒はいなかった」という重要な見解を表明するが、この警察見解の報じ方において、新聞各社によって際だった違いが見られた。

第二に、本事件が「いじめ自殺」事件であるとすれば、誰がいじめ加害者かが重要な問題となるが、報告書が生徒Cを加害者から除外した段階で加害容疑生徒は三名から二名となり、地裁や高裁も加害者は二名と判断している。

加害者三名説が公式に表明されたのは、二〇一一年一一月二日の市教委の記者会見の場であるが、それを受けて遺族は、二〇一二年二月二四日の民事提訴において、同級生三名とその保護者と大津市の責任を問うことにした。マスメディアも同級生三名を加害者とする報道を続けたが、そのことで三名の生徒とその家族はさまざまなかたちの過酷な社会的制裁を受けることになる。

一方マスメディアは、いじめを自殺の原因と認定した第三者調査委員会による報告書内容を大きく報道しているが、当初三名だった加害者が二名と判断されたことについては本文中で言及するにとどまり、それ自体を焦点化することはなかった。加害者が二名だろうが三名だろうが、「いじめ自殺」が認定されたことの方が重要だという判断が働いたのかもしれない。その一方でインターネット上には、いまだにCを加害者扱いしているブログやまとめサイトなどが存在することを強く申し添えておきたい。

ただそうした中で、「記者ノート　『加害者』認定」と題する毎日新聞の小さな記事（二〇一三年三月四日）は、加害者認定において、三名説を唱える市教委や警察と二名説を唱える報告書とのあいだで判断が分かれたことに注目している。そして、報道により加害容疑生徒たちが激しい社会的バッシングを受けたにもかかわらず、「『加害者』の認定が紙一重だとしたら恐ろしい」と論じ、それを受けて、いじめ定義の確立を求める論調となっている。また、はっきりと述べられているわけではないが、本事件を取材し「加害者三名説」の報道にかかわった記者としての自省の念が込められている記事として読むことも可能な内容である(6)。

そして第三に、自殺と家庭環境の関係についての判断の変遷である。社会問題化した二〇一二年七月時点では、大津市教育長は、家庭にも問題があった可能性があるとの見解を表明していたが（読売新聞大阪本社 二〇一二年七月一八日など）、報告書は家庭環境原因説を完全に否定し、「いじめが自殺の原因である」と断言している(7)。そして高裁は、自殺の原因はいじめだが、X君を精神的に支える家庭環境を整えることができなかったのは遺族の過失であるという判断を示している。

一方マスメディアは、自殺報道以降一貫して、家庭環境問題への言及を避けてきたといえる。中でも、二〇一七年後半に実施された四回にわたる証人尋問の報道の仕方に、マスメディアの姿勢が如実に現れているように思われる。法廷では、自殺の原因が「いじめか家庭環境か」をめぐって緊張感のある質疑応答が展開されたが、テレビや新聞の大半は、「いじめ自殺事件」という枠組に依拠して証人の発言内容を切り取り報道するのみで、傍聴人としてその場を共有していた私たちは強い違和感を覚えた。家庭に原因があったと言いたいわけではなく、証人尋問の様子の報道の仕方としては、あまりに偏りすぎていたのではないかということである。

以上が、本事件が「いじめ自殺」事件として構成される過程において変遷した三つの論点であるが、「それがどうした」と思う読者も少なくないと思われる。たとえば刑事ドラマなどでは、真偽不明のさまざまな情報が錯綜する中、捜査が進み、最終的に真犯人が逮捕され「真実」が明らかになるという定型化された物語が存在するが、本事件もまた同じように、「自殺練習はなかったかもしれないが、いじめはあった」「三名ではなく二名だったかもしれないが、いじめ加害者はいた」「家庭環境にも問題がなかったとは言えないかもしれないが、自殺の原因はいじめだった」など、さまざまに紆余曲折を経ながら「事実Zという真実」に最終的に到達したのだと理解されているのかもしれない。

しかし本書の基本的な立場は、マスメディア報道から高裁判決に至るまで一貫して「事実Z」を認定しているからといって、「事実Z」を「客観的事実」や「真実」と捉えているわけではないということを、まずは明確にしておきたい。ただしそれは、「事実Zが嘘を含んでいる」とか、「事実Z」とは異なる「〈隠された真実〉が別にある」と主張したいからではない。そうではなく、マスメディア報道から始まり高裁判決に至るまでの過程において、「事実Z」がどのように構成され維持されてきたかを明らかにすることが本書の課題であるということだ。つまり、「何が真実か」を追求するのではなく、事実認定をめぐる重要な変遷を含みつつ、「事実Z」が「真実」という社会的地位を獲得するまでの過程を解明することを目指しているということである。

四　本書の構成

第1章では、本事件が社会問題化する起点ともなった新聞報道を分析対象とする。新聞は何をどのように報じることで、本事件を社会問題化し「事実Z」を中核とする諸事実を構成してきたのかについて、自殺後から社会問題化初期段階までの報道過程に焦点化して、「掲載紙面の比較」という独自視点からの分析を試みる。全国紙にとって、たとえば大津市で発生した事件を報道しようとするなら、掲載可能な紙面は、滋賀県面、大阪本社版、東京本社版と基本的には三カ所あり、新聞社は、その出来事をどのようなタイプのニュースと捉えるかによって掲載紙面を決定しているはずであるという仮説的見通しをもって、全国三紙と京都新聞の記事を比較分析している。

続く第2章と第3章ではテレビ報道を分析しているが、社会問題の構築過程の解明を目指す研究においてテレビ報道を分析対象とすることには、基本的な困難がともなう。なぜなら、予知能力のない私たちには、どこで何が起きるかなどあらかじめ知り得ないゆえ、ある出来事が社会問題化した事後にしか研究を開始できないからである。もちろん、それでも実りある研究は充分可能だが、少なくとも、社会問題化の初期段階で、テレビがどのような報道をしていたかを把握することは難しい(8)。

しかし私たちは、社会問題化以前から本事件を知っておりインタビュー調査も開始していたがゆえに、二〇一二年七月四日以降の在京キー局テレビ報道のほぼすべてを録画することができた。その意味でも第2章と第3章は、社会問題化過程におけるテレビの役割について、新たな知見を提供するものとなっていると自負している。

そして第4章では、「事実Z」の輪郭が形成された事後に登場し、「本事件はいじめ自殺事件である」という事実認定に正統性を付与する役割を果たした第三者調査委員会報告書と、それに続く大津地方裁判所と大阪高等裁判所の判決文という三つの公的文書を分析対象とすることで、第三者調査委員会や裁判所が、「いじめ」事実を認定するためにいかなる論理や方法を使用しているかを明らかにしようとしている。

以上が、第Ⅰ部を構成する四つの章の概要である。「自殺練習」「いじめ事実を隠蔽する教育委員会」「加害者三名説」「家庭環境原因説」などの重要論点は、「事実Z」の周辺で消滅したり修正されていくという意味では「揺らぎを孕んだ事実群」と呼ぶことができるが、それらは社会的に観察可能な「事実」レベルの揺らぎであるという点が重要である。実際、第1章から第4章までの主たる分析対象は、新聞、テレビ、判決文などの公的な情報や文書であり、原理的には誰にでも接近可能なデータである。

それに対して第Ⅱ部で主たる検討対象とするのは、第Ⅰ部で取り扱った「事実」とは位相が異なり、「主観的現実」に該当する社会現象であり、本事件の当事者たちが、社会問題化という特殊で非日常的な世界を生きる中でいかなる経験を強いられたかを、当事者の生きる意味世界（＝「主観的現実」）に着目して描き出すことを目指している。

加害者側であれ被害者側であれ、社会問題化の波に飲み込まれた当事者たちの「主観的現実」は、「事実Z」が構成されていく過程の中で変形され抑圧されることは避けがたく、それゆえ当事者の

「声」を直接聞くことが必要になる。なお、当事者の「声」には、インタビュー調査の場での発言のみならず、証人尋問の場での当事者たちの発言や遺族の手記なども含まれるが、それらの「声」に耳を傾けることで、当事者たちの当時の「主観的現実」や、事件後の特殊な経験を明らかにすることができるだろうし、そうすることで「事実Z」を相対化する重要な契機を得ることができるはずだと考えている。

まず第5章では、「いじめ自殺」事件の遺族の経験に焦点化している。「遺族になる」とはどういう経験なのか、ということが本章の問題関心であり、その意味で、大津市事件を含むいくつかの「いじめ自殺」事件の遺族の語りから解き明かすことを試みている。もちろん、「いじめ自殺」事件の遺族にそれぞれ固有の経験があったことは確かだとしても、本章では、「いじめ自殺事件の遺族」というカテゴリーを引き受けざるを得ないことによって生まれる、共通した経験の特質を明らかにすることを主眼としつつ、私たちの社会は、遺族の苦しみにどのように向き合うべきかという難しい問題に対して、一つの方向性を示そうと試みている。

次に第6章では、加害者側家族の経験に焦点化している。ただし「加害者」とは、社会が「加害者」とみなしているという意味での「加害者」であり、そのことで少年たちとその家族がどのような経験を強いられてきたかを明らかにすることを目指している。

そして第7章では、「いじめ問題」において、直接の当事者である「いじめる側」「いじめられる側」以外で、最も強く当事者性を要求されている担任教師の経験の特質を考察対象としている。「いじめ」が社会問題化してから現在までの三〇年以上の時間経過の中で、「いじめ問題」に対する教師の位置取りは大きく変わってきている。その変遷を踏まえたうえで、元担任教師がX君を中心とした学級の人間関係をどのように理解し対応していたのかを、証人尋問の場での元担任の「声」と、インタビューや判決文の中に登場するクラスメイトたちの「声」とを比較分析することで明らかにしようと試みている。

続く第Ⅲ部の第8章と第9章は、7章までの展開を踏まえた総括的な議論となっているが、それぞれ異なる視点から地裁と高裁の判決内容を検討している。第8章前半では、地裁と高裁の判決文を「物語」の視点から詳細に読み解くことで、何が原因での自殺だったかは「わからない」という結論に達する。それを受けて後半部では、本事件についての羅生門的解釈を試みつつ、「いじめ自殺」は常に未完の物語であることを指摘すると同時に、子どもの自殺を「いじめ自殺」物語に回収することを「理解の暴力」と捉えたうえで、「わからない」という結論のもつ積極的な意義を論じている。

第9章では、いじめ防対法施行後も、必ずしも「いじめ」をめぐる状況が改善されていない現状を踏まえたうえで、報告書といじめ防対法および二つの判決文を、修復的司法論に依拠して比較検討することで、それらの中に、「いじめ」に対する異なる二つのまなざしが存在していると論じる。

以上、第1章から9章までを通して、各執筆者の問題関心から多様な資料にアプローチすることで、「事実Z」には収まりきらない本事件の複雑な様相を浮かび上がらせることを目指した。社会的にも法的にも「いじめ自殺」であることが確定している本事件を、なぜわざわざ掘り起こすのかと言えば、本書で得られたさまざまな分析的知見こそが、現代日本社会に深く根づいてしまっている「いじめ問題」の解決に資すると考えるからである。そのために終章では、「いじめ問題」への囚われの姿をより一般化して描き出すとともに、そこからの脱出方法の提言を試みる。

注

（1） 北澤（二〇一五）は、日本の主要マスメディアが、一九八五年一月に発生した水戸市中学生自殺事件を「いじめ自殺」事件として報道したことが、「いじめ」が自殺の動機の語彙となる社会の成立を促したと主張している。

（2） 文部科学省は、いじめ定義の変遷を四期（昭和六一年、平成六年、平成一八年、平成二五年）に分けて示している。https://www.mext.go.jp/component/a_menu/education/detail/__icsFiles/afieldfile/2018/03/19/1302904_001.pdf

（3） 芹沢（二〇〇七）は、一九八六年当時の文部省、警察庁、森田・清永の定義と、一九九四年の定義を踏まえた文科省試案（二〇〇六年定義の原案）という四種類の定義を比較検討し独自の定義論を展開しており、参考になる。しかし、定義を明確にすればいじめ事実を確定できるとする考え方には賛同できない。この種のいじめ定義問題については北澤（二〇一五）で詳細な議論を展開している。

（4） 一例だが、日本弁護士連合会は、「いじめ防止対策推進法『三年後見直し』に関する意見書」（二〇一八年一月一八日）を文部科学大臣に提出しており、その中で、「いじめの定義に関する問題」について詳しく論じている。https://www.nichibenren.or.jp/library/ja/opinion/report/data/2018/opinion_180118_05.pdf

（5） 構築主義については第1章でも論じるが、日本語で読める基本文献としてスペクターとキツセ（Spector and Kitsuse 1977／邦訳 一九九〇）やベスト（Best 2017／邦訳 二〇二〇）などがある。

（6） 繰り返しになるが、「定義の確立が重要」とする記者の考え方は芹沢（二〇〇七）の定義論と同型であり、受け入れることができない。なぜなら、いじめ定義をどのように工夫しても、ある行為が「いじめ」かどうかは自動的に決まることではなく、定義を運用する人物や組織の解釈に委ねられるのであり、その意味で「紙一重」的状況は永遠に解消されないというのが社会的行為の本質であると思うからだ。

（7）　報告書では家庭環境にかかわる部分はすべてマスキングされており、第三者は読むことができない。
（8）　テレビ番組の映像データベースとしては、NHKアーカイブス（川口市他）と放送ライブラリー（横浜市）が存在するが、民放のニュース番組やワイドショー番組などはデータベース化されておらず、テレビ報道の分析に関しては調査上の限界がある。

文　献

北澤毅　二〇一五、『「いじめ自殺」の社会学――「いじめ問題」を脱構築する』世界思想社。
菅野盾樹　一九八六、『いじめ＝〈学級〉の人間学』新曜社。
芹沢俊介　二〇〇七、『「いじめ」が終わるとき――根本的解決への提言』彩流社。
森田洋司・清永賢二　一九八六、『いじめ――教室の病い』金子書房。
Best, J. 2017, *Social Problems, Third Edition*, W. W. Norton & Company.（赤川学監訳『社会問題とは何か――なぜ、どのように生じ、なくなるのか？』筑摩書房、二〇二〇年）
Spector, M. and Kitsuse, J. I. 1977, *Constructing Social Problems*, Cummings Publishing Company.（村上直之・中河伸俊・鮎川潤・森俊太訳『社会問題の構築――ラベリング理論をこえて』マルジュ社、一九九〇年）

I

社会問題化した「大津市いじめ自殺事件」

1　新聞報道にみる「大津市いじめ自殺事件」の社会問題化

越川葉子

一　「大津市いじめ自殺事件」報道のはじまり

二〇一一年一〇月一一日午前八時ごろ、滋賀県大津市で中学二年生の男子生徒（以下、X）が自宅マンションから転落死した。のちに全国的な関心を集める「大津市いじめ自殺事件」（以下、大津市事件）報道のはじまりの出来事である。

この出来事は、翌一〇月一二日に全国紙の滋賀県面で小さく報じられた。ところが、それから半年以上が過ぎた二〇一二年七月四日に事態は一変する。Xの死後に中学校が行ったアンケートで、一五人の生徒が「（Xが）自殺練習をさせられていた」と回答していたこと、そして、アンケート回答を大津市教育委員会（以下、市教委）が公表していなかったことが、全国の新聞・テレビで一斉に報じられたのである（**図1**参照）。

二〇一二年七月四日以降も事態は目まぐるしく動く。越直美大津市長（当時）がXの自殺といじめの因果関係を認め（七月一〇日）、警察による学校と市教委への強制捜査（七月一一日）、第三者調査委員会の設置（八月二五日）など、短期間のあいだにさまざまな公的組織・人物が大津市事件に関与していった。そして、二〇一三年一月三一日、第三者調査委員会は大津市に調査報告書（以下、報告書）を提出、いじめがXの自殺の直接的要因との見解を示す。これを受け、大津市は「大津市子どものいじめの防止に関する条例」を制定し、二〇一三年四月一日より施行、のちに「大津モデル」と言われるいじめ対策を打ち出していく。その後も「いじめ防止対策推進法」（二〇一三年六月二一日成立、同月二八日公布、同年九月二八日施行）の制定や道徳の「特別の教科」化、教育委員会制度の改革など、国政レベルでの施策が矢継ぎ早に行われ、大津市事件を契機に日本社会の教育現場のあり方に変化がもたらされた。

【新聞定価1ヵ月3,925円（本体3,738円）】1部売り（消費税込み）朝刊130円 夕刊50円 〔第3種郵便物認可〕

大津・中2飛び降り

「自殺練習させられた」

生徒15人が指摘

大津市で昨年10月、同級生からいじめを受けていた市立中学2年の男子生徒（当時13歳）が自宅マンションから飛び降り自殺した問題で、学校が全校生徒に実施したアンケートに対し、15人の生徒が「自殺の練習をさせられていた」と回答していたことが3日、関係者への取材で分かった。市教委は昨年11月の記者会見でこの事実を明らかにしていなかった。【村山豪、石川勝義、千葉紀和、加藤明子】

市教委は公表せず

男子生徒の両親が今年2月、大津市や加害生徒3人と保護者を相手取り、約7720万円の損害賠償を求めて大津地裁に提訴。5月の第1回口頭弁論で市はいじめがあったと認めたが、「いじめを苦にしての自殺と断じることはできない」と主張していた。両親の代理人はアンケートの回答について、17日に開かれる第2回口頭弁論に提出する準備書面で主張する。

アンケートは男子生徒の自殺後にいじめについて実施し、約320人が回答した。15人の生徒は「自殺の練習とか、トイレで殴られていたとか、死んだスズメを口の中に入れろと言われていた」「何回も自殺の練習をさせられていた。先生に相談したけど何もしてくれなかった」などと回答。「昼休みに毎日自殺の練習をさせられていた」「がんの友達に自分の命をあげるなどと言っていたらしい」との回答もあった。

また、13人が「友達なのにお金を恐喝されていた」「脅して銀行の番号を聞き出し、その銀行からとったお金を使っていた」と回答、15人が「万引きを強要されていた」と、書いた。

男子生徒は昨年10月11日朝、自宅近くのマンション敷地内で倒れているのが発見され、県警大津署が自殺と断定した。学校側は当初「いじめは把握していない」としていたが、全校生徒へのアンケートでいじめの事実が判明した。

これまでに明らかになったのは、ヘッドロックをかける▽トレーニングと称して押さえ込む▽毎日のようにズボンをずらす▽蜂の死骸を食べさせようとする――などで、担任が目撃していたが、軽い注意にとどまっていた。

市立中の教頭は「アンケートをしたのは事実。訴訟中であり、コメントは差し控えたい」と話した。

真実追求の冒とく

教育評論家の尾木直樹法政大教授（臨床教育学）の話　これだけの生徒の回答がありながら事実を一切隠してしまうのは、真実の追求に対する冒とくだ。これまで同様の事件は何回も繰り返されてきたが、そこから何の教訓も得ていない。教育行政としての機能が喪失しており、本当にあきれてしまう。

図1　2012年7月4日毎日新聞
（東京本社版・朝刊）

こうして大津市事件は、近年のいじめ問題を代表する社会問題になった。

だが本章は、大津市事件は、Xの自殺が新聞で最初に報じられた二〇一一年一〇月一二日ではなく、二〇一二年七月四日に社会問題になったと主張する。では、この主張には、どのような根拠と意義があるのだろうか。本章ではこの問いに応えるために、二〇一二年七月四日より前と以降の新聞報道に着目し、大津市事件の社会問題化の過程を明らかにしていく。

二 「社会問題になる」とは

本章は、「社会問題は、なんらかの想定された状態について苦情を述べ、クレイムを申し立てる個人やグループの活動である」(Spector and Kitsuse 1977／邦訳 一九九〇、一一九頁)というスペクターとキツセの社会問題の定義に依拠している。彼らの定義の最大の特徴は、社会問題の実在性を否定し、「社会問題とはクレイム申し立て活動である」と主張している点にあるが、同時に、人々が述べる苦情が「社会問題をめぐる異議申し立て」のクレイムとして解釈されるかどうかは、その後に続く他者の反応が決定的に重要であるとも指摘している(1)。

たとえば、ある人が友人や家族との日常会話の中で、ある社会的な出来事(子どもを希望する保育園に入れることができない)について不満を述べたとしよう。この種の不満は、状況の改善を求める要求を他者に申し出ることなく、日常会話のような私的な言説空間にとどまっている限り、一般性を有した社会問題とは無縁である。しかし、その不満が、マスメディアレベルでの言説空間で「待機児童問題」の一事例として報道されたとすれば、個人的な不満は、社会問題についてのクレイムとしてマスメディアに解釈されたといえる。むろんマスメディアは、個人や組織のクレイムの受け手として報道するだけでなく、自らある出来事を報道することでクレイムメーカーとなることもある。しかし、いずれにせよここで重要なのは、マスメディアで報道されたすべてのクレイムや出来事が社会問題化するわけではない、という当然の事実である。だとすれば、マスメディアに報道されたクレイムや出来事であっても、社会問題化するものとしないものとを分ける、何か規則だったメカニズムがあるのではないかという新たな問いが生まれる。そこには複雑な様相が想定できるが、本章では新聞報道の複層性に着目することで、あるクレイムや出来事が社会問題になる過程を明らかにしたい。

新聞報道の複層性は、これまで専ら、全国紙と地方紙という枠組の中で捉えられてきた。水俣病問題の新聞報道を分析した小林（二〇〇三、小林編 二〇〇七）は、地方紙から全国紙へと報道が移行する過程で問題の争点が収斂し、記事の読み方が方向付けられていくことを明らかにしている。また、二〇〇〇年に岡山で起きた少年犯罪「バット殴打事件」の新聞報道を分析した伊奈（二〇〇三）は、全国紙と地方紙では問題へのアプローチが異なること、地域には地域特有の論理があり、その論理をもって出来事を理解しようとする地域住民の存在があったと論じている。これらの先行研究は、ある地域で起きた出来事が新聞で報じられていく中で、全国紙と地方紙では問題化する視点や論理の特徴が異なることを指摘する。また、水俣病問題や少年犯罪といった社会問題の一事例を扱うことで、全国紙も地方紙も「実在する社会問題」を報じているという視点を共有している。しかし、ここで注意したいのは、日本国内のどこで起きた出来事であっても、全国紙の県面[2]などの地域面や地方紙でしか報道されないとすれば、それは「社会問題になった」とは言い難いのではないかということだ。

この点について北澤（二〇一五）は、「社会問題になる」という場合の「社会」の内実を問わなければ、「あらゆる揉め事が社会問題となってしまい、社会問題概念自体が存在意義を失う恐れがある」（五六頁）と指摘し、「『社会』概念が、地域性からの超越という独特の意味を獲得した時に初めて『社会問題が成立した』と言えるのではないか」（五六頁）と論じている。本章では、北澤が言う「地域性からの超越」を、新聞社の判断に関わる事象と捉え、新たな分析方針を提示する。すなわち、日本国内のどこかで生起した非日常的な出来事を新聞が報道する場合、その出来事が生起した地域を含む県面、あるいはその地域を含む本社版（大阪本社版など）、そして東京本社版まで、掲載可能な紙面枠が複数あるとすれば、ある事件をめぐるさまざまなエピソードがどの紙面枠で報じられたかに着目する。

「全国紙は、通常、東京本社、大阪本社、西部本社、中部支社、北海道支社など複数の本支社体制をとり、本社ごとに紙面編集が行われる」（藤竹・竹下編著 二〇一八、四五―四六頁）。それゆえ、朝日新聞の東京本社版と大阪本社版は、必ずしも同じ出来事を報じているわけでもなければ、同じ出来事を同じように報じているわけでもなく、紙面構成が異なることは珍しくない。さらに注目すべきは、県面の存在である。全国紙は、各県庁所在地に支局または総局を置き、支局や総局の取材で得たニュースを主にローカルニュースとして県面で扱っている（早稲田大学メディア文化研究所編 二〇一〇、三五頁）。地方紙が発行を特定地域に限定し（藤竹・竹下編著 二〇一八、三四頁）、その地域の生活に根ざした地域メディアの役割を担っているのに対し、全国紙では県面がその役割を担っているといえる。

以上の全国紙の紙面構成からいえることは、全国紙がある出来事を報じる場合、どの紙面枠で報じるか複数の選択肢が存在するということだ。このことは、「大津市事件は二〇一二年七月四日に社会問題になった」という本章の主張を実証する重要な分析視角となる。まず、二〇一二年七月四日より前と七月四日を含むそれ以降では、大津市事件に関する報道の仕方に何らかの違いを見てとることができなければならない。この違いは、大津市事件を報じる全国三大紙（朝日新聞・毎日新聞・読売新聞）の東京本社版、大阪本社版、県面を独立した言説空間として扱うことで鮮明となる。さらに、全国三大紙(以下、全国紙)が構成する複数の言説空間との比較として、滋賀県内での有力地方紙である京都新聞にも着目する。(3) ある地域で起きた出来事が、その地域の有力地方紙で報じられることの意義が明らかになるだろう。

三　社会問題化以前の大津市事件

(1)　地域の問題としての大津市事件

はじめに、**表1**「大津市事件に関わる全国紙の掲載状況」を見てほしい。表1は、Xが自宅マンションから転落死したことを報じる二〇一一年一〇月一二日の第一報を起点に、大津市事件に関連する記事を各社のデータベースで検索した結果をまとめたものである。(4)

表の横列には、全国紙の紙面枠を東京本社版(朝刊・夕刊)、大阪本社版(朝刊・夕刊)、滋賀県面(朝刊)に分けて示した。表の縦列には、各新聞社の紙面枠に大津市事件に関連する記事が報じられた日付を示した。日付右横の括弧内の数字は、記事数を表している。報道日を二〇一二年七月一二日までとしたのは、大津市事件が「社会問題になる」過程を実証するには充分な期間だからである。

表1の最大の特徴は、大津市事件の第一報となる二〇一一年一〇月一二日から二〇一二年七月一二日までのあいだ、全国紙が大津市事件に関する記事を、どの紙面枠で報じてきたかを俯瞰できる点にある。まず一瞥してわかるのは、いずれの全国紙も二〇一二年七月以前と以降の報道の仕方に決定的な違いがあることだ。とりわけ東京本社版の報道に、その違いが最も顕著に現れている。二〇一一年

全国紙の掲載状況[5]

毎日新聞			読売新聞				
大阪本社版		滋賀県面	東京本社版		大阪本社版		滋賀県面
朝刊	夕刊	朝刊	朝刊	夕刊	朝刊	夕刊	朝刊
		10/12(1)					10/12(1)
11/3(1)					11/3(1)		11/3(1)
							11/18(1)
							1/31(1)
	2/24(2)					2/24(1)	
		2/25(1)					
						3/13(1)	
3/14(1)							
		5/17(1)					
		5/23(1)					5/23(1)
				7/4(1)	7/4(1)	7/4(1)	
	7/5(1)	7/5(1)	7/5(1)	7/5(1)	7/5(1)		7/5(1)
7/6(1)	7/6(2)		7/6(1)	7/6(1)	7/6(2)	7/6(1)	
7/7(2)	7/7(1)	7/7(1)	7/7(1)		7/7(1)		7/7(1)
7/8(1)			7/8(1)		7/8(1)		
						7/9(1)	
7/10(2)	7/10(3)		7/10(1)	7/10(1)	7/10(1)	7/10(1)	
7/11(2)	7/11(1)	7/11(1)	7/11(1)	7/11(1)	7/11(2)	7/11(2)	7/11(1)
7/12(4)	7/12(3)		7/12(3)	7/12(2)	7/12(4)	7/12(3)	7/12(1)

• 検索キーワード 「大津 AND いじめ」,「大津 AND 中2」,「大津 AND 中学」等, 検索方式：全文検索, 検索期間：2011年10月11日から2012年7月12日.

表1　大津市事件に関わる

	朝日新聞						
	東京本社版		大阪本社版		滋賀県面	東京本社版	
報道年月	朝刊	夕刊	朝刊	夕刊	朝刊	朝刊	夕刊
2011年10月					10/12(1)		
11月			11/3(1)		11/3(1)		
					11/17(1)		
					11/18(1)		
12月					12/4(1)		
2012年1月							
2月				2/24(1)			
					2/25(1)		
3月							
						3/14(1)	
					3/20(1)		
4月							
5月							
					5/23(1)		
6月							
2012年7月		7/4(1)			7/4(1)	7/4(2)	
				7/5(1)	7/5(1)	7/5(2)	
	7/6(1)	7/6(1)	7/6(1)	7/6(1)	7/6(1)		7/6(1)
	7/7(1)	7/7(1)	7/7(1)	7/7(1)	7/7(1)	7/7(1)	7/7(1)
	7/8(1)		7/8(1)			7/8(2)	
		7/9(1)					
	7/10(1)	7/10(1)	7/10(2)	7/10(2)		7/10(1)	7/10(2)
	7/11(1)	7/11(1)	7/11(1)	7/11(2)		7/11(1)	7/11(1)
	7/12(3)	7/12(1)	7/12(2)	7/12(2)	7/12(1)	7/12(3)	7/12(1)

- 大津市事件に関連する記事が掲載されていた日付を記入.
- 朝日新聞は聞蔵Ⅱ，毎日新聞は毎索，読売新聞はヨミダスのデータベース検索にて記事を検索.

一〇月から二〇一二年六月までの九カ月間の東京本社版の報道は、越市長が当該中学校の卒業式に参列したことを報じる二〇一二年三月一四日の毎日新聞一件のみである。それに対し注目したいのは、三紙すべてで東京本社版での記事が二〇一二年七月四日から一気に増加している点である。このことは、この日が一つの転換点になっている可能性を示唆する。では、東京本社版での継続的な報道が始まる前の二〇一一年一〇月一一日から二〇一二年七月四日までのあいだ、本件に関する記事は、どの紙面枠で報じられてきたのだろうか。

二〇一一年一〇月一一日に起きたXの転落死は、三紙とも翌一二日に滋賀県面で報じている。しかし、その後しばらく続報はなく、次の報道は三紙ともに二〇一一年一一月三日の大阪本社朝刊となる。この後、一一月中の報道は各社ばらつきが見られ、朝日新聞(一一月一七〜一八日)と読売新聞(一一月一八日)はいずれも滋賀県面のみの報道である。さらに、二〇一一年一二月から翌年一月にかけては、朝日新聞(一二月四日)と読売新聞(二〇一二年一月三一日)が滋賀県面で散発的に報じるのみとなる。毎日新聞に至っては二〇一一年一一月三日の大阪本社朝刊以降、続報はない。

こうした報道に変化が訪れるのは、Xの両親がXをいじめたとされる生徒・保護者と大津市に損害賠償を求めて提訴した当日の二〇一二年二月二四日大阪本社夕刊である。二月二四日から二五日にかけては、三紙のいずれかで提訴に関連する記事が報じられていく。ただし、これらは大阪本社版もしくは滋賀県面での報道で、東京本社版での報道はない。そして、五月一七日の毎日新聞滋賀県面で訴訟に関する記事があるのみで、第一回口頭弁論が行われた二〇一二年五月二二日まで続報はない(記事は翌二三日の滋賀県面)。

ここで改めて三紙の東京本社版の列を見てほしい。二〇一一年一〇月から翌年六月までの九カ月間、二〇一二年三月一四日の毎日新聞を除き、Xの自殺や訴訟に関わる東京本社版の報道は皆無である。それゆえ、三紙の大阪本社版の対象地域以外の読者は、Xの自殺とそれに関連する記事を新聞報道で目にする機会はなかった。すなわち、大津市事件は、大阪本社版と滋賀県面の読者を対象とするローカルな事件として報じられていたのである。

（2）Xの自殺といじめの想起

以上のように、Xの自殺は、発生当初から九カ月間、滋賀県を中心としたローカルな事件として報じられていた。では、それはどのような特徴をもった事件として報じられていたのだろうか。第一報となる二〇一一年一〇月一二日の毎日新聞は、滋賀県面で次のように報じている。


一一日午前八時一〇分ごろ、大津市□□のマンション敷地内の広場で、住人の中学二年の男子生徒（一三）があおむけで倒れているのをマンション管理人の□□が発見、一一九番通報した。男子生徒は搬送先の病院で死亡が確認された。

大津署などによると、（略）近くの手すり（高さ約一メートル一〇センチ）に乗り越えたような跡があった。同署は自殺と事故の両面で調べている。

男子生徒が通う中学の校長によると、男子生徒は八、九日は部活に参加していた。校長は「いじめは把握していない。思い当たる原因はないが、校内でできる範囲で調査したい」と話してい

る。（地域や人物の特定につながる表現については、□□に改変している）

ここで注目したいのは、Xが通う中学校長の「いじめは把握していない。思い当たる原因はないが、校内でできる範囲で調査したい」との見解がXの転落死と合わせて報じられている点である。校長がこのように話した背景には、中学に何らかの取材があったことが推測され（6）、Xの転落死に対して、まずはいじめとの因果関係を疑う社会認識が日本社会に存在していたことを表している。当時の全国紙は、Xの転落死という出来事からいじめが疑われる状況を想定しつつ、滋賀県面で報じていたと考えられる。

（3）大津市教育委員会の登場といじめの事実認定

続く第二報は、二〇一一年一一月三日である。市教委が一一月二日の記者会見で、いじめの事実を認めたことを三紙すべてが大阪本社朝刊で報じている。

市教委の会見の背景には、Xの死後に学校が実施したアンケート調査がある。アンケート調査は、遺族の要望を受けて全校生徒を対象に実施され、校長らは一〇月二八日に調査結果をXの父親に報告したとされる（朝日新聞滋賀 二〇一一年一一月三日）。こうした経緯を経て、市教委は一一月二日の会見でXがいじめを受けていたと発表、死亡との因果関係については「判断できない」と述べている（朝日新聞大阪 二〇一一年一一月三日他）。しかし、第一報で校長に「いじめは把握していない」と語らせていることからもわかるように、市教委によるいじめの事実認定は、Xの自殺がいじめに関連しているのではないかという連想を可能とする。それゆえ、Xの死後、いじめ認定をめぐる葛藤状況を生きていた関係者にとって、市教委がいじめを認めたことは重大な転換点となったと思われる(関係者の経験については第5章〜第7章で論じる)。そして、Xの両親は、二〇一二年二月二四日に「自殺がいじめを苦にしたことは明らか」(朝日新聞大阪夕刊 二〇一二年二月二四日他)などと因果関係を主張し、Xをいじめたとされる同級生三人とその保護者および大津市に損害賠償を求めて大津地裁に提訴するに至るのである。

四　「市教委の隠蔽」問題の成立と社会問題化

(1)「大津市いじめ自殺事件」の誕生

二〇一二年二月二四日以後、訴訟に関連する報道は二月二五日の滋賀県面で続くが、その後は、五月二二日の第一回口頭弁論の様子を三紙すべてが翌日の滋賀県面で報じているのみである。

ところが、二〇一二年七月四日に事態は一変する。その口火を切ったのが、本章冒頭の二〇一二年七月四日の毎日新聞朝刊である(図1参照)。この記事を七月四日の朝、TBSの「みのもんたの朝ズバッ!」が参照したのを皮切りに、NHKをはじめ全国ネットキー局[7]が本件を扱い、全国化の様相を見せていく(詳しくは第2章を参照)。

では、二〇一二年七月四日、三紙の中で最初に東京本社版で報じ、TBSの「朝ズバッ!」が参照した毎日新聞朝刊は、大津市事件をどのように報じていたのか。記事の詳細を見てみよう。

見出し：大津・中二飛び降り「自殺練習させられた」生徒一五人が指摘　市教委は公表せず

大津市で昨年一〇月、同級生からいじめを受けていた市立中学二年の男子生徒（当時一三歳）が自宅マンションから飛び降り自殺した問題で、学校が全校生徒に実施したアンケートに対し、一五人の生徒が「自殺の練習をさせられていた」と回答していたことが三日、関係者への取材で分かった。市教委は昨年一一月の記者会見でこの事実を明らかにしていなかった。（傍点は引用者）

記事冒頭の「同級生からいじめを受けていた」、「自宅マンションから飛び降り自殺した問題」といった記述は、男子生徒の「いじめ自殺」が疑われている事件であるとの推測を可能にさせる。そのうえで、「一五人の生徒が『自殺の練習をさせられていた』と回答していたこと」を市教委が「昨年一一月の記者会見で明らかにしていなかった」と「市教委の隠蔽」という新たなクレイムを申し立てる記述が続く。毎日新聞が、このクレイムを東京本社版で報じたことで、全国ネットキー局のＴＢＳが番組内でこの記事に言及することを可能にしたのである。

表2は、三紙が二〇一二年七月四日に、どの紙面枠を使っていつ「自殺の練習」に言及した記事を報じたかを明示したものである。表からわかるように、二〇一二年七月四日の東京本社朝刊で「自殺の練習」を報じたのは毎日新聞のみである。読売新聞は大阪本社朝刊では報じているが、東京本社版で報じたのは、朝日新聞と同様、同日夕刊が最初である。なお、毎日新聞は東京本社朝刊のみで、東

京本社夕刊の報道はない。また、朝日新聞の滋賀県面（*1）は損害賠償の訴訟に関する記事であり、「自殺の練習」には言及していない。このように、同じ大津市事件に関する記事であっても、どの紙面枠で何をいつ報じるかの判断が三紙それぞれで異なっていることを二〇一二年七月四日の報道は明らかにしているのである。

以上の「自殺の練習」をめぐる七月四日の三紙の報道からいえるのは、毎日新聞は、大津市事件を報じることのできる複数の紙面枠の中から、滋賀県面でもなく大阪本社版でもなく、東京本社版を選択したということである。もちろん、東京本社版で報道された事件のすべてが社会問題化するわけではないが、少なくとも滋賀県大津市で起きた事件を東京本社版で報じたということは、クレイムの受け手が、滋賀県や関西圏といった特定地域から日本全国へと拡張したことを意味する。そして実際、TBSという全国ネットキー局が社会問題化の流れを作り出すうえで決定的な役割を果たす受け手として登場した。さらに毎日新聞の東京本社版の記事に追随するかのように、朝日新聞、読売新聞ともに同日夕刊から東京本社版での報道を開始する（表1および表2参照）。こうして、大津市事件は二〇一二年七月四日を転機として、ローカルな事件から日本の教育問題であり社会問題である「いじめ自殺」の一事例になったのである。

ここで重要な点は、大津市事件は「いじめ自殺」が疑われる事件に「市教委の隠蔽」という新たなエピソードが加わることで、「市教委によるいじめ自殺の隠

表2　東京本社版（2012年7月4日）での各紙の報道(8)

7月4日	朝日新聞	毎日新聞	読売新聞
朝刊	（滋賀県面）*1	東京本社版	（大阪本社版）
夕刊	東京本社版	—	東京本社版 （大阪本社版）

蔽」として社会問題化したことにある。二〇一二年七月四日の毎日新聞朝刊は、教育評論家の尾木直樹法政大学教授（当時）の「教育行政としての機能が喪失しており、本当にあきれてしまう」との非難のコメントを報じている。毎日新聞は、こうした専門家の意見を引用することで、「市教委の隠蔽」を日本の教育行政全体に関わる問題として構成し、滋賀県や関西圏にとどまらず、東京本社版で報じるに値する日本の社会問題へと位置づけたのである。それゆえ、七月四日以降は、文部科学省や警察といった全国区の公的組織が市教委の対応や調査に反応する新たなクレイムメーカーとして登場し、その反応は東京本社版で報じられていくことになる。また、市長が市教委の判断に反する発言をし、その発言が全国紙の東京本社版で報じられていったことも、大津市事件が日本の社会問題であり続けたことを示す重要な論拠となるだろう(9)。

このように大津市事件が「市教委によるいじめ自殺の隠蔽」として社会問題化したのであれば、市教委がアンケート回答を公表していなかった理由は見逃せない論点となりうるはずである。では、アンケート回答の取り扱いについて、七月四日の全国紙は、どのように報じていたのだろうか。

（2）アンケート回答の公表をめぐる全国紙の報道

第一報となった七月四日の毎日新聞朝刊は、市教委がアンケート回答を公表していなかった理由に言及していない。一方、七月四日の大阪朝刊で第一報を報じた読売新聞は、市教委が「自殺の練習をさせられていた」などの回答を無記名や伝聞を理由に公表していなかったと報じている。さらに「アンケートの一覧表は、市教委から提供を受けた原告側が訴訟の資料として提出していた」こと、市教委は二〇一一年一一月の記者会見の際に「無記名や伝聞の回答について『確認が取れない』などとして公表しなかった」という重要な情報も報じている。つまり、読売新聞大阪朝刊によれば、市教委は「自殺の練習」などのアンケート回答を無記名や伝聞を理由に二〇一一年一一月の記者会見では公表していなかったのであり、意図的に隠そうとしたわけではないということである。

しかし、これは大阪本社版での報道である。市教委がアンケート回答を公表していなかった理由を東京本社版で報じたのは、読売新聞と朝日新聞は七月四日の夕刊である。読売新聞夕刊は先の大阪朝刊の内容をほぼ踏襲し、朝日新聞夕刊は、市教委は、「自殺の練習」について実名で回答した生徒らに事情を聴いたが、みな伝聞であったことから、「自殺の練習」が事実かどうか確認できなかったので公表しなかったと報じている。

以上の七月四日の読売新聞夕刊と朝日新聞夕刊の報道からは、次のことがわかる。すなわち、市教委は二〇一一年一一月の記者会見でアンケート回答の一部（記名で生徒らが見聞きしたもの）を公表していたが、「自殺の練習」については、すべて伝聞であり、事実と確認できなかったため公表していなかったということである。しかし、これらの新聞報道に先立ち、七月四日の毎日新聞朝刊を参照した全国ネットキー局の報道は、市教委が「自殺の練習」のアンケート回答を公表していなかったという点のみを問題化していったと考えられる。さらに、翌七月五日には毎日新聞朝刊が、社説「いじめ自殺　事実の解明を丹念に」で市教委の調査を批判的に報じるなど[10]、市教委の調査手続きや「自殺の練習」を公表しなかった理由の妥当性を十分に検討することなく、市教委に対する非難の議論を全国に向けて展開していったと考えられるのである。

表3　2012年7月5日の滋賀県面の報道内容

滋賀県面	朝日新聞	毎日新聞	読売新聞
文字数	1118字	460字	579字
見出し	「自殺の練習」市教委「すべて伝聞」生徒側「15人言及，重い」	聞き取り，数人で中断 市教委「慎重に事実確認」	飛び降りの中2「自殺練習」「確信できなかった」大津市教委　回答隠蔽を否定

(3) 滋賀県面にみる市教委の主張

七月四日の全国紙は、アンケート回答の公表に関する記事をどの紙面枠で、いつ報じるかという点で異なる判断をしている。また、市教委が報道を受けて行った四日正午ごろの記者会見での説明の報じ方にも差がみられる。しかし、三紙ともに五日の滋賀県面で、市教委の調査手続きをより詳細に報じている点は注目に値する(**表3**を参照)。

全国紙の中で最も紙幅をとって報じている朝日新聞滋賀によれば、発信者とみられる生徒一人を特定したが、この生徒も直接見聞きしていなかったことを、「一人の子が何人にも話していた。うわさ話など情報の出どころは可能な限り調べた」という市教委学校教育課の担当者の話と合わせて報じている。また、市教委は、「公表する内容について、かなり慎重に確認しており、隠したとは考えていない」(読売新聞滋賀)、「慎重に事実確認を積み重ねた」(毎日新聞滋賀)と慎重に調査を行ったと主張したことが報じられている。

このように、全国紙の滋賀県面からは市教委の一貫した主張を読み取ることができる。では、なぜ市教委の詳細な主張は滋賀県面で報じられているのか。七月四日の東京本社版と大阪本社版、そして七月五日の滋賀県面の報道からみえてくるのは、「市教委の隠蔽」問題の枠組に揺らぎを生じさせる可能性のある市教委の主張は滋賀県面で扱い、東京本社版や大阪本社版では社会問題の文脈に沿う範囲で選択的に報じるといった判断を行っている可能性である（北澤 二〇一五、一七一頁）。つまり、「市教委の隠蔽」問題が社会問題として維持されるためには、この問題が全国紙の東京本社版で継続的に報じられることを要件としつつ、他方で問題の論点からの逸脱ともいえる主張の詳細は、県面にとどめることで、その主張自体を全国的には「なかったこと」にしていく可能性があるということだ。それはまた、全国紙の東京本社版の報道を通して、ある事件や出来事が社会問題化したならば、その問題の性格を変えることは極めて困難だということでもある。

（4）教育長の見解を報じ続ける地方紙

その地域の人々に向けた報道という点で、全国紙の東京本社版と地方紙では異なる報道を行っている可能性がある。では、大津市事件の地元の有力紙である京都新聞は「市教委の隠蔽」問題をどのように報じてきたのか。

まず、京都新聞は二〇一二年七月四日の朝刊で、「大津いじめ訴訟『自殺練習させられた』両親書面提出へ　生徒一五人指摘」の見出しで報じている点に着目したい。記事の見出しに「自殺練習させられた」の文言はあるものの、記事本文では「自殺の練習」のアンケート回答を訴訟の書面に記載された内容として報じるにとどまり、「市教委の隠蔽」を非難する記事にはなっていない。「大津いじめ訴訟」の見出しが示しているように、京都新聞は七月四日の時点では、あくまで訴訟に関連して「自殺の練習」のアンケート回答を報じているのである。

当時の報道に携わった京都新聞社の宮部（二〇一二）は、七月四日の報道を皮切りに、一気に事態が急展開したことを回顧している。京都新聞朝刊（二〇一二年七月五日）では、市教委が七月四日の会見で「自殺の練習」の記述を認めたうえで、「『事実として確証を得られなかったため公表しなかった』と釈明した」と批判的な議論を展開しつつ、同じ記事の中で市教委の主張を詳細に報じており(11)、両論併記の形式をとっている。さらに、七月八日の社説で、市教委の調査打ち切りの判断や調査結果の一部のみの公表を批判する議論を展開していくが、教育長の主張も継続的に報じている点は注目に値する。

たとえば、大津市長が七月一〇日に遺族との和解の意向を示したことを受けて教育長が取材に応じ、自殺といじめの因果関係については「判断できない」との主張を崩してはいないことを七月一一日の夕刊で報じている。また、同じ記事の中で、教育長が「因果関係が判断できない理由は、『他にも色んな要素が考えられる』としたが、具体的な内容は明かさなかった」、「滋賀県警の捜査には協力する方針で、『子どもに混乱が起こらないよう配慮がほしい』と要望した」と報じている。全国紙でこのときの教育長の発言を取り上げているのは、七月一一日の読売新聞夕刊と読売新聞大阪夕刊、朝日新聞大阪夕刊であり、いずれの記事も最終段落で教育長の発言を報じるにとどまっている。毎日新聞にいたっては、東京本社版、大阪本社版のいずれにおいても教育長の発言自体を報じていない。

京都新聞が教育長の見解を個別に取り上げて報じているのは、これだけにとどまらない。滋賀県警が一一日夜に中学校と市教委の家宅捜索に入った際には、教育長が「子どもたちや保護者、地域のみなさんにご心配をおかけしお詫び申し上げる。今後は一日も早い事態の収束と信頼の回復に全力で取り組む」（京都新聞朝刊 二〇一二年七月一二日）と述べたことが報じられている。また、七月一三日の朝刊一面記事では、七月一二日夜に開かれた緊急保護者説明会で教育長がアンケートを保護者に公表する意向を示したことが報じられている。さらに、同日の記事には、記者団と教育長の主なやりとりをまとめた「教育長一問一答」が掲載されており、二〇一一年九月にXが泣きながら担任に相談した悩みは「家庭内の問題」だったこと、自殺の要因の一つにいじめがあると思っていること、真相をはっきりさせるためにも裁判を続けていくべきだとする教育長の見解が示されている。続く一三日の夕刊では、教育長がアンケート回答の公表について「一三日午後にも、配布を希望する保護者を募る」、「保護者が混乱している。疑心暗鬼になり憶測が出ているので、公表すべきと判断した」と語ったことが報じられている。これら一連の教育長の発言からは、教育長が取材陣に対して、渦中の中学校の子どもや保護者を意識した発言をしていたことや、地域の保護者からの不満や不信に応えようとしていたことがわかる。

こうした市教委の動向は、三紙いずれも大阪朝刊（共に二〇一二年七月一三日）で独立した記事として報じられてはいるが、東京本社版では他の記事に埋め込まれるなど、ごく小さな扱いに限られている(12)。また、教育長の発言は短く引用されるにとどまり、「一問一答」のような質疑応答の形式で報じられることもない。しかし、教育長が、訴訟中であることや生徒のプライバシーを理由に具体的な内容を明かさない場合、その姿勢は「市教委の隠蔽」という問題の枠組で捉えられ、さらなる非難を招くという構図を生み出していったと考えられる。それでもなお、市教委は、アンケート回答の公表や追跡調査の判断の妥当性について会見や取材で説明し、生徒や保護者から寄せられる不安や不満に応えることで、問題の収束を図ろうとしていたのではないか。京都新聞という地元の有力地方紙が市教委の見解を報じ続けてきたのも、市教委に説明を求める地域の声に応じることが地方紙の担う社会的役割の一つだからであろう。

しかし、たとえ京都新聞が教育長の見解や地域での動向を報じたとしても、それと同時期に全国紙の東京本社版や大阪本社版では、市教委に批判的な記事が報じられていく。市教委の説明は、「自殺の練習」のアンケート回答を意図的に隠していたわけではないという「弁明」として聞かれ、その説明の根拠を検証に付すという選択肢は存在しなかったのである。

（5）「大津いじめ自殺報告書検証」記事の行方

以上のように、県警が中学校と市教委の家宅捜索に入って以降も、教育長はいじめと自殺の直接の因果関係は「判断できない」とする基本的な姿勢を崩さずにいた。そうした中、二〇一二年八月一五日に教育長が教育長室で大学生に襲撃されるという事件が起きる。一方、大津市は二〇一二年八月二五日、遺族の要望をうけて第三者調査委員会を発足させ、独自の調査を開始する。第三者調査委員会は二〇一三年一月三一日に大津市に報告書を提出、いじめが自殺の直接的要因との見解を示すに至る。

京都新聞は二〇一三年二月一日朝刊一面で「いじめ直接要因と結論　大津中二自殺　第三者委報告書」との見出しで報告書の提出を大きく報じている。二二面には報告書の要旨を二名の識者コメントとともに掲載、二四面には「同じ不幸　繰り返さぬ　委員『新たな一歩』」の見出しで第三者調査委員会の調査の経緯を、二五面「『やはり息子見殺し』　大津自殺　第三者委報告」には報告書に関する有識者三名のコメントおよびXの父親の見解を掲載している。さらに、同日の社説（「いじめ報告書　厳しい声改革の一歩に」)でも報告書を扱っており、紙面幅、紙面構成ともにこの日のトップニュースの扱いとなっている。

この後の報道は、大津市の和解申し入れや報告書の提言に基づいた大津市の新体制づくりを報じる記事が多くを占めるようになる。こうした動向の中で、京都新聞は二〇一三年三月三一日、報告書と県警の捜査結果を比較検証する記事を掲載している(**表4**を参照)。

検証記事によれば、県警による聴取の対象は学校の生徒約三六〇人に加え、教師や保護者にまで及んでいる。また、地検に送った証拠品は約一八〇〇点に上る。しかし、県警による大規模な捜査を経てもなお、最大の争点であった自殺といじめの因果関係は「推測になる」(県警)として結論には至らなかったという。一方、第三者調査委員会の聞き取り対象者は重複者も含め五六人で、「男子生徒の性格や家庭環境は自殺の要因にならないと判断する消去法で『いじめが直接的要因』と結論付けている」とする。また、「いじめの開始時期」について、県警は「一一年九月中旬、ある出来事を機に、生徒と同級生の友人関係は崩れ、いじめが始まった」とし、報告書は「同年九月上旬にいじめが始まり、中旬から激しくなったと説明」、両者のあいだに認識のずれがあることを指摘している。さらに「自殺の練習」についても、県警は「事実を確認できず」としているのに対して、報告書では「同級生が生徒に指示したという校舎の窓から身を乗り出す行為を『自殺の練習』の強要と認定した。だが、『自殺の練習と呼んでいたかは別として』との記述もある」と報じている。

京都新聞が検証記事を掲載した二〇一三年三月三一日時点は、報告書の調査結果を受けて、さまざまないじめ対策が大津市で整備されていた時期である。こうした時期に報じられた京都新聞の検証記

表4　2013年3月31日京都新聞朝刊「大津いじめ自殺報告書検証」（大津いじめ問題取材班）（同記事より筆者が作成）

	第三者調査委員会（報告書）	滋賀県警（捜査）
認定行為	市教委がいじめと認定した9つの行為に，「女子生徒に告白させる」，「移動教室の時に荷物を持たされる」などを新たに加え，いじめは19行為と結論．	告訴に基づき27件の行為を捜査．「ズボンをずらす」，「ペンを切り刻んで筆箱に入れる」，「（男子生徒の）パンを食べる」など，暴行，窃盗，器物損壊容疑の13件が犯罪に該当すると判断． 報告書がいじめだとした「制汗スプレーを頭にかける」，「チョークの粉をかける」など14件は立件対象とせず．
いじめの開始時期	2011年9月上旬にいじめが始まり，中旬から激しくなったと説明．	2011年9月中旬，ある出来事を機に，生徒と同級生の友人関係は崩れ，いじめが始まったとする． 捜査幹部は，報告書では，生徒と同級生の関係性が急変する背後部分が抜けていると指摘．
「自殺の練習」	同級生が生徒に指示したという校舎の窓から身を乗り出す行為を「自殺の練習」の強要と認定．しかし，「自殺の練習と呼んでいたかは別として」との記述もある．	「自殺の練習」の事実を確認できず．ある捜査員は「あれは度胸試しだった」とみている．
自殺といじめの因果関係	延べ56人に聞き取り．いじめたとされる同級生の1人には面会できず，当時の担任とは書面のやりとりで終了．男子生徒の性格や家庭環境は自殺の要因にならないと判断する消去法で「いじめが直接的要因」と結論付けている．	生徒約360人や教師，保護者らに聴取．地検に送った証拠品は約1800点に上る．そのうえで因果関係については「推測になる」とし，結論に至らなかったと説明．

事は、県警と第三者調査委員会の見解の違いを示すことで、報告書が結論付けた自殺といじめの因果関係に疑問を投げかけるねらいもあったと思われる。しかし、京都新聞による問題提起が他の報道で言及されることはなく、全国的な広がりを見せることはなかった。さらにいえば、大津市さえも、京

都新聞の問題提起に応答することはなかった。それはいわば、第三者調査委員会と県警の捜査結果に見解の差が生じているにもかかわらず、第三者調査委員会の報告書に基づく事実認定を大津市、そして社会が承認したことを意味する。

それでもなお重要なのは、京都新聞という地方紙がこうした検証記事を報じているということである。ここには、「社会問題になる」ということのもう一つの局面を指摘できる。最後に論じたい。

五　事件の社会問題化と新聞報道

大津市事件には、そもそも社会問題になるような重大な問題状況――「いじめ自殺」と「市教委の隠蔽」――があったからこそ、二〇一二年七月四日に全国紙と全国ネットキー局が一斉に報じたというのが社会の理解だろう。新聞報道に関していえば、二〇一二年七月四日より前の報道の大半が滋賀県面であったのは、重大な問題状況が明るみになっていなかったからであり、社会問題にはなるべくしてなったと考えるのが自然であろう。

通常、私たちは何らかの目的がなければ、複数の新聞社の記事を比較して読むなどしないし、ましてや同じ事件を報じる本社版と地方版の記事を比較するなどしない。だが、本章の分析から明らかになったことは、大津市事件に関する記事であっても、どの地域を対象に報じるかの取捨選択が新聞社ごとに行われており、とりわけ社会問題化の達成においては、東京本社版での報道が重要な分岐点になるということであった。

以上からいえることは、ある出来事が「社会問題になる」とは、限定された地域からの離脱を可能とする全国紙の東京本社版での報道が継続的に行われることを一つの成立要件としている、ということである。しかし、ここで注意したいのは、たとえ東京で生じた出来事であっても地方版でのみ報じられたとすれば、それはローカルな事件にとどまっているのであって、「社会問題になる」とはいえないということだ。重要なことは、事件を報じる記事が特定の地域の外部へと報じられるようになり、当事者ではない人々もその事件に関する記事を見聞きし、記事が提示する問題の議論に参加できるようになるという点である。大津市事件でいえば、滋賀県や関西圏を超えた報道が二〇一二年七月四日を起点に行われたことで、東京を含む全国へと報道の対象地域が一気に拡大し、特定の地域以外の不特定多数の人々が大津市事件を知ることになり、「市教委の隠蔽」問題の議論に参与できるようになったということだ。専門家やタレントがコメントする全国ネットキー局のワイドショーでの報道(第3章を参照)は、社会問題化が達成された象徴といえるだろう。

一方、大津市事件の社会問題化により社会的非難を受けることになった市教委は、記者会見を開いてその非難に応答しようとしていた。しかし、市教委の反応は、先行する社会問題の枠組にとどまる範囲でのみ東京本社版で報じられ、より詳細な発言内容については滋賀県面で報じられるという新聞社の采配の中で扱われていった。それゆえ、市教委は全国区の存在になりながら、その反応自体は滋賀県面で扱われ、社会的非難への正当な応答として聞かれることはほとんど不可能に近い状況に置かれたと考えられる。そして、こうした状況は、市教委の「隠蔽」体質という疑念を日本社会が強く抱く根拠にさえなっていった可能性がある。だが、大事なことは、全国区の議論では取り上げられない反応は、言説空間から完全になかったことにされるのではなく、全国紙の県面や地方紙で報じられていく可能性が残されているということである。全国紙の県面や地方紙は、社会問題となった事件や出来事に関わる人々の主張を明らかにする重要な役割を担っているのだ。

本章の後半では、全国紙の東京本社版と滋賀県面、京都新聞における市教委の反応の報道に焦点化して論じてきた。だが、当該学校の教師、生徒、保護者など、社会問題化の過程で全国の報道には現れない当事者の主張があったはずである。それゆえ、大津市事件の社会問題化以降、部分的にしか聞かれない、あるいは聞くことすらできない主張の存在に目を向けていくことが次の課題となる。それらは、本書第Ⅱ部で展開されることになる。

注

(1)　スペクターとキツセ(Spector and Kitsuse 1977／邦訳 一九九〇、一二五頁)は、レストランの調理場の不衛生さについて書いたジャーナリストの記事が、「クレイム」として成立するためには、ジャーナリストが非難する意図をもっていたかどうかは問題ではなく、その記事に反応する他者が現れるかどうかにかかっていると論じている。

(2)　都道府県別の紙面の呼び方は新聞社によって異なり、地方版(毎日新聞)、地域版(読売新聞)、地域面(朝日新聞)などさまざまである。本章では、全国紙の滋賀県面に着目することから、「県面」という呼び方で統一する。

(3)　二〇一一年一〇月の滋賀県内の新聞発行部数上位三社は、読売新聞(一四万九〇六部)、朝日新聞(一〇万九七二一部)、京都新聞(七万九七五六部)であった(日本ＡＢＣ協会)。

(4)　毎日新聞の滋賀県面記事は二〇二一年現在データベース「毎策」ではヒットしない。毎日新聞の関連部署に問い合わせたところ、県面は掲載後一カ月後を目処に、一括して非公開にしているとの回答を得た(二〇二一年四月一九日)。なお、毎日新聞がいつからデータベース公開に関する方針を転換したかは不明である。

(5) 表1の三大紙名は、五〇音順に表記した。表2、表3も同様である。

(6) 第三者調査委員会の報告書(八一―八二頁)には、Xが自殺した当日、「マスコミがすぐに動き出し、正午頃からマスコミからの電話や訪問が頻繁にあった」、「午後三時頃、マスコミに対し、校長は、『いじめは把握していない。』と話した」との記述がある。

(7) 民放の地上テレビ放送は、地域ごとに設立されているため、全国放送を行うためには全国にネットワークを組織する必要がある。このネットワークは主に東京の放送事業者をキーステーションとして、五系列が存在する(藤竹・竹下編著 二〇一八、九三頁)。

(8) 同日に滋賀県面および大阪本社版で記事がある場合は、(滋賀県面)(大阪本社版)と括弧に入れて記している。

(9) 文部科学省は、七月五日に市教委の対応や調査方法に問題がなかったかを調べることを決め(朝日新聞大阪 二〇一二年七月六日他)、七月一〇日には文部科学省が実施している自殺調査のあり方を見直す方針を明らかにしている(毎日新聞夕刊 二〇一二年七月一〇日他)。また、Xの父親の被害届を受理しなかったことが問題視されていた滋賀県警は、七月一一日、生徒に対するいじめの犯罪性や自殺との因果関係を調べる専従捜査班を設置して、学校関係者や市教委幹部から事情聴取を開始、市教委の入る市役所と中学校を家宅捜索するに至る(毎日新聞夕刊 二〇一二年七月一一日他)。これら文部科学省や滋賀県警が独自の調査方針を示したのと並行して、越市長は、七月一〇日夜に記者団の取材に対して、「いじめがあったから亡くなったと思っている」といじめと自殺の因果関係を認め、遺族と係争中の損害賠償請求訴訟について和解の意向を明らかにしている(朝日新聞 二〇一二年七月一一日他)。この中で大津市長は、「学校と市教委の調査は不十分でずさん。裁判の基礎となる事実が信用できない」(朝日新聞)、「調査内容はまったく信用できない」(毎日新聞)、「因果関係は外部調査委員会で調べればわかるはずだし、わかるように調査したい」(読売新聞)(いずれも二〇一二年七月一一日)と学校と市教委の調査を全面的に否定、外部調査委員会による因果関係の立証を明言している。

(10) たとえば、「市教委は回答は伝聞や無記名だったことから事実確認できなかったと説明した。だが、その情報にどこまで時間をかけ、丹念な追跡調査をやった結果の打ち切りだったのだろうか」と市教委の調査に疑問を投げかける議論が展開されている。

(11)　京都新聞(二〇一二年七月五日)の記事「大津市教委　『自殺練習』記載認める」では、教育長ら六人が四日に会見を開き、「自殺の練習の記述は目撃情報ではなく、伝聞で書かれていた」、「記名で回答した四人に対し、誰から聞いた情報かをたどった結果、一人の生徒を特定。同生徒への聞き取りから『事実の確証は得られない』と判断した」と市教委が「自殺の練習」を公表しなかった理由を報じている。

(12)　二〇一二年七月一三日の朝日新聞および朝日新聞夕刊は、緊急保護者説明会での教育長の説明やアンケート結果公表の意向を報じてはいるが、最終段落に埋め込んだり、ごく小さく扱うのみである。読売新聞は、緊急保護者説明会の様子のみ小さく報じている。毎日新聞は、いずれにも言及していない。

文献

伊奈正人　二〇〇三、「少年事件をめぐる言説──『岡山バット殴打事件』の報道を読む」小谷敏編『子ども論を読む』世界思想社、一四八─一七四頁。
北澤毅　二〇一五、『「いじめ自殺」の社会学──「いじめ問題」を脱構築する』世界思想社。
小林直毅　二〇〇三、『メディアテクストの冒険』世界思想社。
小林直毅編　二〇〇七、『「水俣」の言説と表象』藤原書店。
藤竹暁・竹下俊郎編著　二〇一八、『図説　日本のメディア[新版]──伝統メディアはネットでどう変わるか』NHK出版。
宮部真典　二〇一二、「大津いじめ問題をどう報じるか──地元紙として、再発防止につなげるために」『新聞研究』第七三五号、五八─六一頁。
早稲田大学メディア文化研究所編　二〇一〇、『メディアの地域貢献──「公共性」実現に向けて』一藝社。
Spector, M. and Kitsuse, J.I. 1977, *Constructing Social Problems*, Cummings Publishing Company.（村上直

之・中河伸俊・鮎川潤・森俊太訳『社会問題の構築――ラベリング理論をこえて』マルジュ社、一九九〇年）

2　いじめ自殺テレビ報道の再構成
――報道の集合と場面の力――

間山広朗

一　二つの問題関心

中学生の自殺から四カ月後の民事提訴を経た大津市事件が全国的な社会問題となった転機は、さらに五カ月後の二〇一二年七月四日の毎日新聞記事であったが、この事件を社会の記憶に刻み込んだのは、その記事単体というよりはその後の一連の報道であった。とりわけ、テレビには新聞にはない「力《パワー》」がある。大津地裁判決（二〇一九年二月一九日）後、遺族はホームページを通じて「マスコミの方々の協力がなければここまで戦い続けること、そして『いじめ防止対策推進法』の成立はなかったと思います。（略）マスコミの方々が手を差し伸べて下さり、そのことで世論が動き、支援の輪が広がり、警察の強制捜査が行われ、大津市による第三者調査委員会が立ち上がりました」と述べている[1]。

いじめ問題をめぐるテレビ報道に関する筆者の関心は、いじめ問題「第一の波」とされる一九八六年前後まで遡る。当時中学生の筆者は、テレビ報道に漠然とした違和感を覚えていた。「第二の波」とされる一九九四年頃は大学生としてテレビ出演者のコメントに不満を感じ、「第三の波」とされる二〇〇六年秋には研究者としていじめ問題を研究していた。連日連夜報道されるテレビ報道を可能な限り録画しようと試みたが、新聞テレビ欄などで予告されない限りいつ何が放映されるかわからない。視聴時に録画ボタンを押すのではもう遅い。当時、研究者個人のレベルで現実的であったのは、社会問題となった後に、プライムタイムのニュースを二番組同時録画する程度であった。

このように教育問題の研究にとって、テレビ報道は厄介である。そもそもテレビ報道の全体像を把握することが容易ではない。その状況を一変させたのが、全番組録画機器(全録レコーダー)である。本書で用いる録画データは、全国ネットキー局(NHK、日本テレビ、TBS、フジテレビ、テレビ朝日)の関東地方放映全番組を約八日間一時保存した後完全に保存できる機器と、全番組要約データベースによって得られた(2)。

問題はデータを集めて何を目指すのかである。テレビ報道の力《パワー》とはどのようなものか。はじめに、過熱報道されたといえる大津市事件の全国ネット放映の全体像を描き出そう。テレビ報道の集合を再構成する試みである。そのうえで、個々の番組はどのようにこの事件を報じたのか。本章はこの二つの問題関心に応えようとしている。

二　集合としてのテレビ報道

(1)　情報番組の拡大

いわゆる過熱報道の再構成から始めたいが、何をもって「過熱」というべきであろうか。放映時間数を数値化しても、何と比べてという点で妥当な指標を上げることは困難である。そこで、われわれにとってなじみ深く、直感に訴えるであろう「番組欄形式」で報道全体の再現を試みたい。大津市事件がテレビで「過熱報道された」という感覚をわれわれが抱いたのであれば、その感覚はいかなる実態のもとで生じたのかを明らかにしたいのである。では、どの番組を検討対象とすべきか。

テレビを研究対象とするメディア研究の領域では、個々の番組だけでなく番組編成全体に目を向けるべきであることがずいぶん前から指摘されてきた（藤竹 一九八二）。「テレビというものは、一つ一つの個別番組の寄せあつめだけれど、それを私たちは個別的に味わっているだけではなく、複数の番組を相互に関連させ、一つの『系』として視聴し、自己流に解釈している」（山本 一九六九、一五一頁）し、「ニュース／報道とそれ以外の番組は、オーディエンスが同じ次元で視ているかどうかはおくとしても、テレビ番組として同じ次元で語ることも可能であり、放送局ごとに編成されたテレビ番組全体を『テレビ報道』として捉えることも可能」（吉岡 二〇〇三、一一九頁）である。

この観点からすれば、いわゆる報道番組だけでなく、従来ワイドショーと呼ばれ、現在は情報番組と分類される番組も当然対象となるが、情報番組はおそらく多くの読者のイメージ以上に、テレビ放映の多くを占めている。情報番組が報道をワイドショー的に扱うこともあるが、スタジオから画面が切り替わってスポットニュースが放映されることもある。正午前後には、民放各局で一〇分程度の報道が放映され、ＮＨＫでは一時間おきに短時間の報道が放映される。つまり、およそ二一〜二四時のプライムタイムに展開される番組だけをテレビ報道と捉えるわけにはいかない。報道全体を再現するには、一日を通してテレビ放映全体を対象とする必要がある。

（2）過熱報道の直感的把握

それでは、大津市事件の全国初期報道の放映実態はどのようなものであったのか。関東地方の地上波全国ネットキー局の放映を番組欄形式で整理したのが**表1**である。

大津市事件は、表中の塗りつぶし箇所の時間帯・局で取り上げられた。まずは、視聴者が本事件報道を幾度も目にしたことが想起できよう。最初の放映は二〇一二年七月四日（水）朝、ＴＢＳ「みのもんたの朝ズバッ！」の一コーナー（七時一三分〜七時一九分）でなされた。他局が追従するまで数時間かかったが、七月四日昼頃までには全キー局が放映することとなる。

週末にはいくぶん沈静化したが、七月一〇日（火）午後には大津市長がおよそ謝罪に近い和解の方針を涙ながらに述べた会見が放映され、その後数日間、全局で全時間帯に迫るほどの放映がなされ、この過熱ぶりは七月二七日（金）のロンドンオリンピック開幕まで一定程度維持されたのである。

この間の報道の特徴は、第一に、テレビに限定したとしても、いわゆるメディア・スクラムとみなせる放映が集合的に展開された点である。「ひとたびニュースバリューのある出来事が生じると、ニュース制作者は他社の報道経過を把握し、後続せねばならないと感じることになる。他社が報じているという事実がニュース価値を示すからである。各社が先行報道への後続を急ぐ時、結果としてニュース報道の波が生まれる」（Best 2013, p. 133）のである。

第二に、本事件報道は週の半ばに増加し、週末に減少することである。大津市教育委員会（以下、市教委）等の記者会見などが平日になされることなどからそのような傾向がみられるが[4]、この点は、表

表 1　大津市事件全国初期報道放映表(3)

報道日	時間帯	NHK 総	日テレ	TBS	フジ TV	テレ朝
7/4（水）	早朝			■		
	朝			■		
	午前	■		■		
	昼		■	■	■	■
	午後		■		■	
	夕方	■	■	■	■	■
	夜		■	■	■	■
7/5（木）	早朝		■	■	■	■
	朝		■		■	■
	午前		■		■	■
	昼		■		■	
	午後		■			
	夕方	■	■	■	■	■
	夜		■	■		
7/6（金）	早朝		■	■	■	
	朝			■	■	■
	午前			■	■	■
	昼				■	
	午後				■	
	夕方	■	■		■	
	夜	■	■		■	
7/7（土）	早朝				■	
	朝				■	
	午前		■			
	昼				■	
	午後					
	夕方			■	■	
	夜			■		
7/8（日）	早朝					
	朝			■	■	
	午前			■		■
	昼					
	午後					
	夕方		■			
	夜				■	
7/9（月）	早朝			■	■	■
	朝		■	■		■
	午前					
	昼					
	午後					
	夕方					
	夜			■	■	■
7/10（火）	早朝			■	■	
	朝		■	■		■
	午前		■			
	昼		■			■
	午後		■			
	夕方	■	■	■	■	■
	夜	■	■	■	■	■
7/11（水）	早朝	■	■	■	■	■
	朝	■	■	■	■	■
	午前	■	■	■	■	■
	昼	■		■		
	午後	■	■	■	■	■
	夕方	■	■	■	■	■
	夜	■	■	■	■	■
7/12（木）	早朝	■	■	■	■	■
	朝	■	■	■	■	■
	午前	■	■	■	■	
	昼	■	■			
	午後	■	■	■	■	■
	夕方	■	■	■	■	■
	夜	■	■	■	■	■
7/13（金）	早朝	■	■	■	■	■
	朝	■	■	■	■	■
	午前		■	■	■	■
	昼	■	■		■	
	午後		■		■	
	夕方	■	■	■	■	■
	夜	■		■	■	■

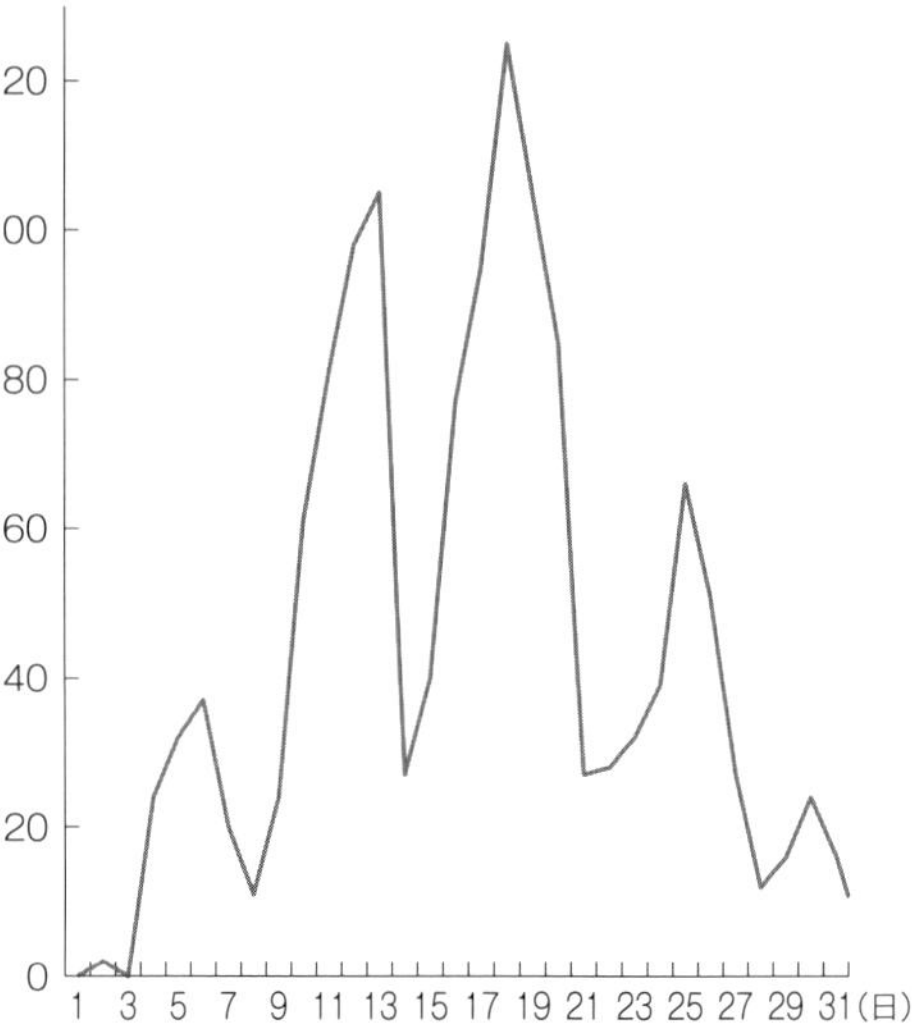

Live on TV「いじめ」検索結果（番組コーナー数）.

図1　2012年7月「いじめ」テレビ報道数の推移

1からだけでは観察しにくい。この点は、データベースで「いじめ」を検索ワードとしてテレビ報道数（番組コーナー数）を調べた**図1**に明らかに現れる（間山・山田 二〇一三、山田担当部分）。

第三の特徴は、自殺事件およびそれ以前の出来事というよりは、事後対応に関する続報が圧倒的であった点である。このことを示すために、データベースの番組コーナー要約から報道の中心とみなせるテーマを抽出し、放映された主要テーマごとに主要放映期間を示した**表2**を順に確認しよう（表中の濃い塗りつぶしは特に放映数が多いことを示す）。

「自殺練習」（A）、「教師は見て見ぬふり」（B）、「被害届警察不受理」（C）は、報道直前に生じた出来事ではないが、それ以降字義通り「ニュース」と言える偶発的な報道が続いた。中でも、「市教委・学校への強制捜査」（H）は極めて大きなインパクトをもった。間隙を縫って、市長・市教委・学校の会見など（D、F、G、I、J、K、L、M、P）が連日報道された後、当該中学校は終業式を迎え、夏休み中に生徒への捜査が予定されていることが七月二〇日に報じられると（Q）、その週末にはいじめ問

表2　大津市事件全国初期報道におけるテレビ放映主要テーマ

(■＝濃い網掛け、▒＝薄い網掛け)

2012年7月	テーマごとの主要放映期間																				主要テーマ（23・24日の[　]内は関連報道）
	A	B	C	D	E	F	G	H	I	J	K	L	M	N	O	P	Q	R	S	T	
4(水)	■																				**A：「自殺練習させられた」**
5(木)	■	▒	▒																		B：「教師は見て見ぬふり」
6(金)		▒	▒	▒																	C：被害届を警察受理せず
7(土)				▒																	D：市長が再調査を決定
8(日)																					E：当該中学校への爆破予告
9(月)																					F：前年11月アンケート内容（首絞め・葬式ごっこ）
10(火)					▒	▒	▒														G：市長涙ながらに和解方針表明
11(水)						▒	▒	■													**H：当該中学校・市教委への県警強制捜査**
12(木)								■	▒	▒											I：市教委「いじめは自殺原因のひとつ」表明
13(金)									▒	▒											J：当該中学校で保護者説明会
14(土)											▒										K：当該中学校教員のいじめ認識
15(日)											▒	▒	▒								L：いじめ調査のアンケート公開
16(月)													▒								M：校長会見（「いじめではなく喧嘩」）
17(火)														■	▒						**N：第2回口頭弁論（市：和解方針／元同級生：いじめ否定）**
18(水)														■	▒	▒					O：遺族が元同級生らを告訴へ
19(木)															▒	▒					P：教育長「家庭的要因」発言
20(金)																	▒				Q：終業式・夏休みに捜査・調査の予定
21(土)																					[いじめ一般に関する報道散見]
22(日)																					
23(月)																		▒			R：[いじめ対応新組織・教育委員会問題]
24(火)																		▒			
25(水)																			■		**S：市長が遺族に謝罪**
26(木)																			■	▒	T：元同級生らへの事情聴取開始
27(金)																				▒	（ロンドンオリンピック開催・本事件報道激減）

題一般や文科省対応などが報じられ、図1からもわかるように「過熱」は収束していくが、それでもなお、七月二五日に市長が遺族に謝罪の意を表明し再燃することとなる（S）。この間、インターネット・ブログ等の「炎上」を支える表現として使用されるいわゆる「燃料投下」が途切れなかったのである。

（3）　集合としてのテレビ報道の「力《パワー》」

さて、新聞にはないテレビ報道の力《パワー》とはどのようなものかをあらためて問おう。テレビ報道を集合として概観してみると、まず、テレビ報道におけるひとつのニュースの「賞味期限」が二日程度であることに気づく。二日しかないと表現しても良いが、むしろ二日も続くと指摘したい。新聞の場合同じ記事内容が二日続くことはない。また、何紙も取ることが想定しにくい新聞に対して、テレビは局・番組が異なればおよそ同じ内容を放映できる。結果として同じ報道内容の放映は二日も続き、視聴者は同時間帯にザッピングまでできる。このようなテレビの特性によって、視聴者は「また報道されている」という感覚をもてるのである。

以上を踏まえ、表1、表2をあらためて眺めてみたとき、大津市事件報道の過熱ぶりがより想起されるだろう。「ニュースバリューのある出来事が生じると（略）、結果としてニュース報道の波が生まれる」という表現を引用したが、両者は相互に循環的なものである。後者が前者を高める側面もある。

しかし、である。そもそも裁判の被告となった元同級生たちは、民事訴訟において自らの行為を「いじめ」であったとは認めていなかった。この事態に対して、「反省していない」などと非難することが可能であり、インターネットへの書き込みをはじめとした膨大な非難がなされたのはなぜか。元同級生や他の生徒に話を聞いてみたからか。担任教諭に話を聞いてみたからか。おそらく違う。「テレビとかでやっていたから」ではないか。もちろん、特に若い世代は新聞やテレビからではなくインターネットから情報を得ているなどと考える向きもあろうが、新聞はもちろんテレビ報道動画もインターネットで閲覧されているだけでなく、無数の情報発信がソースとしているのは結局はマスメディア報道が中心である。

その意味でもテレビ報道は集合として大きな力《パワー》をもつが、すべての番組を観る視聴者などいない。

実際に視聴者が観るのは個々の番組である。だが、視聴者はいくつかの報道場面を観るだけでテレビ報道の力《パワー》に直面することになるのである。

三　事件が「社会問題化」するということ

（1）事件と社会問題のパッケージ

報道場面の検討に入る前に確認しておきたいことがある。第1章では新聞、本章ではテレビが、本事件の社会問題化に大きな影響を及ぼしたことを論じようとしているが、事件が「社会問題化した」あるいは「社会問題となった」とはどのような事態であるのか。この問いに対して、本章がここまで示したように「過熱報道がなされたから」と答えるだけではもちろん、「地方で生じた事件が全国報道されるようになった」と答えるだけでも不十分である。第1章では、全国報道は事件の社会問題化にとって必要ではあるが、報道への言及を出発点に公的機関によるさまざまな活動が地方を超えて展開されていく事態を指して「社会問題となった」ことが示された。

一方、本章では異なる視点から回答してみたい。われわれの言葉の使用法の観点からすると、たとえば、公害、過疎化、格差、貧困、差別、児童虐待…などの問題は社会問題であると言えそうであるが、それらと「大津市中学生自殺事件」を並べると違和感が生じる。並べるならば「いじめ」や「いじめ自殺」問題であり、個別の事件はそうした社会問題の一事例であるとまずは言えそうである。

とはいえ、事件が「社会問題化した」という表現は単にカテゴリー上の誤りであると片付けたいわけではない。社会問題とその事例との関係が、事件が「社会問題化した」というわれわれの感覚を支えているのではないか。J・ベストは社会問題の構築主義の立場から、ある社会問題を理解するうえで指標となるような「ランドマーク・ナラティヴ（landmark narratives）」（Nichols 1997）を有する事例として事件が報道されることについて、次のように述べている。

特定の事例がある社会問題に関するメディア報道の中心となることがある。同じトピックに関する別の事例よりも新聞や雑誌記事の主題となり、あるいは膨大なTVニュースにおいて多くのビデオクリップが放映されるような事例である。だが、クレイムメーカーによって選ばれるそうした典型的な事例は、しばしば非常に特殊なものであり、他の事例よりも深刻で劇的で問題含みなものである。ニュース制作者がある社会問題のランドマーク・ナラティヴ、あるいは象徴的なナラティヴを有した事例を選択する理由は、それがある問題を大きな枠組の点で精確に反映するからではなく、それが、思わず引き込まれてしまう一連のニュースの詰め合わせだからである。

（Best 2013 p. 144，傍点引用者）

まず、「自殺練習」という「特殊」な語から始められた全国初期報道が、「問題含み」であり、「思わず引き込まれる」ものであったことは前節からも実感できよう。だが、「典型的な事例」については注意が必要である。ベストの表現では、まず社会問題の「典型的な事例」なるものが生じ、それをニュース制作者が選び出して報じているかのように理解できてしまうが、構築主義の立場からは逆向きの発想が必要なはずである。「ニュースの詰め合わせ」方こそが、本事件をいじめ自殺という社会問題の「ランドマーク・ナラティヴ」を有した「典型的な事例」として構築した、というようにである。

この発想は、ベストが使用する社会問題の「パッケージ（packages）」概念に表れている。ある社会問題の「ランドマークとなる事例は、『パッケージ』と呼ばれるより大きな構築にしばしば属する」（Best 2013, p. 144）。ベストがこのように述べるとき、個々の事例をある社会問題に属する事例として構築するとともに、当の社会問題を理解する視点や枠組を与えるロジックを問題にしている。本章の関心からすると、大津市事件をいじめ問題の事例として構築する報道は、同時に事件報道を通じていじめ問題を理解する視点や枠組を提供するものでもある。社会問題と典型的な事例というパッケージのありようが、本事件が「社会問題化した」「社会問題になった」という感覚を支えるものなのではないかということである。

（2）　新聞読者としてのテレビ報道

このことをイメージするために、第一報である毎日新聞記事（二〇一二年七月四日）を本章でも取り上げよう（図2）。

大津市事件の社会問題化に関しては、北澤（二〇一五）が次のように論じている。大津市事件はいじめ問題「第四の波」の象徴的な事例として知られるが、「第三の波」のそれは「北海道滝川市自殺事件」であった。北澤（二〇一五）は、両者に、「いじめ問題」と「教育委員会の隠蔽問題」という二つの

「自殺練習させられた」 生徒 **15** 人が指摘　市教委は公表せず

大津市で昨年 10 月，同級生からいじめを受けていた市立中学 2 年の男子生徒(当時 13 歳)が，自宅マンションから飛び降り自殺した問題で，学校が全校生徒に実施したアンケートに対し，15 人の生徒が「自殺の練習をさせられていた」と回答していたことが 3 日，関係者への取材で分かった．市教委は昨年 11 月の記者会見でこの事実を明らかにしていなかった(以下略)．

図 2　毎日新聞記事 2012 年 7 月 4 日

論点が中核となって社会問題化された共通点を見出したうえで、「隠蔽レトリック」と「伝聞情報処理法」などの視点からこの記事を分析し、『自殺練習』という表現は、それだけでもかなり衝撃的であるが、さらにもう一点、『市教委は公表せず』という中見出しも加えられており、教育委員会の隠蔽体質告発をねらいとしていることは明らかである」(一六一頁、傍点引用者)と述べている。分析はさらに続くのであるが、ここでは、この「自殺練習―公表せず」が「隠蔽の告発」であることが、研究者の分析を待たずとも新聞読者にとっても「明らかである」ことに着目したい。

しかし、「隠蔽」は見出し、そして記事本文でも明言されていない(同紙面の有識者コメントで「隠す」という語が使用されているが)。明言できないからだと思われるかもしれないが、この「控えめな報道」にこそ積極的な意義があるのではないか。読者は報道を単に受け取るのではない。「自殺練習」という衝撃的な事態に対して、「公表せず」という見出し、あるいは「明らかにしていなかった」という本文表現をわざわざ新聞が用いるからには、これらの語が一見客観的であるだけに、そこにあるはずの何らかのニュースバリューを推論したくなる。

このことは奇しくもテレビ報道で観察できる。テレビ第一報のTBS

「朝ズバッ！」（二〇一二年七月四日。以下、年を省略）では、図2に引用した記事部分が読み上げられた後、司会者が「必ず、必ず、学校側の対応、教育委員会の対応には、必ず、問題がありますよね」と問いかける。コメンテーターは、「市教育委員会がすでにそのアンケート結果を知っていて、それをいわば、隠蔽というかですね、公にしていないというその態度自体がすでに、いじめというものに対しての姿勢っていうか、重さというのを、やっぱり我が事として感じ取っていないという現れだと思うんですよね」と答えた。「公にしていない」とすぐ言い換えるものの、思わず「隠蔽」という語を使用しているのである。「市教委は公表せず」によって、はっきりと「隠蔽」が報道されたことが、新聞読者としてのテレビ報道から観察できる。

なぜこの問題にこだわる必要があるのか。それは、自殺発生から半年以上マスメディアが大きく扱わなかった状況を「自殺練習―公表せず」が打開し、その後の過熱報道を導いたからである。しかしながら、「自殺練習」はその後目撃証言が出てこなかったという意味では、「ウラ」が取れていない事柄であった。にもかかわらず、本事件は「隠蔽」問題として報道されたのである。

このことは、九月二日の京都新聞（滋賀）で明らかになった。同紙は一面トップで、大見出し「自殺練習有力目撃なし」、中見出し「滋賀県警三〇〇人聞き取り」などを配置して報じたのである。それから遅れること約二週間、朝日新聞は九月一七日に「大津いじめ、自殺練習は立件見送りへ」という見出しのもとで、読売新聞でも九月一八日に、「大津いじめ『自殺の練習』目撃証言なし　県警、強要容疑の立件困難か」との見出しのもとで報じている。なお、第一報の毎日新聞に該当記事は見出せない。

「自殺練習」は、翌年一月末に提出された第三者調査委員会報告書でも、「あったとは言えない」と結論づけられている。なお、テレビにおいてこの問題の報道は（少なくとも全国ネットでは）見出せない。大津市事件の位置づけが確立した後の展開において、テレビはもはや「自殺練習」の事実性を問うことはなかったのである（しかし、地裁判決報道の際には、「自殺練習によって注目を集めた事件である」などと言及された）。

さて、「自殺練習―公表せず」とは果たして何だったのか。ベストは、「シグナルの凝縮は、人々により大きなパッケージを想起させ、問題の性質やその原因、そして何がなされるべきかを定義するようなクレイムを提示することになる」（Best 2013, p. 146）と述べている。「自殺練習―公表せず」という「シグナルの凝縮」は、「いじめの隠蔽」問題というより大きなパッケージを導いたことになる。こうして、大津市事件という事例は、「いじめの隠蔽」というパッケージ化によって、社会問題としてのいじめ問題の「典型的な事例」として構築されたのである。

事件が「社会問題化」されるとき、短い見出しのありようだけでも、報道の技術が駆使される。そして、当初は新聞の読者であったテレビは、その後自ら報道し始めていくのであるが、次はテレビ報道場面の力《パワー》を具体的に支えるテレビの手法を検討していこう。

四　テレビ報道の手法

（1）「語りかけ」

話し言葉によってなされるテレビ報道においては、「人びとの『実感』に訴え、その『実感』が人びとの『見方』を構築していくニュース報道のあり方」(吉岡　二〇〇三、一二六頁)が目指されてきた。ニュース原稿の読み上げとは一線を画し、キャスター自身の見解を率直に視聴者に語りかけた久米宏の「ニュースステーション」(テレビ朝日)がたびたび言及される。

「テレビ空間」とは、単に画面上の空間を指すのではなく、「事件現場(あるいはスタジオ)と視聴者の場とを結んで成立する一種の〈通路〉」であるが(藤久　一九八八、九六頁)、この〈通路〉はキャスターが自らの印象や見方を「語りかけ」、出演者を巻き込んでスタジオ内で議論して観せることによって開かれる。そして、「オーディエンスはテレビ画面を通じてそのやりとりを経験し、自らの『読みこみ』を行っていく」(吉岡　二〇〇三、一二七頁、傍点引用者)のである。だがしかし、視聴者の「読みこみ」は自由になされるわけではない。そればかりか「方向づけ」られなければ、短時間でわかりやすい報道とならない。そのために、「結果として一元的な現実が提示され、交渉的な空間が編成されにくいように感じられることもある」(前掲書、一二八頁)。

先に見た毎日新聞記事が「隠蔽の告発」であったのは、「新聞読者」としてのコメンテーターが、「公表せず」という語に「隠蔽」を「読みこむ」よう「方向づけ」られた結果である。そして、コメントに違和感を覚えなかった視聴者もまた、単に新聞記事紹介を受動的に聞いたのではなく、コメンテーターと同様に「方向づけ」られた「読みこみ」を行って、新聞記事とコメントを理解できたのだと言えよう。このように、まずは「語りかけ―方向づけ―読みこみ」というテレビ報道の手法を指摘することができる。

（２）「わかりました」報道とその応用

次に、アナウンサーの具体的な発話からテレビ報道の手法を考えてみたい。ニュース原稿が読まれる報道をいくつか視聴するだけですぐに、特に冒頭で「…がわかりました」「…が明らかになりました」などの表現がよく使用されることに気づくだろう。多くの場合、主語がないため「誰が」わかったのかは不明である。そのような表現で語られるニュースは判明した事実を単に記述しているだけ、ではあるまい。無数にある「わかった」「明らかになった」事柄の中で、報道されるからにはニュース価値がある客観的な事実なのであろう、という視聴者の「読みこみ」を「方向づけ」る「語りかけ」の一形態が、「わかりました」報道である。

これを基本形とするならば、さらにテレビ的な「語りかけ」の例として、「今後真実は、明らかになっていくのでしょうか？」（フジテレビ「めざましテレビ」七月五日朝）や、「これ、なぜ見過ごしてしまったのかというニュースなんですが」（フジテレビ「とくダネ！」七月五日朝）といった前置きは、基本の応用である。「わかった」ことを伝えるのではなく、あえて情報を欠落させてニュースを始め、欠落を視聴者に埋めさせる手法である。

これらは大津市事件報道の一場面であるが、こうした「語りかけ」は、いわゆる情報番組で展開されることが多い。テレビ的であることが理解しやすいこうした手法は、ＮＨＫや民放プライムタイムの報道番組では避けられがちである。しかしながら、「わかりました」報道でさえ「語りかけ－方向づけ－読みこみ」がなされて成立することを考えると、いわゆる「客観報道」の客観性は問い直さねばなるまい。(5)客観報道には一般的に、①事実性原則(事実を曲げずに描写する)、②没論評原則(報道者の主観的見解を含まない)、③不偏不党原則(意見の分かれている出来事は一方に偏らず両論併記する)といった原則が想起されるが(大石ほか 二〇〇〇など)、これらの原則はテレビ報道でどのように扱われるのか、後ほど検討する。

(3) 過去の現在化

メディアとしてのテレビの強みの一つは、その「現在性」にある。生中継がその最たるものである。しかし、まさに起こっている事件の現場から中継するのは稀である。番組自体は生放送であっても、VTRが挿入されることの方が多い。だが、これを生中継できないときの次善の策として捉えるべきではない。岡本・福田(一九六六)の言葉で言えば、テレビの現在性は、「同時性」と「同時刻性」とに分けて考えることができる(五三五－五四〇頁)。前者は、生起している出来事の現在を生中継できるテレビの特性である。後者は、すでに生起した「過去を現在化」(黄ほか 二〇一四、四二頁)するテレビの特性のことである。そして、無数に存在する「過去」の中から選択的になされる「過去の現在化」にテレビ報道の力《パワー》が認められるとともに問題が生じる余地がある。

過去を現在化して「二次的な『いま』の現場」を作り出すテレビ的手法として散見されるのは、たとえば拡大した新聞記事に付箋を貼っておき、剝がしながら読むような、情報番組でよく用いられる手法である(間山・山田 二〇一三、山田担当部分)。映像や音声で視聴者にアピールできるテレビが、わざわざ活字メディアを使う形式をとるのは、一見テレビの特性に反している。だが、「視聴者への問

『生徒のアンケート公表せず　教育長は何を語る』(大津市事件報道時)

↓

『いじめ自殺　真実を明らかにしない学校側』(「過去の事例」VTR時)

図3　TBS「Nスタ」(7月4日午後)におけるテロップの展開

いかけを交えながらその答えにあたることが書かれている部分のシールを剝がす。これを繰り返すことで、時間の流れと動きが生まれ、単なる新聞記事の紹介でしかなかった行為が、非常にテレビ的なコンテンツへと生まれ変わる」(黄ほか 二〇一四、八四頁)のである。

それをさらに構造化する手法として、新聞記事紹介を出演者が観ている様子を観せる演出もある。あたかも学校授業で「正解」が教授されるかのようでありながら、話し手と聞き手の机や座席は正対せず斜め位置に置かれるようなスタジオセットが想起可能であろう。

(4)「過去の事例」の紹介

もうひとつ、VTRを使用する場面展開がより強い「方向づけ」を行う事例を挙げておきたい。「過去の事例」のVTR挿入である。大津市事件についてスタジオで「解説」がなされた後、「過去のいじめ自殺事件」について、当事者が語るVTRが挿入されるような演出である。たとえば、**図3**のようにテロップが展開されることがある。

過去に生じた事例について、その事件の事実性に疑いをもつ理由がなければ、事例紹介自体には問題がないように思われるかもしれない。しかし、「過去の事例」の紹介とは、報道しようとする事件を理解する枠組を強力に「方向づけ」ることになる。なおかつ、「いつの時代も無くなりません」という言葉でコーナーが締めくくられるこの番組は、「七月四日午後」の放映である。このような番組放映は「自殺練習」情報が通信社から契約新聞社に配信された七月三日夜（共同通信大阪社会部 二〇一三、二三五頁）の翌日というだけでなく、後になされる県警捜査や第三者委員会調査でも立証できなかった情報をニュースソースにしている。

報道とは、事実に関する一定の検証をふまえたうえで、その事件が属する社会問題一般に切り込んでいくものである、などと視聴者は想定しているかもしれないが、大津市事件の全国初期報道はむしろ逆であった。「わかりやすく」伝えようとする報道、少なくとも先行する他局から遅れることを恐れる初期報道には、そのような検証を行う時間はない。

五　テレビ報道場面を理解するということ

新聞報道は短い見出しのありようだけでも、読者の「読みこみ」を「方向づけ」る報道の技術を駆使していた。テレビ報道の場合、駆使される技術はさらに複雑になる。手法ごとにいくつか紹介してきたが、あらかじめ手法が明示されているわけではない実際の番組コーナー全体を分析の対象とするとなると、複雑さに目が眩みそうになる。しかし、テレビ報道をひとつのテクストとみなすならば、「テクストは理解されるためにつくられているのであるから、テクストの複雑さはその意味が不透明であることを意味するのではなく、むしろ反対に接近可能性（accessibility）を意味する」（Dupret 2011, p. 108, 傍点引用者）。

あるテレビ報道場面をわれわれが理解できるならば、それはどのようにしてなのか。テレビ報道内でどのようなやりとりがなされているのかだけでなく、報道と視聴者とを相互行為的な関係性を有するものとみなす視点から、テレビ報道の力《パワー》を示してみたい。

（1）「客観報道」としてのVTR

以下は、七月四日夜放映の日本テレビ「NEWS ZERO」で本事件が報道されたコーナー（五分二〇秒）の前半を**場面1**、後半を**場面2**として文字化した表である（no.２にあたる経緯説明は省略している）。

冒頭から順にみていこう。視聴者は特に意識することなく報道を理解できるが、こうして文字に起こして繰り返し眺めてみると、いくつものことに気づくことができる。MCは、冒頭「我が子は…」と自殺した子どもの親の立場から発話し始め、二文目では第三者の視点で「誠実な回答」が（誰からなのか明示されないまま）「無い」旨が述べられる。この二文だけでもテレビ的な報道の手法（「情報の欠落」）を観察できるが、ここでは、続く事件の経緯説明の後にVTRが挿入されるno.３から検討したい。

まずは、先述した「過去の現在化」である。「取材映像やロケVTRを使ってできている番組の場合、VTRの中の出来事はすでに終わった過去のものだが、その映像にスタジオの観客が反応したり、出演者がコメントを述べたりすると、視聴者は『いま』何かが起きているという感覚を強くもつ。スタジオでVTRを見ているコメンテーターや観客が、視聴者にとって二次的な『いま』の現場を作り出す」（黄ほか 二〇一四、四二頁、傍点引用者）のである。では、VTR「内」の構造はどのようなものか。

VTRは中学生を演じた声（「自殺の練習を…」）から開始される（no.３）。発話者の顔は映されない。な

場面 1　日本テレビ「NEWS ZERO」(7 月 4 日夜)

no.		発話と動作	VTR 内時系列	映像
1	MC：我が子は**なぜ自殺しなければならなかったのか**．半年以上経った今も，両親に対して**誠実な回答はありません**．			スタジオ
2	SC：(問題の経緯説明：省略)			
3	VTR挿入(no.15まで)	NA：「**自殺の練習**をさせられていた」，「死んだスズメを口の中に入れろと言われていた」(中学生を演じた声)	2011 年 10 月	書類「アンケート回答」などの文字
4		NB：アンケートで浮き彫りになっていたいじめの実態．しかし学校側はこれを**公表していなかった**．	2012 年 7 月	アンケート結果をまとめた書類
5		NB：去年 10 月滋賀県大津市でマンションから飛び降りて自殺した中学 2 年の男子生徒．一体何があったのか．	2011 年 10 月	自殺現場となったマンション
6		NB：男子生徒が通っていた中学校は，直後にアンケートを実施．そして，男子生徒の自殺から 1 カ月後の去年 11 月．	2011 年 11 月	中学校遠景から校舎へとズーム
7		NB：市の教育委員会が，男子生徒が殴られたり，蜂の死骸を食べさせられそうになっていた，といじめの事実を公表した．しかし，いじめと自殺の因果関係は不明と主張したのだ．		市教委会見場面
8		NB：これに対し，男子生徒の両親は「いじめが自殺の原因」と主張．大津市などを相手に損害賠償を求める訴えを起こした．	2012 年 2 月	大津地方裁判所
9		NB：さらにアンケート結果の全容についても情報公開請求などを行った．そのなかで 15 人の生徒が「自殺の練習をさせられていた」と回答していたことが明らかになったのだ．	2012 年 7 月	市教委学校教育課の様子
10		NA：「何回も自殺の練習をさせられた」，「先生も見て見ぬふり」(中学生を演じた声)	2011 年 10 月	アンケート結果をまとめた書類
11		原告弁護士：毎日のように自殺の練習をさせられていた少年が，いじめから逃れる手段を最後考えるときに，その日頃の練習が頭に残っていて，いじめ，自殺ということを想起するのは，これはごく自然な流れだったと思います．	2012 年 7 月	弁護士事務所で話す弁護士
12		NB：一方の大津市側は，今日，アンケートの全容を公表しなかったことをこう説明した．		市教委記者会見
13		市教委担当者：自殺の練習とか，その他もろもろのいろんな記述は，アンケートの中に確かにあったと思うんですけれども，「そんなことがあったらしい」「そんなことを聞きました」，そういった書きぶりだった．		記者会見での市教委担当者の発言
14		別の市教委担当者：今回のそういうことについても順にたどっていったわけですけども，確実にそういうことがあったというふうな結果が得られなかったということから，公表もしておりませんでしたし，現在もその時点と状況は変わっていませんので．		市教委担当者の発言
15		NB：今年 5 月の裁判で，息子が 13 歳という短い人生を自ら閉じなければならなかった，その真相を明らかにしてほしいと涙ながらに訴えた男子生徒の両親．**自殺の真相は，まだわからないままだ**．		自殺現場となったマンション
16	((映像がスタジオに切り替わり，MC・SC が VTR に見入っている様子))((約 2 秒沈黙))(→【場面 2】no. 17 へ続く)			スタジオ MC・SC の横顔

凡例：メインキャスター(画面右)＝MC，サブキャスター(画面左)＝SC，挿入 VTR のナレーション A＝NA，ナレーション B＝NB，((　))内は動作を表す．

ぜ「顔なき声」なのか。そもそもナレーションとはそういうものかもしれない。だが、VTRで言及される出来事の時系列に着目すると、「顔なき声」の機能を見出せそうだ。時系列上、no.3は二〇一一年一〇月以降(「自殺の練習」などのアンケート回答)、no.4は二〇一二年七月(「公表していなかった」ことの判明)に生じた出来事である。だが、続くno.5では、no.3、no.4からみれば過去に当たる二〇一一年一〇月の自殺発生時に遡り、そこから現在に至るまでが時系列に沿って再現されていく。

なぜ、このように時系列を前後させた展開のVTRを作成したのか。VTRの構造を、客観報道を目指していると想定される新聞報道をモデルにしていると捉えると理解しやすいのではないか。まず、VTR冒頭のno.3、no.4は新聞記事で言えば「見出し」に当たる(「自殺練習―公表せず」である)。その後、新聞で言えば「本文」がナレーター(NB)によって語られるが、no.10では「生徒の声」(の演技)によって「事実性」が演出される(と同時に新聞の「中見出し」的でもある)。no.11からは、遺族側弁護士、市教委、そして遺族の主張が「両論併記」され、「自殺の真相は、まだわからないままだ」(no.15)と締め括られる。「没論評原則」を守る「客観報道」のために、ナレーターの「顔」は不要なのである。

ここでVTRが終わり、no.16で映像はスタジオに切り替わる。そこには、キャスターたちがVTRを「いま」観ていた様子が映し出されている。だが少し不思議である。おそらく事前打ち合わせでも観ているのであろうし、さらには終了しているにもかかわらず、二秒間、「観ていたこと」を観せている。なぜ、二秒も必要だったのだろうか。そこには、VTRが「視聴者にとって二次的な『いま』の現場」を作り出す以上の意味があるのではないか。これ以上考えるためには、その後の番組展開を検討しなければなるまい。

（2）番組内会話を理解する「読みこみ」の構造

われわれは、no.17からno.26あたりまで、キャスター同士が「会話している」様子を観る。なぜ「『会話』を観せる」のか。まず印象に残るのは、コーナー最後のno.27でメインキャスターがカメラに向き直って視聴者に「語りかけ」、no.28ではサブキャスターも視聴者の方に向き直って、メインキャスターの最後の言葉にうなずくような様子である。このときわれわれは、キャスターたちのやりとりがただの会話ではないことに気づく。なされているのは、あくまでも「会話の放映」である。

テレビ出演者同士が「会話」しているようにみえるとき、E・ゴフマンの『フレーム分析』(Goffman 1974)の用語に従うならば、まず「会話」を「基礎フレーム(primary framework)」とみなすことができる。だが、バラエティ番組のトークショーでさえ台本があることを知っている視聴者は、ニュース報道における出演者同士のやりとりもまた、日常的な「会話」とは異なる性質の相互行為であることを(意識しなくとも)知っている。「会話の放映」は、基礎フレームとしての「会話」の「転調(keying)」、あるいは、no.27、no.28の様子からするとそれまでが「会話」の「偽装(fabrication)」であったと言えるのかもしれないが、いずれにせよ、「会話の放映」は「会話」の変形である。

問題は、このような演出がテレビ報道の力《パワー》にどのように資するのかである。この約五分の報道は、VTRを挟むものの全体を通してはシンプルで「わかりやすい」メッセージ内容を伝えている。それは、no.1、no.19、no.25、そして最後のno.28まで一貫して、「真実を明らかにすべき」というものである。逆に言えば、「真実が明らかになっていない」ことが報道されている。

場面2　場面1の続き

no.	発話と動作	映像
15	VTR　NB：今年5月の裁判で，息子が13歳という短い人生を自ら閉じなければならなかった，その真相を明らかにしてほしいと涙ながらに訴えた男子生徒の両親．**自殺の真相は，まだわからないままだ．**	自殺現場となったマンション
16	((映像がスタジオに切り替わり，MC・SCがVTRに見入っている様子)) ((約2秒沈黙))	
17	MC：自殺したご両親の気持ちを考えてみると， ((ここからno. 27途中まで，やや半身でSCと向き合って話す))	
18	SC：((うなずく))	
19	MC：どうして自殺したのか，**本当のことを知りたいと思うその，ご両親の気持ち，これはもう当然**だと思うんですよね．	 
20	SC：はい．	
21	MC：その意味では学校側も，教育委員会側も，対応には誠実さに欠けるところがあったと，これは思いますね．	MCとSCがno. 17～20と同様，半身で向き合い会話(画像省略)
22	SC：そして，ま，アンケートをめぐるこの対応，学校側，教育委員会に対して，疑問を抱く人も少なくないと思うんですよね．	同上
23	MC：これは少なくないと思いますね．	同上
24	SC：はい．	
25	MC：だから，今後のいじめ対策を私たちが考えるうえでも，今までに起こったひとつひとつのいじめの実態，これをきちんと明らかにして，それをふまえて初めて，防止策，これを検討できることだと思うんですよね．	スタジオ全景・大型画面に市教委関係者
26	SC：はい．	
27	MC：そういう意味では，((カメラに向き直る)) SC：((MCの方を向いて聞いている))	
28	MC：大切な我が子を失ったご両親のためにも，そして今後このような悲しいことを繰り返さないためにも，**関係者は真実を語るべき**です． SC：((カメラに向き直る))((最後にうなずく))	

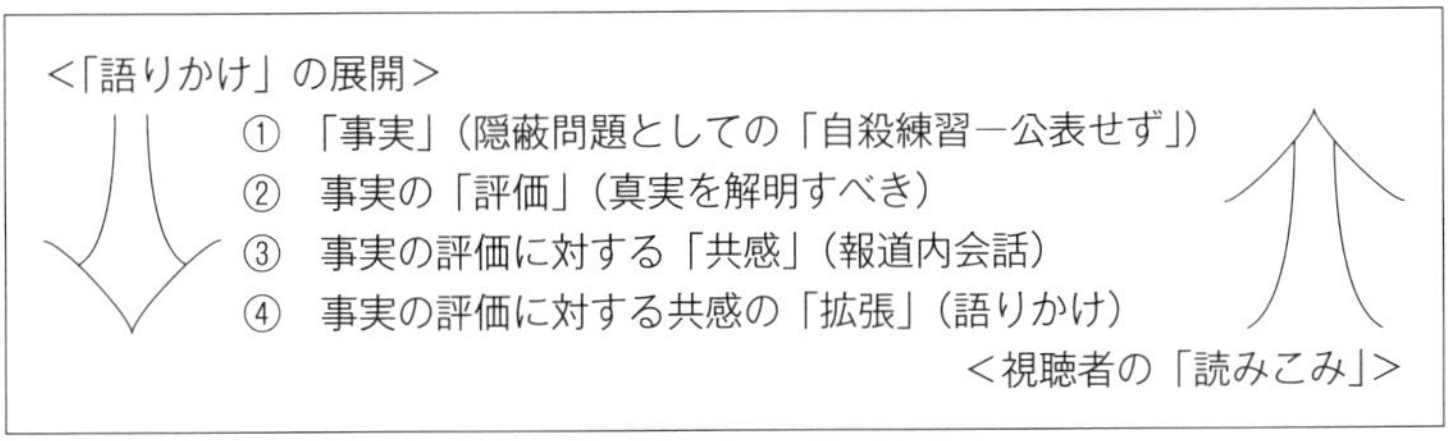

図４　「語りかけ」の展開と視聴者の「読みこみ」の構造

その一方で、このメッセージを伝える構造の方は少々複雑である。冒頭からあらためて順を追ってみるならば、冒頭の前置きの後、まず①ＶＴＲの「客観報道」によって「見出し」的に「自殺練習－公表せず」という「事実」が報じられる。そしてキャスターが視聴者とともに「観ていること」を観せることで、（客観報道された）事実を対象として位置づけ、②（没論評原則に従うのではなく）主観的評価をし始める（「客観報道」は①ＶＴＲの終わりまでであると切り替えるために「二秒」必要だったのである）。その後、③その評価が隣のキャスターによって「共感」される様子が示され、④最後にその共感が視聴者に向けて「語りかけ」られることで「拡張」されていく。報道全体を「語りかけ」と捉えるならば、その展開と、視聴者の「読みこみ」の構造は**図４**のように図示できる。

図の下向き矢印は「語りかけ」の展開を示すと同時に「方向づけ」も示しているが、番組コーナー最後の語りかけに向かって視聴者に対するインパクトを増大させている様子を示している。一方、上向き矢印で示した視聴者の側の「読みこみ」はどう考えるべきか。④に向かって語りかけられる「共感」が「拡張」されていくとき、それに抵抗して①にまで遡って「事実」それ自体を評価する余地を視聴者が感じるのは困難である。そのような構造になっているのではないか（先細りの矢印としてそれを示している）。

つまり、このテレビ報道は、視聴者に対して、そもそも「自殺練習が本当にさせられていたのかどうか」そして「隠蔽」がなされたか否かを考える余地を極小化するような構造になっている。このとき、「オーディエンスへの『通路性の契機』はあまり見出せず、結果として一元的な現実が提示され」（吉岡 二〇〇三、一二八頁）る構造になっているのである。

六 報道と視聴者の囚われ

テレビ報道を通じて視聴者が「わかった」ことを得る一方で、「わからない」こともある。いやむしろ、「わからない」ことばかりである。重要なのは、「わからない」ことに気づきにくくさせる特性をテレビが有している点である。ベストは次のように述べている。

> 人々がニュースメディアが提示するパッケージに馴染み深くなることは比較的容易であるが、そうしたパッケージとは別のやり方で社会問題を考えるようになることは、非常に困難である。
>
> （Best 2013, p. 147, 傍点引用者）

「教師、学校、教育委員会は保身のためにいじめを認めず、隠蔽する」。

およそこのようなストーリーがいじめ問題のパッケージとして共有されているとするならば、別のやり方、たとえば「教師や学校は生徒を守るため、不確かな情報から生徒をいじめの加害者扱いしないものだ」などと信じられなかったのはなぜであろうか。本事件の場合、生徒の自殺が起点となっていじめが疑われたため、こうしたパッケージが採用される可能性はなかったのかもしれない。しかし、「隠蔽」を軸としたパッケージに囚われたがゆえに、マスメディアをはじめとした社会は、「わからない」ことから目を背けることになったのではないか。

「わかりやすい」報道とは、「わからない」ことを「わからなく」しているために「わかりやすい」のかもしれない。「自殺練習アンケート回答」について、誰に何を「公表」すべきだったのか。その「公表」は誰にいかなる利得、あるいはリスクをもたらす可能性があったのか。これらに言及した報道に筆者は出会えていない。出会えていないだけであればまだしも、こうした疑問をもたずに「公表せず」と隠蔽が報道されたのだとしたら、マスメディアのいじめ問題に対する「囚われ」は根深い。報道の受け手が疑問をもてないのだとしたら、そちらの方がより本質的な問題かもしれない。

「別のやり方」でいじめ問題を考えるようになることは容易ではないが、いじめ問題をめぐるパッケージを記述することが、その第一歩となりうる。画面からすぐに過ぎ去っていくテレビ報道であっても、録画をもとに再構成しさえすれば、一元的な現実理解への「方向づけ」に囚われた「読みこみ」を拒否する可能性は生まれる。テレビ報道の力《パワー》に抵抗することは可能なのである。

注

（1）　吉原稔法律事務所ホームページ内「いじめで悩んでいませんか？」「2、大津中2いじめ自殺事件について」「遺族コメント（一審）」(https://www.yoshihara-law.jp/izokukomento.pdf)（最終閲覧日二〇二一年五月二三日）

より。

（2） 全録レコーダーは全番組を一定期間「一時保存」するに過ぎない。ハードディスク（HD）容量の都合上、一時保存された全番組は一定期間（筆者が使用した機器は約一週間）後に自動消去されていくため、一時保存された全番組の中から、必要箇所のみを完全に保存する作業が必要となる。たとえば一時間番組のうち二分の放映箇所の保存が必要ならば、一時間の番組全体を保存した後、不要な五八分について手動で削除する作業が必要となる（この作業が遅れるとHDがすぐいっぱいになる）。そのため、一時保存された全番組のうち保存を必要とする番組および番組コーナーを一週間以内に特定し、不要箇所を削除し続けなくてはならない。全録レコーダーの検索機能は、二〇一二年七月時点ではそのトピックがよほど大きく扱われなければ機能しなかったため、放映可能性のある番組を「早送り」で視聴して保存箇所を特定するしか方法がなかった（二〇二一年四月時点では検索の精度がかなり向上している）。そこで、筆者が属する共同研究チームで導入したのが、全番組要約データベース「Live on TV」（富士ソフト）である。これは、地上波全番組の要約を収録したデータをウェブ上でダウンロードできるデータベースである。このLive on TV導入後、一時保存番組の中から要保存番組・番組コーナーを選別する効率が格段に高まった。全録レコーダーとLive on TVの組み合わせによって、必要とする放映を保存できたわけである。

（3） 時間帯区分はおよそ次の通りである。早朝＝六時頃まで、朝＝六〜八時、午前＝八〜一一時台、昼＝一二時（直前含む）〜一三時、午後＝一三〜一六時、夕方＝一六〜二〇時、夜＝二〇時以降。なお、これらは、主に民放の情報・報道番組が展開される時間帯区分に基づいている。

（4） テレビ報道には「画《え》」が必要であると言われるが、「画にしやすい」のは事前に通知されて撮影態勢を取りやすい記者会見や裁判などである（Best 2013, p. 129）。それらはおよそ平日に行われる。週末は、突発的事件が生じない限り新規のニュースよりは一週間のまとめなどが放映される傾向にあると言えよう。

（5） 大井（一九九九）は、事実とは客観的に報道できるものなのか、という客観報道の懐疑論が生じた歴史的経緯を踏まえ、懐疑論から脱する一つの方法は、客観性の追究というよりはジャーナリストが正当とするルールに従っていればそれを客観的とみなす「外見的客観性」を保つことであると整理している。問題は、具体的な報道に即して

「外見的客観性」をどう評価するかである。

文 献

大井眞二 一九九九、「客観報道の起源を巡って」鶴木眞編『客観報道――もう一つのジャーナリズム論』成文堂、三―三一頁。

大石裕・岩田温・藤田真文 二〇〇〇、『現代ニュース論』有斐閣アルマ。

岡本博・福田定良 一九六六、『現代タレントロジー――あるいは〈軽率への自由〉』法政大学出版局。

北澤毅 二〇一五、『「いじめ自殺」の社会学――「いじめ問題」を脱構築する』世界思想社。

共同通信大阪社会部 二〇一三、『大津中2いじめ自殺――学校はなぜ目を背けたのか』PHP新書。

黄菊英・長谷正人・太田省一 二〇一四、『クイズ化するテレビ』青弓社。

藤竹暁 一九八二、「テレビのリズムと現代人のリズム」NHK総合放送文化研究所編『テレビ・ジャーナリズムの世界――現場からの発想』NHKブックス。

藤久ミネ 一九八八、「画面からの語りかけについて――テレビ表現の前提となるもの」『放送学研究』三八号、九三―一〇〇頁。

間山広朗・山田鋭生 二〇一三、「いじめ問題の諸相(二)――『大津いじめ自殺』事件のテレビ番組分析の可能性」日本教育社会学会第六五回大会報告資料。

山本明 一九六九、『反マジメの精神――大衆文化のドキュメント』毎日新聞社。

吉岡至 二〇〇三、「テレビ・ジャーナリズムの『受け手』像を探る」小林直毅・毛利嘉孝編『テレビはどう見られてきたのか――テレビ・オーディエンスのいる風景』せりか書房、一一二―一三二頁。

Best, J. 2013(1st ed. =2008), *Social Problems (2nd ed.)*, Norton.

Dupret, B. 2011, *Practices of truth: An ethnomethodological inquiry into Arab contexts*, Amsterdam, John Benjamins. ((ch. 5) 黒嶋智美・小宮友根・北村隆憲訳「『真実』を語ること――テロを非難するテレビ映像のエ

スノメソドロジー分析」『東海法学』第四九号、二〇一五年、五五―九六頁）
Goffman, E. 1974, *Frame Analysis: An Essay on the Organization of Experience*, Harvard University Press.
Nichols, L. T. 1997, "Social problems as landmark narratives: Bank of Boston, mass media and 'money laundering'", *Social Problems*, 44, pp. 324-341.

3
何が「隠蔽」されていたのか
――「いじめ問題神話」としてテレビ報道を読み解く――

稲葉浩一

はじめに

――まず昨年の、大津のいじめ自殺事件というのは、どこでどのように?

男性:いやテレビのニュースでしょ?

――ああ、やっぱりそうですか。たとえば、どういったことが記憶にあるってのは、ありますか?

男性:ああー、やっぱり隠蔽かな?

――ああ、えっと学校の、隠蔽で。

男性:教育委員会の、隠蔽かな。

――たとえばいじめの内容については、なんかあったなーというのはありますか?

男性:それは、あんま記憶にない。

大津市事件は、現代の「いじめ問題」が語られる際には必ずといっていいほど引き合いに出される象徴的な存在であり、その意味で日本社会に記憶された事件である。だが「社会が記憶している」ことは、個々人が本件を詳細に記憶していることと同義ではない[1]。二〇一三年八月、筆者を含む本調査チームは近隣の地域において独特な情報が得られないか、京都駅近辺で本件について街頭インタビューを行った(前頁)。だがその試みは空振りといってよく、約二〇件の回答の中で本件を「知っている」と答えたひと自体が半数ほど、さらにその内容は冒頭でみたような曖昧なものばかりであった。「隠蔽してるような、イメージ、そんな感じ」「隠してたとかそういう印象」「学校が、認めずー、市も認めずっていう感じでー」など、新聞やテレビで見た記憶があるとしながらも、具体的な事柄はほとんどなく、そもそも何が「隠蔽」されたり「認められなかった」のかすら、語られることはなかったのである。

過去に大きく報道されたいじめ事件と混同しつつ、「どれがどれだかわからない」と冷ややかに語る大学生。「内容はわからない、テレビや新聞をぱぱっと見ただけやけどな」としながらも、本件は日本社会の問題であると語気を強める老年の男性。「隠蔽」という言葉以外思い浮かばないという人びと。おそらく一般市民ひとりひとりは、この出来事の詳細をほとんど記憶していない。

今日の日本の「いじめ問題」を語るうえで不可欠ともいえる大津市事件が「隠蔽事件」として記憶されていること、しかしながら何が隠蔽されていたのかは判然としないし、具体的に語られることもないこと。素朴に考えて、これはかなり奇妙なことのように思われる。そこで本章では、まず本件がどのように「隠蔽事件」として伝えられていたのか、このことを明らかにしよう。そのうえで、なぜこのようなかたちで本件が社会の記憶に残っているのかを、読み解いていきたい。

一　マスメディアにおける「社会問題化」の方法

二〇一二年七月四日以降、大津市事件は連日過熱ともいえる報道が行われ、さらに翌年六月には「いじめ防止対策推進法」の制定までをも引き起こすこととなり、大きな社会問題へと発展した。だがそれはマスメディアがひとつの出来事を報じたところ、たまたま反響を呼んで社会問題化したというよりも、あらかじめ本件報道はある普遍性を有した「社会問題」を訴えたものとしてスタートしたといえる。このことを理解するうえで、本件がメディアでとりあげられた「量」への着目とは別に、そもそもどのような「問題」に属すものとして語られようとしていたか、という「質＝方法」に着目する必要がある。

ここで、本件が社会問題化されたその皮切りとなる、二〇一二年七月四日の毎日新聞朝刊（東京本社版二九面）を本章でも別の視点から見てみよう（記事本文は第1章参照）。人びとが「隠蔽」という語で本件を記憶している一方、この中見出しでは市教委がアンケート結果を「公表せず」、冒頭の記事本文では「事実を明らかにしていなかった」という一歩退いた表現を用いていることがわかる。

しかしその一方で、末尾に掲載された識者コメントでは積極的な記述が示されている。「真実追求の冒とく」という題の、法政大学教授（当時）の尾木直樹氏のコメントがそれであるが、そこでは「これだけの生徒の回答がありながら事実を一切隠してしまうのは」と、アンケート結果の一部非公表を意図的な行為として記述している。さらに、「同様の事件は何回も繰り返されてきたが」と、本件が一回性の出来事ではなく教育問題という社会一般のカテゴリーに属するものとして「読み方」を示している。タックマンが指摘するように「記者たちは自分と同じ考えの他人に意見を言わせることで自分の意見を記事に載せないですむ」(Tuchman 1978／邦訳 一九九一、二二八頁)のであり、新聞記事における有識者は出来事をどのように読むべきかを示す「仕掛け」ともいえる存在なのだ。

二 社会問題化過程の中の〈有識者〉

(1) 「語り部」としてのテレビと「神話」

それでは「社会問題」を構成するマスメディアとしてのテレビにはどのような特徴があるのだろうか。フィスクとハートレイ(Fiske and Hartley 1978／邦訳 一九九一)は、テレビを現代の「語り部(バード)」として論じている。その特徴としてテレビは「言語の媒介者としての機能があり、その文化において利用できるかぎりの言語的素材から意図的に構成された一連のメッセージを組み立て、その文化に生きる人々にかれらについての確信ある力強い解釈を伝えようとする」(一一三頁)。そして「われわれ自身の日常的な感性を、詩歌と同じように特殊ではあってもずっとくだけた形式の言語体系に翻訳し」(一一三頁)、またその表現は「話し言葉的であり、書き言葉的ではない」(一一四頁)という。

たとえば生放送が基調となるニュースショーや情報番組は、出演者が話題について文字通り「語る」ものである。さらに再現映像や効果音、BGMなど非言語的表現を組み合わせることで、よりダイナミックに、ときに情緒に強く訴えかける「語り」が生み出されている。これら種々の要素をたくみに組み立てることで「力強い解釈」が視聴者に提供されるのだが、このことは「書き言葉」に類する解釈から視聴者を遠ざけてもいるわけである。

フィスクらがテレビを現代の「語り部」として特徴づけるのは、それが「神話」を扱う存在であるという点にあるといってよい。ここでいう「神話」とは、バルト(Barthes 1957／邦訳 一九六七)がもたらした分析的概念である。彼によればそれは、「伝達の体系」であり「話しかけ」、「意味作用の様式」だという(一三九頁)。つまり「神話」とは社会に固定的に存在するというよりは、そのつど人から人へ「伝えられる」ものである。フィスクらによれば、こうした数多の「神話群(myths)」は、バラバラに生起しているのではなく、「そうした神話群そのものが、神話系(mythology)あるいはイデオロギーと呼ぶべき、ある凝集体に組織されている」(五八頁)のである。「語り部」としてのテレビはこの神話群を紡ぎ合わせる存在である。すなわち「神話群は選択され結びつけられて、神話系と呼ぶ連鎖をつくる」のであり、「神話系は、見ることと聞くことの慣習として、つまり、ある文化がほとんど常にそれを説明もせず異議申し立てもさせずにいるような、現実の本質についての先験的な前提としてあらわれる」わけである(一一五頁)。

たとえばスーツを着た男性がカメラの前で頭を下げるシーンが映され、次に街頭で私服姿の年配の女性が眉をしかめて記者の質問に答えている、というテレビ場面を想起してみよう。前者が「代議士」、後者が「市民」という記号として現れた場合、フラッシュを浴びながら謝罪する男性は「政治家が汚職をし、謝罪をしている」というひとつの「神話」を表象している。一方の女性は、「一般市民が政治家に失望している」という「神話」である。このふたつの「神話群」はシーンの切り替えやテロップ、効果音、ナレーションなどとともに接合され、「政治家の汚職に市民は失望している」という「神話系」となって、お茶の間に届けられていることになる。これをみた視聴者は、「またか」とか「こういうことは無くならないなあ」と、なじみ深い事象としてこのシーンを経験する。なぜなら、たとえ彼個人にとっては初めての汚職だったとしても、彼女が知らない人であっても、この一連のシーンは以前から見聞きしてきた「語り」にほかならないからだ。

（2） 社会問題におけるマスメディアと〈有識者〉

テレビを「語り部」とした場合、視聴者はそのつど「神話」を経験する「聴衆」であるといえるだろう。「神話」は個別の経験に先んじて存在する「語り」の枠組だが、それは特定の意味作用を伴いながら、「聴衆」に伝達されるたびに再構成される。この様態は、私たちの「社会問題」の経験にも当てはめることができる。スペクターとキッセ（Spector and Kitsuse 1977／邦訳 一九九〇）は、社会問題をある想定された状態に対するクレイム申し立て活動として定義した。この定義に基づけば「誰も知らない社会問題」などというものは存在しえない。報道がなされないから私たちがその「社会問題」に気づかないのではないし、テレビが「社会問題」を明らかにするのでもない。「誰にも伝承されていない神話」が語義矛盾であるのと同様に、「問題だ」と人びとに経験されるマス・コミュニケーションの場で、「社会問題」は生起しているといえる。

それでは、マスメディア報道を「現場」とした「社会問題の経験」とは、具体的にどのようになされるのだろうか。ここで注目したいのが、テレビ報道における〈有識者〉の存在である。社会に流通する「知」は権力と密接に結びつき現実を規定する「正統性」を有しているというバーガーとルックマン（Berger and Luckmann 1966／邦訳 一九七七）の議論に代表されるように、市井の人びとがある事柄を「社会問題」として経験する認識枠組は、なんらかの専門知によって規定されており、そこでの〈有識者〉は社会問題化の過程において、有力なエージェントとして機能しているといえるだろう。

さらにバルトやフィスクらの議論に即せば、〈有識者〉という記号はそれ自体が「神話系」を生起させる重要な役割をもっている。つまりそれはある出来事を、一般性をもった特別な事象であると伝える「神話」として機能しているわけである。その意味で〈有識者〉という記号が用いられること自体が、特定のメッセージとなっているといえるだろう。

とはいえ、〈有識者〉のきまじめな言説が、そのまま視聴者や読者の経験を規定するとは限らない。その言説が社会に流通するかどうかは、その妥当性とは別に市井の人びとの支持にかかっている。視聴者や読者は発せられた言説を「読む」主体であるからだ。では人びとは、各自が自由に十人十色の「読み」を行うのだろうか。ニューマンら（Neuman, Just and Crigler 1992／邦訳 二〇〇八）によれば、特定の専門家たちがメディアで発するきまじめな言説はほとんどの場合、人びとにとっては慌ただしい日常生活の中で偶発的に出会うものにすぎず、その受け取り方はその関心や経験に即してまちまちである。つまり報道で伝えられている事柄と、人びとが「公的な事柄について何を『知っている』のかということ」（四頁）は異なる位相にあり、ニューマンらは後者を「共通知識（common knowledge）」として概念化している。

諸個人の関心や経験とは別に私たちには共通して「知っている」ことがあり、マスメディアにおける出来事の記述や識者コメントも、この社会が「知っていること」に依存している。「どこかで聞いたことがある」というだけでなく、特定の記号が表象され、また別の記号と結びつくことで何が語られようとしているのか容易に「理解できる」、そういった「伝えられ方／読み方」を私たちは知っている。その意味できまじめな発言をする〈有識者〉も、視聴者が「知らない」「正しい」知識を伝えるために出演しているのではない。彼ら彼女らは、私たちが文化的に「知っている」解釈世界に依拠しつつ、ある事象を「社会問題」として経験させるために配置された「仕掛け」なのである。

三　大津市事件報道で伝えられたこと

（1）「大津市事件」テレビ報道の構造と「演者」たち

さてフィスクらの「語り部」としてのテレビというアナロジーに倣えば、ニュースショーやワイドショーといった番組には、〈有識者〉だけでなく場面ごとにさまざまな「演者」が登場している。間山と山田（二〇一三）によれば、ワイドショーの構成は会話分析における「ストーリー・シークエンス」の「前置き（Preface）」「ストーリーの中身を語る部分（Telling sequence）」「ストーリーへの反応（Response sequence）」と同種の構造をもっているという。本章ではこの知見を踏まえ、ニュースショーの構成を以下の三フェイズに区分しよう。(2)

① 導入：主に司会者がトピックの紹介をし、局のアナウンサーが原稿を読み上げる。

②　展開：スタジオにはいないナレーターが別に原稿を読み上げ、関連ＶＴＲが流れる。ＶＴＲ内では事象の関係者や解説のための有識者などが登場する。

③　評価：場面がスタジオに戻り、トークが行われる。司会者が臨席するコメンテーターに感想を求めるほか、司会者自身が意見を述べる。また当該問題を専門とする有識者がスポット的に招かれ、解説するケースもある。

ここでは一例として、二〇一二年七月五日放送の「みのもんたの朝ズバッ！」（ＴＢＳ系）をみてみよう。導入フェイズでは、司会者であるみのもんた氏が「さてみなさん、真剣に考えましょうよ。滋賀県の大津市というところで中学生の男の子が自殺したんです。なんで自殺したのか。毎日、（ボードのシールをはがす動作）自殺の練習をさせられていた。実はアンケートの結果でそれがわかりました。……」と、これから伝える事象の紹介を始めている。次に展開フェイズではテロップとともに「昼休みに毎日自殺の練習をさせられていた」という生徒の声を連想させるナレーションから始まり、「アンケート調査で一五人もの生徒が答えていたいじめ。しかし市の教育委員会はこれまでのアンケート結果を公表することはありませんでした」という語りのもと、遺族側弁護士や大津市教育委員会ら当事者の会見場面、取材に答える生徒の姿などが次々に登場する。そして最後に評価フェイズにおいて画面はスタジオに戻り、コメンテーターたちが「これね、隠す体質がありますから」、「この問題はまた全国で起こること。この体質自体を変えなければならない」といった批判の声をあげ、司会者であるみの氏も「いじめと自殺の因果関係は専門家に任せるんであって、いじめはいけないんだと教育しなきゃいけないいんじゃないんですか?」と怒りをあらわにする。

このようにニュースショーやワイドショーでは、そのフェイズごとに多様な役割の「演者」たちが配置されている。通常〈有識者〉は、展開フェイズにおける「専門家」や評価フェイズにおける「コメンテーター」として登場する。「専門家」は目下のトピックについて言及する正統性を有した〈有識者〉であり、「コメンテーター」は通常なんらかのオーソリティをもちながらも、トピックに関して言及する正統性は必ずしも付与されていない〈有識者〉といえるだろう。一般的に前者は展開フェイズにおいてきまじめな言語コードをもとに当該の事象に解説を加えるのに対し、後者は評価フェイズにおいて文字通り「話し言葉」に近い言語コードで積極的に価値判断を伴うコメントをする。ここで本章では前者の「専門家」を〈きまじめな有識者〉、後者の「コメンテーター」を〈おなじみの有識者〉として概念化しよう。

たとえば〈きまじめな有識者〉が登場する例として、二〇一二年七月五日放送の「スッキリ!!」(日本テレビ系)をみてみよう。この番組の展開フェイズでは、教育学者の汐見稔幸氏がVTRの中で「教育現場に詳しい専門家」というナレーションのもと(テロップでは「いじめ問題に詳しい」という表記)登場している。そこでの汐見氏は「問題は、その、いじめがあるかないかではなくて、それが出たときに、原則はね、隠さないこと(略)これが学校という組織の、解決策の一番基本だと思います」と、「いじめ」に対する学校の対処のありかたについて、一般化した見解を淡々と語っている。

一方その前日「スーパーJチャンネル」(テレビ朝日系)の評価フェイズでは、〈おなじみの有識者〉としてジャーナリストの大谷昭宏氏が登場し、「自殺の練習をさせられて、それからその飛び下りた子どもがですね、飛び下りる寸前どんな気持ちだっただろうかと、いうことをですね、慮る気持ちはないのかと、なんっかいこういう言い訳をするんだと、いう気がするんですけどね」、「一五人の子どもがなぜ嘘を〔アンケートに〕書かなきゃいけないのか、それから信憑性がないとなぜ言い切れるのか」と、語気を荒らげて語っている。彼の語りは感情豊かで、また彼は「自殺の練習」の存在を無条件に前提としており、市教委の釈明についても特に根拠を示さないまま「言い訳」と一刀両断している。

このように〈きまじめな有識者〉である汐見氏と〈おなじみの有識者〉である大谷氏の語り口は対照的なものといえるが、本件に対する共通した認識がみてとれる。すなわち、「すべて伝聞情報だったため公表しなかった」という市教委の釈明に対して、大谷氏はそれを「言い訳」とし、一方汐見氏は一般論としながらも「原則はね、隠さないこと」と述べているように、大津市教委がアンケート結果を「隠した」ことを前提としているように聞こえる。もちろん汐見氏のコメントは一般論に基づいたものであるのだが、視聴者は導入フェイズの流れから、これを本件に対する見解として理解するだろう。

そして両者ともに、本件を一般性をもった事象として扱っている点でも共通している。汐見氏に対する「いじめ問題に詳しい」という説明は、本件を「いじめ問題」のひとつとして扱うことを示している。一方そういった専門性を付与されていない大谷氏の場合は、本人がより積極的に本件の一般性を主張している。それは「なんっかいこういう言い訳をするんだ」という怒りの発露に顕著だろう。つまり「何回も『いじめ』に対するこういう似たような言い訳を教育委員会や教師といったカテゴリーの人びとがしてきた」と、ひとつの「よくある問題」として語っている。それは、視聴者が特段の齟齬なく読み取ることができる「神話系」なのである。

さてここまでみてきた〈有識者〉は、いずれも顔と名前を出した個人であり、それぞれの専門性や個人的知見からコメントを述べる「演者」であった。だがそのほかにもニュースショーやワイドショーにおいては、役割の異なる「演者」がいる。たとえば〈ナレーター〉は、「展開フェイズ」でさまざまなVTRや映像をつなぐ狂言回しの役割を担っている。さらにある人物の記述や発言を代読する〈サブナレーター〉も存在する。いずれもテレビ報道において頻繁に登場する「演者」であるといえるが、ほかのそれと大きく異なるのは、直接姿を見せない存在であるということだ。そもそも彼ら彼女らは、用意された原稿を読み上げるのであり、当人自身が「語って」いるわけではなく、没個人化された「顔の見えない読み手」（間山・山田 二〇一三）である。このように姿を現さない〈ナレーター〉はもちろん、〈アナウンサー〉が読み上げる原稿やヘッドラインを制作する語り手が背後に存在しており、本章ではこれを〈顔のない語り手〉と呼び換えて論じていこう。

〈顔のない語り手〉は、ヘッドラインやテロップ、BGM、VTR場面の編集といったさまざまな「声」を制作する存在である。特に画面に頻繁に挿入されるヘッドライン（見出し）は新聞記事における見出しと同様の役割をもち、いまその放送で何が伝えられようとしているかを強く規定する「声」である。以上を整理すると、報道番組における〈演者〉はさしあたって**表1**のように分類できる。

（2）〈顔のない語り手〉の「声」

以上を踏まえながら、本件に対する初期のテレビ報道を見てみよう。本章では初期報道として二〇一二年七月四日から六日までの三日間を対象に、NHKおよび在京民放各局（日本テレビ、TBS、フ

表1　報道番組における〈演者〉

		役割	立場	言語コード
〈キャスター〉		進行（評価）	導入フェイズにおけるトピックの紹介（枠組づけ），評価フェイズにおける司会，とりまとめ（番組によっては積極的な評価）をする個人．	話し言葉的
〈きまじめな有識者〉		解説	正統性をもった専門家としての個人．	概ね書き言葉的
〈おなじみの有識者〉		評価	なんらかのオーソリティをもった個人，著名人（「□□の世界でいえば」というように自身の専門分野に即したコメントをすることがある）．	話し言葉的
〈顔のない語り手〉	アナウンサー	記述	用意された原稿を読み上げる．顔と名前ははっきり出るが，語る内容は基本的に没個人的．	書き言葉的
	ナレーター	記述	用意された原稿を読み上げる．顔は出ず，名前もテロップで表示されるのみ．没個人．	書き言葉的
	サブナレーター	効果	なんらかの人物の言葉や文章を当人が発するように読み上げる．	読み上げる語りのタイプに依存
	ヘッドライン	枠組の規定	音声化されない「声」．	見出し的

ジテレビ、テレビ朝日系）の情報番組で用いられているすべてのヘッドラインを記録した。その結果、本件を扱ったニュースや情報番組のべ一九番組のヘッドラインにおいて、「自殺の練習」「自殺練習」の語が用いられ、またそのうち一二番組内において「公表せず」という文言が使われている[3]。すなわち「調査結果　市は公表せず」（JNNニュース（TBS系））、「『自殺の練習させられていた』アンケ

ートを学校側公表せず」（news every.（日本テレビ系））、「『自殺の練習させられた』アンケート　教委公表せず」「大津市　生徒の指摘公表せず」（Nスタ（TBS系））、「『自殺の練習させられてた』生徒一五人回答も公表せず」（スーパーJチャンネル（テレビ朝日系））、「中二生徒自殺　学校側重要証言公表せず」（NEWS ZERO（日本テレビ系））といったものである。この「自殺の練習」「公表せず」の文言は、五日午前に本件を扱った一二番組中一一番組がヘッドラインの中で使用しており、この間お茶の間にはひっきりなしに「自殺の練習・公表せず」というフレーズが流れていたといえよう。

典型的にこれら初期報道では、導入フェイズにおけるアナウンサーの読み上げやヘッドラインで「公表せず」といった表現が用いられ、その記述は客観的・中立的体裁を保持している。その一方で、「隠蔽」「隠した」という積極的な表現は、あくまで評価フェイズにおいて、司会者や〈おなじみの有識者〉たち個人の見解として語られていた。ここには、先にみた二〇一二年七月四日の毎日新聞記事および識者コメント欄と同様の構造が見てとれるだろう。すなわち、番組としては「公表せず」という表現しか用いていないものの、出演している個人たちの語りをもって、教育委員会が意図的にアンケート結果を「隠した」と視聴者に伝えようとしていることが理解できる。

テレビ報道が「隠蔽事件」として本件を報じようとしていたことは単なる筆者の推測にとどまるものではない。というのも、「大津市事件」テレビ報道において、確認できる限り一度だけ、この基本枠組を踏み越えたことがあったからである。ここで二〇一二年七月五日午前放送の「モーニングバード！」（テレビ朝日系）の導入フェイズをみてみよう。アナウンサーの読み上げる原稿では「教育委員会はその事実を隠していました」、ヘッドラインにおいては「学校側は事実を隠す　自殺の練習を…

中2男子が自殺」というように、学校・教育委員会がアンケート結果における「自殺の練習」回答を「隠していた」と説明する積極的な記述がなされているのである（**図1**）。

しかしこの積極的な記述は、番組内で奇妙な変化をしている。そもそも〈アナウンサー〉は冒頭で「自殺の練習をさせられていた」というアンケート回答を「隠していた」と原稿を読み上げているのだが、導入フェイズや展開フェイズのヘッドラインは、「学校側は事実を隠す」と対象を曖昧にしたり、「自殺の練習を…　中2男子自殺　学校側　〝いじめ〟隠す」と、「いじめ」の事実そのものを学校が隠していたかのような表現へと推移し、最後に「自殺の練習を…　中2男子自殺　学校側公表せず」へとシフトしていく。**表2**は以上の場面を要約的に示したものである。

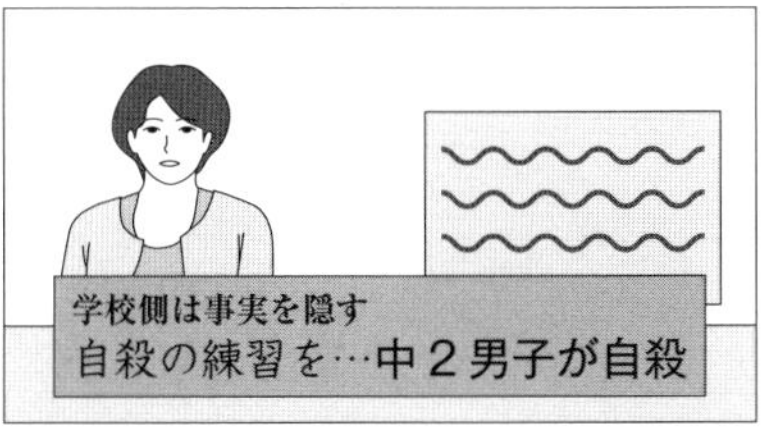

図1

さらに当番組の展開フェイズの詳細をみてみよう（**表3**）。ここでは「〝いじめ〟隠す」のヘッドラインのもと、「虫を口の中に入れられていた」というサブナレーターの声や、「ハチマキでグルグル巻きにされていた」と語る遺族側弁護士の会見場面、大津市教委の会見場面などが、矢継ぎ早に切り替わって放送されていることがわかる（①〜⑪）。ところで「蜂の死骸」や「ハチマキ」など「いじめの事実」とされる出来事は、放送当時より半年以上前の二〇一一年一一月、大津市教委の記者会見で既に公表されていたものである。しかしこれら既に公表されていた事象と、「自殺の練習」アンケート非公表という事象が一連の流れで矢継ぎ早に語られていることに注目したい。さらにヘッドラインには「〝いじめ〟隠す」と示され

表2　ヘッドラインの変化

時刻	フェイズ	ヘッドライン	位置	場面
8:02	導入	学校側は事実を隠す 自殺の練習を…　中2男子が自殺	中央	スタジオ．アナウンサーが原稿を読み上げる．
	展開	自殺の練習を…　中2男子自殺 学校側“いじめ”隠す	右上	VTR．遺族側弁護士，学校前のレポーター，アンケート用紙の映像，前年(2011年)の校長の会見，前年の市教委会見，2012年7月4日の市教委会見と次々に切り替わる．
8:06		CM		
8:08	展開	いじめ告発　学校側は「生徒の勇気　踏みにじった」	右上	VTR．尾木直樹氏のインタビュー．
8:09	評価	自殺の練習を…中2男子自殺 学校側“いじめ”隠す	右上	スタジオ．コメンテーターたちがそれぞれ感想を述べる．
8:12		“自殺の練習”生徒回答も　学校側「いじめなかった」	右上	
8:15		いじめ告発　学校側は「生徒の勇気　踏みにじった」	右上	
		自殺の練習を…　中2男子自殺 学校側公表せず	右上	

ており、当然視聴者はこれらのすべてが「隠されていた」こととして理解するだろう。マスメディアがしばしば使うフレーズを借りれば、視聴者に誤解を与える表現が用いられていたのである。

（3）「隠蔽」されていたものの混在

「モーニングバード！」における「隠蔽」の対象の拡大は、公表されていた具体的な出来事にとどまらない。それは「いじめと自殺の因果関係」という抽象的な事柄にまで及んでいる。

表3 展開フェイズの流れ

ヘッドライン		場面	人物・演者	語り(要約)
自殺の練習を… 中2男子自殺 学校側“いじめ”隠す	①	2012年7月4日会見	遺族側弁護士	「死んだ蜂を食べさせる，自殺の練習をさせる，地獄のような毎日だったと思われます」
	②	中学校前	レポーター	「亡くなった生徒はいじめを受けていたということです」
	③	アンケート用紙	サブナレーター	「虫を口の中に入れられていた」「たばこの先を手につけて遊んでいた」「毎日のようにトイレに連れ込んで殴られていた」
			ナレーター	「16人の生徒が自殺の練習に言及」
	④	2011年　会見	校長	「うちのほうとしては原因は見当たらない」
	⑤	アンケート用紙	ナレーター	「しかしアンケートの結果いじめがあったことがわかった」
	⑥	2011年会見	大津市教委	「学校側が認知できなかったこと，適切に対応できなかったことに関しましては深く反省しております」
	⑦	ナレーター		「しかし教育委員会は自殺の練習をさせられていたことを公表せず，それ以上の調査をしていなかった」
	⑧	2012年7月4日会見	大津市教委	「直接現場にたどりつかなかった　信憑性のある情報を確認できなかった」
	⑨	ナレーター		「(弁護士を通じての父親のコメントとして)『大津市がこのことを明らかにしていなかったことに不信感を覚える』と生徒と大津市を相手取り提訴中」
	⑩	2012年7月4日会見	弁護士	「教室や廊下でいじめられている姿が確認されている　羽交い絞めにされ死んだ蜂を食べさせられようとしていた」
	⑪	2012年7月4日会見	大津市教委	「いじめと自殺の因果関係について判断ができない」
	⑫	尾木直樹氏の映像		
CM				
いじめ告発 学校側は「生徒の勇気　踏みにじった」	⑬	マンション，アンケート用紙の映像	ナレーター	「この原因を探る全校アンケートについて，この人は」
	⑭		尾木直樹氏	「自殺といじめの因果関係は95%ぐらいあると思いますね」「真実を伝えることは正しいんだということを潰す行為」
	⑮	尾木直樹氏インタビュー	ナレーター	「さらに今回，自殺といじめの因果関係を教育委員会が認めない背景に，ある理由があるという」
			尾木直樹氏	「隠蔽体質は非常にありますね．学校評価制度というのが入ってきて」「自殺といじめの因果関係を判断するのはプロ，ずぶの素人の教育委員会が，無かったと言い張るのは異常」

「因果関係を隠す」というのも奇妙な言い方であるが、どういうことだろうか。

大津市教委は二〇一一年一一月二日会見から二〇一二年七月四日会見に至るまで、「いじめ」といえる事象と生徒の自殺の因果関係について、判断を留保する姿勢を一貫していた。「モーニングバード！」の展開フェイズ内においても大津市教委がいじめと自殺の因果関係について「判断ができない」と述べている場面が挿入されている⑪。ところがその次に尾木直樹氏の姿が現れ、ＣＭへと切り替わる⑫[4]。そしてＣＭが明け番組が再開すると、「この原因を探る全校アンケートについて、この人は」というナレーションのもと、尾木氏のインタビュー場面が始まっている。

周知のとおりこの「ＣＭまたぎ」はＣＭのあいだに視聴者が別のチャンネルに切り替えないよう関心を引き付ける技法である。尾木氏は教育評論家として活動する傍ら、ワイドショーやバラエティ番組で「尾木ママ」として幅広く活躍するタレントの側面をもっており、ナレーションの「この人は」は尾木氏のテレビにおける特質を表すものである。同氏は、当該事件について語る「正統性」をもった〈きまじめさ〉と、「ＣＭまたぎ」に活用可能なほどに知名度や親近感をもった〈おなじみさ〉を備えた、独特かつ強力な〈有識者〉という役回りを引き受けているといえる。当番組の展開フェイズにおいては、これまで伝えてきた事象がどういったものであるのか、その「結論」を示す場として、尾木氏という「真打」の登場となっているといえよう。

さて、尾木氏の解説はいくつかのカットを挟みながら、ナレーションやテロップによる区切りによって前半部「原因を探るアンケートについて」⑭と後半部「市教委がいじめと自殺の因果関係を認めない理由について」⑮で構成されている。「いじめ告発　学校側は『生徒の勇気　踏みにじった』」

というヘッドラインは同氏の「その勇気を無駄にする、真実を報告することは正しいんだということをですね、潰してしまう、あの行為ということですね」というコメントを反映したものであるだろう。

ここで尾木氏は二つの批判を行っている。一つ目は「自殺といじめの因果関係は九五％ぐらいあると思いますね」という、（その主張の妥当性はともかく）市教委の「自殺との因果関係は判断ができない」という主張を棄却するように聞こえる批判、そして二つ目は「自殺の練習」回答非公表に対する批判である。この二つは次元の異なったトピックであるのだが、続く後半部では不思議な接合を果たすようになる。

それは「さらに今回、自殺といじめの因果関係を教育委員会が認めない背景に、ある理由があるという」というナレーションに続いて、尾木氏が学校教育界の「隠蔽体質」について言及する場面である。確かにCM前に映されていた会見場面で、大津市教委担当者はいじめと自殺の因果関係を認めていなかったが、それは「因果関係は判断ができない」という主張であるにすぎない。ところがそれに続く氏の「隠蔽体質」に対する言及は、因果関係を「判断ができない」という市教委の主張に対して行われているように聞こえてしまうのである。

さらに氏は（冒頭では当人が「九五％ぐらいある」と述べた）いじめと自殺の因果関係について判断するのは難しく、「素人が『無かった』と言い張ることが異常」とコメントをしている。「因果関係は判断ができない」という市教委の主張は尾木氏と共有するものでさえあるはずだが、なぜか市教委が「因果関係は無かった」と積極的な判断をしているかのように語られている。

表4はこの一連の場面の中で、「いじめと自殺の因果関係」に関する言及を要約しつつ文字化した

表 4　トピックの接合と論点のすり替わり

市教委	いじめと自殺の因果関係は判断ができない
	CM
ナレーション	原因を探るアンケートについて
尾木氏	因果関係は 95% ぐらいある
ナレーション	さらに市教委がいじめと自殺の因果関係を認めない背景について
尾木氏	隠蔽体質があるのは，いじめがあると学校評価にかかわるため
	確かにいじめと自殺の因果関係を判断するのは難しいところがある．それを判断するのはプロの仕事である
	だが市教委は因果関係が無かったと言い張る．素人の教育委員会が「無かった」と判断するのは異常である

ものである。「因果関係に対する判断」と「アンケート回答の非公表」という根本的に異なるトピックは、「(因果関係を)認めない」→「隠蔽する」→「無かったと言い張る」という論点のシフトの中で接合を果たしている。視聴者にしてみれば、そこではあたかも同一の事柄について語られているように経験されるだろう。

ここで本章は、尾木氏が意図的な印象操作を行ったといいたいわけではない。「(市教委は因果関係を)無かったと言い張る」という彼の主張は、市教委の発言を誤認したものであろうことが推察できるし、さらにここで彼の述べる「隠蔽体質」は、「いじめ」の存在そのものを学校側が認めたがらないという見解であって、ナレーションが導く「いじめと自殺の因果関係」を指しているわけではない。

実際この場面は細かくカットが加えられており、尾木氏に行ったインタビュー記録をいくつもの断片にし、つなぎあわせたものであることが推測できる。つまり、その「語り」はナレーションをよすがとしたパッチワークとみなすべきであり、〈有識者・尾木直樹氏〉は、「いじめ問題」という神話系の構成要素として表象されたものであるといえる。

このように詳細に検討すると、本来別個の事柄であることを接合し、ひとつの物語として描き上げる〈顔のない語り手〉の存在が、より鮮明に浮かび上がってくるだろう。そしてこの接合の仕方自体が、ある秩序だった物語性に即していることに気がつく。たとえば中学校長の「原因は見当たらない」という発言④は、「しかしアンケートの結果…」とナレーションによって打ち消されている⑤。さらに続く市教委の謝罪場面⑥は「しかし教育委員会は…公表せず…」といったように⑦、学校・教育委員会がコメントをする場面が現れるも、そのたびにその主張は否定される構成となっている。そして一連の流れを受けた「結論」として、尾木氏のインタビュー場面⑭⑮へと行きつく。

〈顔のない語り手〉の、ヘッドラインとナレーションという二つの「声」は、別個の事象や公表していたこと・いなかったこと、現在（当時）の語りと過去の語りを、次々にめまぐるしく、しばしば強引につなぎあわせながら、「ここに問題が起きている」と視聴者に語りかけている。これを見た視聴者は、この報道において何を理解するだろうか。

たとえば公表されていなかった「自殺の練習」と公表されていた「蜂の死骸」等の混合、「いじめと自殺との因果関係」と「アンケート結果」の混同、「判断ができない」という主張が「認めない」↓「隠蔽」↓「無かったと言い張る」へとすり替えられていったプロセスは、文字媒体であればその場で読者は検討することができる。対してテレビ報道は、これらの情報が不可逆的に、そして矢継ぎ早に提示されていくつくりとなっており、大半の視聴者は、その一度きりの「語り」を経験するにとどまるだろう。さらにこの経験がなされる場は、大学の講義や会社の会議のような、メモを取るなどして理解に注力する空間ではない。コーヒーを飲んだり、みかんを食べたり、何かを片手間にやりながら聞くことが自然な、お茶の間である。私たちは「共通知識」をもとに、そこで語られていることを（ほとんどの場合）漠然と経験するのである。

本章がこれまで示してきた不自然なトピックの混同も、筆者が録画の再生を繰り返し、ヘッドラインの一覧化や文字起こしをするという不自然な視聴を行うことでようやく認識したものである。独特な関心を有した筆者でも、日常生活場面でこの番組を視聴したのであれば、次のように思うだろう。「（よくわからないけど）色々と『いじめ』が隠されていたらしい」と。そしてその「いじめ」が何かと問われても、明確に答えることはできないだろう。建物やネクタイを締めた男性、文字が書かれた紙など目まぐるしく登場した記号群は、それぞれ「学校」、「教育委員会」（「弁護士」、「有識者」）、「生徒たちが書いたアンケート」として表象され、それぞれの「神話群」をつくり、さらに特定の規則性をもって「語られて」いくことで、私たちがよく知るところの「いじめ自殺問題（いじめによって生徒が自殺し、学校教育行政はその詳細を隠す）」という「神話系」を構成していたといえるのである。

なお繰り返し連呼された「自殺の練習」「公表せず」といった語句は、七月五日の夕方以降の各番組ヘッドラインでは姿を消していき、「警察が遺族の『被害届』申し出を拒否」、「先生も見て見ぬふり」といった新しいトピックが取って代わることとなる。だが初期報道において構築された「隠蔽事件」としての枠組だけは残存し、やがて何が隠蔽されていたのか不明確なまま、本件報道は繰り返されていったのである。

おわりに――「いじめ問題神話」とお茶の間の狂気

「何が隠蔽されていたのか」。これが本章の主題であった。二〇一二年七月四日の初期報道においては、それは「自殺の練習アンケートの隠蔽」と思わせる内容であったが、当のアンケートに対して大津市教育委員会は同日に行われた会見において、それらすべてが伝聞情報であったこと、事実として確証をもてなかったことを述べている。実際あらゆる報道番組はこの市教委会見の場面を流しているものの、本章で見てきたように、その主張はほとんど無視されるか、「言い訳」とか「生徒が嘘をついているというのか」というレトリックによって棄却されてきた。

そのような中、七月五日放送の「Nスタ」(TBS系)では、同市教委会見において「一人の子が何人にも言っているその話を、どうやらその一人がその情報を発信したかなと思われるところにはたどりついた」という、「伝聞」の内容を具体的に説明する重要な場面が放送されている。この発言は市教委がアンケート内容を公表しなかった理由として説得力のあるものだが、当番組の評価フェイズではこの説明に触れることはなかった。そもそもこの「発信元の一人にたどりついた」という発言内容は、新聞報道においても朝日新聞(滋賀　二〇一二年七月五日、東京　同年七月七日)、毎日新聞(同年七月五日)、読売新聞(滋賀　同年七月五日、「発信者までたどり着いた」とあるが「一人」とは明記していない)など、多くが地方版で簡潔に扱われる程度であり、テレビメディアに至っては確認できる限り「Nスタ」以外では放送すらされていない。「真実の究明を」という見出しのもと過熱的に語り続けたテレビ報道は、しかしながら「『自殺の練習』を見た者はひとりもおらず、その情報の発信元である最後の一人にまでたどりついたが、その生徒も見ていたわけではなかった」という重要な市教委の声を、まったくといっていいほど公表してこなかったのである。

何が隠蔽されていたのか。この問いに明確に答えることができる者はいるのだろうか。本章冒頭の市井の人びとの記憶も、「隠蔽」という言葉ぐらいしか出てこない、具体性を欠いた曖昧なものであった。だがむしろそうであるからこそ、テレビニュースにおいて何が「問題」として伝えられていたのか、社会は何を経験していたのかを、人びとの声は示しているように思われる。冒頭で紹介した老年男性は、本件については「内容はわからない」し、「テレビや新聞をぱぱっと見ただけやけどな」という。だがそれにもかかわらず——だからこそ——、次のように力強く語りえているのである。

あーかんよ、んな問題な、学校でがな、□□せなあかんねん、先生があかん怠慢やねん。なんもな、いまのな、民社党の系統やろ？　それもあかへん。教育委員会ってもんを解散せなあかんねん、そうせなこの問題解決つかへんよ。そんなもん…□□□□、子どもだけの問題でないよ、日本の問題。

（□は聞き取り不能な発話）

これらの語りから見えてくるのは、日本社会が一九八〇年代から語り伝えてきた「いじめ問題」という「神話系」である。それはニュースを「ぱぱっと見ただけ」でも、そこで伝えられようとしていることは即座に理解できる、この社会の「共通知識」でもある。だからこそ、個々の出来事の細かな具体性は捨象されるべきものでさえあるだろう。事実本件において「常軌を逸したいじめ」と表象された諸々の個別的事柄は、当時強烈に人びとの関心を引き付けながらも、ほどなくしてたやすく忘却されていった。だがそれら諸々を素材としながら、テレビニュースが伝えようとしていた「神話系としてのいじめ問題」は、「よくわからないけど」、だからこそ力強く、社会の記憶に残ることとなったように思われる。

個別具体的なトラブルとしての本件は、その後も当事者たちによって事実認定が争われてきた。だが社会問題としての本件は、テレビ報道という強力な語り部の手に渡ったときから、「何が隠されていたのか」は大きな問題ではなかったのかもしれない。少なくともその語りの「聴衆」である私たちにとっては、「いじめをめぐって何かが隠されていた（らしい）」ということで十分な、きまじめに語られながらもどこかなじみ深い「社会問題としてのいじめ問題」経験だったのである。

だがこのように「いじめ問題神話」が繰り返し語られることで、どのような事態が生じたのか、改めて留意しておく必要がある。本件にかかわった人びとが、現実にどのような影響を受けただろうか。それを象徴するのが二〇一二年八月に起こった、大津市教育長（当時）襲撃事件だ。関東地方に住む男子大学生が滋賀県大津市まで足を運び、教育長をハンマーで襲撃し、頭部骨折等の重傷を負わすに至ったのである。

この行為が許されるものでないことはいうまでもない。しかし「市教委の隠蔽体質への憤りは社会全体で確かに高まっているが、憤りを暴力に訴えても何も解決しないし前進もしない」という識者コメント（朝日新聞夕刊 二〇一二年八月一五日）に象徴されるように、「隠蔽をした市教委への怒り」としてこの行為を理解する言説が社会には流通していた。襲撃された教育長は、何を隠蔽していたのだろうか。その男子大学生は知っていたのだろうか。「隠蔽体質に憤る社会」は、何が隠されていたと怒っていたのだろうか。

「大津市事件」という「神話」が繰り返し伝えられる中で、その登場人物であり「隠蔽」の主役であると見なされた教育長は、現実に生命を脅かされるまでに至った。なおかつ、社会においてその暴行は「義憤」の発露として理解されてもいた。社会が「いじめ問題神話」に囚われる中、狂気が渦巻いていたといえないか。その狂気を生み出す主体は、その大学生でもなければ、テレビのコメンテーターやレポーター、あるいはその制作者ですらないかもしれない。テレビでどこかで聞いたことのあるような「問題」が語られ、それに特に違和感を覚えずにお茶の間で過ごしているとき、私たち視聴者は「神話」の生成に参与している。本章が見出した狂気の発生場所は、「神話」が日常的に流されるお茶の間であるといってよいだろう。

本章はその意味で「いじめ問題神話」の解体の必要性を訴えるものだが、それではどうすればよいのだろうか。「神話」が「神話」としてあるためには、「聞き手」の存在が不可欠であった。そうであるならば「いじめ問題神話」の上演に対し、ものわかりの悪い聴衆が求められるかもしれない。「結局何が隠蔽されていたの？」。こんな声があがれば、語り部は筋書きの変更に迫られるかもしれないのだ。

(1)「社会が記憶している」という視座はコナトン(Connerton 1989／邦訳 二〇一一)の議論に依拠するものである。

(2) もちろんこれは代表的な番組構成であって、たとえばアナウンサーが原稿を読み上げ簡単な取材映像が流れるだけの構成や、新聞記事を紹介し簡単なコメントが加えられるだけのような場合も多く存在する。

(3) なおNHKのみは、「市教委〝確証得られず公表しなかった〟」(NHK「ニュース7」七月四日)と、市教委側の釈明も盛り込んだかたちでヘッドラインに「公表せず」の文言を用いている。

(4) ただしデータの録画・編集作業過程において、CMへの切り替わりまでの数秒が消失してしまっており、尾木氏が登場してから具体的にどのようにCMへと切り替わったかは確認できない。

文献

間山広朗・山田鋭生 二〇一三、「いじめ問題の諸相(2)『大津いじめ自殺』事件のテレビ番組分析の可能性」日本教育社会学会第六五回大会、教育問題部会(2)報告資料。

Barthes, R. 1957, *Mythologies*, Seuil.(篠沢秀夫訳『神話作用』現代新潮社、一九六七年)

Berger, P.L. and Luckmann, T. 1966, *The Social Construction of Reality: A Treatise in the Sociology of Knowledge*, Doubleday.(山口節郎訳『日常世界の構成――アイデンティティと社会の弁証法』新曜社、一九七七年)

Connerton, P. 1989, *How Societies Remember*, Cambridge University Press.(芦刈美紀子訳『社会はいかに記憶するか――個人と社会の関係』新曜社、二〇一一年)

Fiske, J. and Hartley, J. 1978, *Reading Television*, Methuen.(池村六郎訳『テレビを〈読む〉』未來社、一九九一年)

Neuman, R., Just, M. R. and Crigler, A. N. 1992, *Common Knowledge: News and the Construction of Political Meaning*, The University of Chicago Press.(川端美樹・山田一成監訳『ニュースはどのように理解されるか――メディアフレームと政治的意味の構築』慶應義塾大学出版会、二〇〇八年)

Spector, M. and Kitsuse, J. I. 1977, *Constructing Social Problems*, Cummings Publishing Company.（村上直之・中河伸俊・鮎川潤・森俊太訳『社会問題の構築——ラベリング理論をこえて』マルジュ社、一九九〇年）
Tuchman, G. 1978, *Making News*, The Free Press.（鶴木眞・櫻内篤子訳『ニュース社会学』三嶺書房、一九九一年）

4 「事実」認定の方法と論理
——第三者調査委員会報告書と判決文を読む——

北澤 毅

一 問題関心と分析方法

大津市事件が社会問題化するきっかけとなった二〇一二年七月四日の「自殺練習」報道から、二〇二〇年二月二七日の大阪高等裁判所（以下、高裁）判決までの八年弱のあいだ、「本件はいじめ自殺事件である」という事実認識が一貫して維持され、最高裁が上告を棄却したことで判決が確定した（最高裁、二〇二一年一月二一日）。しかし、本書はこの事実認識を議論の前提とするのではなく、本件がいかにして「いじめ自殺事件」として社会的に構成されたかを解明することを主要な狙いの一つとしている。それを受けて第1章から3章までは、本件の社会問題化過程において最も重要な役割を果たしたマスメディアの報道内容について詳細な分析を展開してきたが、続く本章では、社会問題化以降の展開において重要な役割を果たしてきた第三者調査委員会報告書（以下、報告書）、大津地方裁判所（以下、地裁）判決文、高裁判決文という三種類の公的文書の内容分析を行う。なお、ここでの「公的文書の内容分析」とは、報告書や判決文の内部で展開されている論理構造の分析という意味であり、文書の外部に存在する本件に関連するさまざまな情報や資料を手がかりに文書内容の真偽を評価することではない。

本件については、「深刻ないじめが自殺をもたらしたにもかかわらず、担任教師は適切な指導をしなかった」という「事実Z」が、ほぼ一貫して維持されてきているように思われる。しかし他方では、「自殺練習」をはじめ「加害者三名説」「家庭環境原因説」など、本件を構成する主要要素の判断をめぐっては、時間経過の中で重大な変更があったことも見逃せない。

ただし本章の狙いは、それらを網羅的に指摘することにあるわけでもなければ、「事実Z」のように終始一貫しているから「客観的事実である」とか、判断が分かれたり変化したエピソードは「事実かどうか危うい」などと主張したいわけでもない。そうではなく本章の主たる狙いは、「事実Z」もまた社会的構成物であるという認識を前提として、マスメディアによる過熱報道に始まり、三者委、地裁、高裁へと続く一連の公的組織による「事実」認定作業が、いかなる論理や方法を用いることで「事実Z」を再構成してきたかを明らかにすることである。

なかでも、本件にとって重要な位置を占めるのは報告書である。過熱報道が始まって三日目の七月六日の定例記者会見で、大津市長は「外部の有識者を交えた調査委員会を立ち上げる」という意向を示したが(朝日新聞夕刊 二〇一二年七月六日他)、続けて七月一〇日には「いじめがあったから亡くなったと思っている」と因果関係に言及している(朝日新聞 二〇一二年七月一一日他)。つまり、民事訴訟が進行中という状況下で被告側市長が「本件はいじめ自殺事件である」との見解を表明することで原告側の主張を認め、そうした流れを受けて三者委が設置されているということである。そして、二〇一三年一月三一日に大津市長に提出された「調査報告書」の結論は「自殺の原因はいじめであり、家庭環境は無関係」というものであったが、ここで注目したいのは、「事実Z」については、地裁も高裁も報告書の判断を基本的には踏襲しているという点である。

とはいえ、いかなる意味で踏襲しているると言えるのか。それを明らかにするために、「本件はいじめ自殺事件である」という「事実」を構成する最も重要な二要素とも言える「X本人の意味世界」と「Xをめぐる人間関係」に焦点化して、報告書、地裁と高裁の判決文という三つの公的文書を読み解いていくことを主たる課題として設定したい(1)。

二 Xの意味世界と希死念慮

(1) 「結論ありき」の報告書

報告書が市長に提出された二〇一三年一月三一日の翌二月一日の三大紙は、「いじめが原因の自殺と認定された」ことを大きく報じている。社説でも、「事実をしっかりとおさえた説得力のある報告と評価できる」(朝日新聞 二〇一三年二月二日)、「いじめが自殺の直接要因になった、と明確に認める報告書である」(読売新聞 同年二月三日)、「いじめが自殺の直接的要因と判断し(略)明確な結論を示したことは評価できる」(毎日新聞 同年二月二日)など、各紙とも肯定的な評価一色であった。

しかし、筆者が報告書を初めて読んだときの率直な印象は、「結論ありきではないか」というものであった。たとえば、報告書「はじめに」で「本委員会の設置目的は、平成二三年一〇月に自殺した大津市立中学校二年の男子生徒に対するいじめの事実関係を調査し、自殺の原因、学校の対応等について考察するとともに、再発防止について青少年の健全育成の観点も踏まえて審議することであった」（報告書　一頁、傍点引用者）とあるように、三者委は「いじめがあった」ことを前提に調査をしたのではないかと思わせる書き方となっている点である。ただし、当時の状況からすれば、それ自体は不自然なこととは言えない。なぜなら、学校・市教委は、二〇一一年一一月二日の記者会見時に「いじめがあった」ことを認めていたし、「自殺練習」報道の六日後には大津市長がいじめと自殺の因果関係を認める発言をしており、こうした流れを受けて三者委が設置されているからだ。とはいえ、「いじめの事実関係を調査する」という前提で報告書が書かれていることに深く結びついていることとして、報告書一章二節の内容が、二学期から始まったとされる「いじめ」の様態を時系列に沿って記述していることに注目したい。

子どもが自殺するとかスポーツで素晴らしい成果をあげるとか、何か注目すべき出来事（Mとする）が起きれば、私たちはなぜMが起きたかを知りたくなる。そして、Mを起点に過去を振り返り、膨大な過去の出来事の中からMに関連しそうなエピソードを抽出し、Mに至るまでの経緯を一連の流れのある物語として理解しようとするはずだ。つまり、時系列に沿って記述するとは、何らかの意図をもって過去を再構成しようとする営みなのであり、そのことを確認したうえで報告書を読んでいきたい。

（2）友人への希死念慮表明――その存在性と表明時期

報告書には二〇一一年九月八日の「ヘッドロックをかけられた」という記述から始まり、本気の殴り合い、眼鏡隠し、成績カード破り、首締め、顔を手拳で殴るなどなど、九月中旬頃から、Xに対する「いじめ」が徐々に過激になっていく様子が描かれているが、そうした流れの中に、「暗くて静かな山の中に行って死にたいねん」(報告書 一五頁)という九月二五日の希死念慮表明が位置づけられている。このように、時系列に沿って「いじめ」の記述を積み上げていくことで、「Xは継続的にいじめられることで希死念慮を抱くようになった」という読みを可能としているが、Xの希死念慮表明をめぐっては、検証が必要ないくつかの問題点が存在しており、少なくとも「事実をしっかりとおさえた説得力のある報告」(朝日新聞 二〇一三年二月二日)などと評価することは難しい。

「いじめ」が自殺の原因であると主張するためには、自殺した本人が「いじめ」を苦にしていたことを何らかのかたちで立証する必要があるだろう。「いじめ苦」が遺書に表明されていれば有力な証拠になるだろうが、本事件では、遺族をはじめマスメディアも三者委も遺書の存在には言及していない。それゆえ報告書も、Xがいつ誰に対して「希死念慮」を表明したかを重視しており、「Xが『死にたい。』との希死念慮を抱いて、他者に対して、ほのめかしたことは二回確認されている」(報告書 五六頁)と述べ、表明相手の二名を特定している。そのうちの一人が九月二五日の希死念慮エピソード(以下、希死念慮1)の中に登場する父方祖母である(報告書の当該部分は黒塗りになっており人物が特定できないが、地裁や高裁の判決文の中では父方祖母であることが明記されているので本章でも「父方祖母」と表記する)。そしてもう一人が塾の友人である(以下、希死念慮2)。

三者委による報告書に始まり地裁と高裁の判決にいたるまで、ほぼ一貫して「九月に入ってからXは継続的にいじめられることで九月末頃に希死念慮を抱くようになり、一〇月に入ってからも過酷ないじめを受け続けることで孤立感、絶望感、無価値観を深め、一〇月一一日に自殺した」という判断が示されている。そして、こうした判断を支える重要なエピソードとして二回の希死念慮表明が位置づけられているのだが、希死念慮をめぐる報告書の記述内容には検討を要する重大な問題点が存在している。なかでも希死念慮2については、存在の立証根拠が危ういと思われるゆえ、まずは希死念慮2をめぐる報告書の論理分析を行い、そこで得られた知見を踏まえて希死念慮1をめぐる問題点を検証していきたい。以下、希死念慮2をめぐる記述部分の引用である。

九月二九日あるいは三〇日頃、塾の帰りに、Xは、同じ塾に通う友人に、「万引きさせられている。止めようと思って断ったらBとかに殴られる。」と話した。また、その頃、塾に居た際、Xはその友人に「おれ死にたいわ。」とぼそぼそと一日に二、三回口にしていた。告白された友人は、「死ぬなよ。」と声をかけると、Xは「分からん。」あるいは「ありがとう。」という言葉を返してきており、このようなやりとりを繰り返した。（報告書 一八頁）

塾の友人の語るエピソードの中には注目すべき二つの要素が含まれている。第一の要素は、Xから「万引き強要」の話を聞いた部分で、「九月二九日あるいは三〇日頃」とあるように、曖昧さはあるものの日付が明示されている。それに対して第二の要素である「おれ死にたいわ」という希死念慮2の表明については、「その頃」と書かれているのみで表明時期は特定されていない。そして報告書もまた、友人の発言に含まれている二つの要素を分割したうえで「万引き強要」の事実性を考察し、「同人からは直接聴き取りはできなかったものの、同人から聴き取りをした教員によれば、その友人は、正義感の強いしっかりした人物であり、聴き取りを実施したのは、その生徒からXのことで話をしたいというと申し出たからであったという」（原文ママ。報告書 二八頁）との注目すべき記述をしている。そしてこれに続いて、「万引き強要」をめぐるXの発言と友人の発言内容の信憑性について慎重な検討を加えたうえで、万引き強要があったとの推測は可能だが、「Xから話を聴いた友人からの聴き取りはできておらず」（報告書 二八頁、傍点引用者）、さらには万引き強要の様態や時期も不明であるという理由から、「万引き強要」という事実があったとは言えないと結論づけている。

これは慎重かつ妥当な判断と思われるが、もしこのような理由によって「万引き強要」事実を却下するなら、友人発言の第二要素である希死念慮2についても、表明時期が特定されていないばかりか友人への聴き取りもできていないと考えるのが自然だろう。そしてもし聴き取りができていないとすれば、Xの「万引き強要」発言と「おれ死にたいわ」発言は、どちらも発言の身分としては同等のはずであり、「万引き強要」の事実を却下するなら、「おれ死にたいわ」という希死念慮2の表明事実も却下するのが論理的には妥当と思われるが、なぜか希死念慮2は事実として認定されている。少なくとも、「万引き強要」の事実性についてと同様の検討が希死念慮2の事実性についてもなされるべきであったと思われるが、そのような検討がなされた形跡を報告書の中に見ることはできない。

以上のように、希死念慮2の表明については、そのような事実があったかどうかについて論理的な危うさがあるということをまずは確認しておきたい。そのうえで、もし報告書が認定するように希死念慮2の表明があったと仮定した場合、その時期や様態についてはどのように推測可能だろうか。この点については、先に引用した部分で「その頃」「一日に二、三回口にしていた」「このようなやりとりを繰り返した」と書かれていることからすれば、希死念慮2の表明は、一日に二、三回、しかも複数日にわたって表明されたと考えられるだろう。さらに地裁が、「亡Xも学習塾の友人に対して頻繁に希死念慮を吐露していたが、体育祭の後はこのような行動も見られなくなった」〈地裁(2)五八頁〉と認定していることを加味すれば、体育祭は九月二九日であったので、友人への希死念慮表明は、それより前の複数日であったと推測可能である。もしそうだとすれば、希死念慮1が表明された九月二五日とほぼ同時期だったと考えることができるように思われる。

(3) 父方祖母への希死念慮表明——その存在性と理由

希死念慮1については、それが九月二五日の朝に父方祖母に対して表明されたという事実については当事者間で争いがない。そのうえで、何が理由での希死念慮表明なのかという解釈をめぐる問題を検証する。少し長くなるが、まずは希死念慮1に関する報告書の記述部分を引用しておきたい。

九月二五日、Xは、[redacted]に泊まっていたところ、その日の朝、[redacted]の作った朝食を取っていた際、突然涙を流しながら「こんなおいしい朝ご飯を食べたことはない。」と何度も何度も言った。Xは、食事が終わり、[redacted]と一緒にソファーに座っていた際、突然[redacted]の首に前から抱きつき、泣きじゃくりながら「暗くて静かな山の中に行って死にたいねん。」と言った。[redacted]は突然のことであったが、Xの様子がおかしかったので「つらいことがあったのか。」と聴いたところ、X

> は何も話さなかった。そこで、[redacted]は「家でつらいことがあったのか?」と聴くと首を横に振り、「学校?」と聴くと首を縦に振った。（報告書 一五—一六頁）

マスキングされている部分（[redacted]）については地裁の判決文を参照して以下補うと、父方祖父母の家に泊まった翌朝（九月二五日）に、祖母に対してXが「暗くて静かな山の中に行って死にたいねん」と希死念慮を表明したという（この部分を「希死念慮1a」とする）。そして上記引用文の最後で、「『家でつらいことがあったのか?』と聴くと首を横に振り、『学校?』と聴くと首を縦に振った」（この部分を「希死念慮1b」とする）と、X本人が「死にたい」理由は学校にあることを認めたと書かれている。

そして地裁は、報告書の記述をほぼそのまま事実として認定しているのだが（地裁 三四頁）、それに対して被告少年側は、高裁への控訴理由書の中で「希死念慮1b」については資料的根拠がないのではないかと重大な指摘をし地裁の判断を批判している。それゆえ、この批判に高裁がどう応答しているかが注目される。以下、高裁判決文からの引用である。

> Xの担任[3]が作成した時系列に沿って事実を記録したメモの一〇月一一日の午前九時七分の欄には、「□□（地名：引用者注）の祖父母からここ数ヶ月の状況を聞く。」、「以前、本人が『死にたい』と話したことがあった。その時に『一緒におばあちゃんも死ぬで』と話した。何を冗談ゆうてんねんと微笑みかけられるかと思ったら、深刻そうな顔だったので、心配になったことがあった」と、亡Xが祖母に対して希死念慮を吐露したことを示す記載があり、……。（高裁 一二三頁）

控訴理由書には、もう少し長く担任のメモ内容が引用されているが、「希死念慮1a」の表明については、ほぼ同じ記述となっているので、希死念慮1の表明それ自体が争点となっているわけではないことが確認できる。また、学校の事後対応についての記述部分（報告書 八〇―八一頁）から推測するなら、担任は、死の当日午前九時前後にXが搬送された病院に行き、そこで父方祖母に会い話を聞いたのだと思われる。しかし、担任のメモの中には、「希死念慮1a」についての記述は見られるが「希死念慮1b」に関する記述は見あたらないというのが控訴理由書が問題視している点である。

これに対して高裁は、「確かに、第三者委員会が亡Xの祖母への希死念慮の吐露等の事実に関し、どのような証拠に基づきこれを認定したのかは、本件報告書上、必ずしも明らかではない」（高裁 一二頁）と、控訴理由書の批判をまずは認めている。そしてその直後で、「しかしながら」という逆接の接続語を使って新たな段落を始め、三者委の調査活動の概要を述べたうえで、「このような調査活動の一環として、亡Xの父方祖母等から、上記事実について聴取し、これが本件報告書中の認定事実として記載されたものと推認される。そして、委員や調査員において、殊更、虚偽の事実をねつ造する動機はうかがえないし、上記認定事実自体、格別複雑な内容でもない」（高裁 一二頁、傍点引用者）と論じた後に、すでに引用した担任のメモ内容（「希死念慮1a」の表明部分）を続けている。そして、「本件報告書の上記記載（報告書 一五―一六頁部分）や上記の担任のメモ中の記載から、祖母が聞いた亡Xの希死念慮の吐露等の事実を認定することは、反対尋問を経ていないことを考慮しても、何ら不当であるとは考えられず」（高裁 一二頁）と論じている。こうして高裁は、「希死念慮1b」については資料的根拠がないことを認めたうえで、三者委が虚偽をねつ造するなど考えられないので、「希死念慮1b」についても事実として認定できると判断していることになる。

希死念慮1をめぐる争点は、Xが「死にたい理由」を表明したかどうかだが、その存在を示す資料的根拠がないことは高裁も認めている。にもかかわらず、三者委が「希死念慮1b」部分をねつ造する動機などないのだから、父方祖母に聴き取りをしたうえで事実を認定していると推認できるという。しかしこれでは、「資料的根拠のあるなしにかかわらず報告書の記述内容は全面的に信じます」と宣言しているに等しいのではないか。しかも、報告書内容を信頼する高裁の態度に一貫性があるかといえば必ずしもそうではなく、報告書と地裁とで判断が分かれている重要な二つのエピソード(「じゃんけん罰ゲーム」と「一〇月八日」問題)をめぐっては、報告書の判断には言及せず地裁の判断を採用している。以下、少し脇道に逸れるが、報告書内容に対する高裁の姿勢に一貫性があるわけではないということを確認するために、「一〇月八日」問題についてのみ簡潔に触れることにし、「じゃんけん罰ゲーム」については、目撃証言問題を論じる際の事例として次節で詳細に論じる。

(4) 報告書に対する高裁の姿勢――「一〇月八日」問題を通して

Xが自殺する三日前の一〇月八日の出来事は、報告書のみならず裁判過程でも注目されてきた。地裁は、「被告B及び被告Cは、一〇月八日(土曜日)午後三時頃、前触れなく原告宅を訪問した。(略)亡Xの意向に反して、被告Cが亡Xの漫画本一八冊と、(略)腕時計一個を持ち去った」(地裁 五〇―五一頁)と認定したうえで、「亡Xに被告少年らとの関係からの離脱が困難であるとの無力感・絶望感を抱かせるのに決定的な役割を果たしたということができ、亡X の自殺の引き金となる直接の契機、ないし、これにつながるものに当たり得るといえる」(地裁 六七頁)と評価し、自殺三日前のこの日の出来事に大きな意味をもたせている。そして高裁も、「前触れなく」訪問し、「傍若無人ともいえる態度で振る舞い」「漫画本及び時計を持ち去った」(いずれも高裁 三三頁)と、この日の出来事について地裁とほぼ同様の判断を示している。

ところが報告書は、「Cは、Xからマンガ一八冊と時計を貰った」ことと「部屋の中を荒らした」ことを事実として認定したうえで(報告書 一三頁、傍点引用者)、第二章「事実の考察」の中で「一〇月八日、Cは、Xの家をBと訪問し、そこで漫画一八冊と時計を貰っているところ(略)これらの物をCがXの意思に反して持ってきたとは認めがたく、心理的・物理的攻撃と認めることはできない」(報告書 五二頁)と論じており、地裁や高裁とは明らかに異なる判断を示している。そうだとすれば、「希死念慮1b」の存在については無条件的に報告書の記述内容に信頼を示している高裁が、なぜ一〇月八日の出来事については報告書の判断に言及せず地裁の判断を採用しているのだろうか。

少なくとも、報告書に対する高裁の姿勢に一貫性があるようには見えないことは明らかである。しかし見方を変えれば、本件に対する高裁の姿勢は極めて一貫した姿勢で貫かれているとも言える。それはつまり、高裁は「事実Z」という基本的な認識枠組を維持強化する方向でエピソードを取捨選択し、「本件はいじめ自殺である」という事実性を揺るぎないものにしているということだ。しかも、こうした姿勢は高裁だけのものではなく、マスメディア報道に始まり、報告書→地裁→高裁という公的組織活動の中で連綿と受け継がれているのであり、それによって生み出される社会的かつ法的事実は圧倒的な権力性や規範性を帯びることになる。

しかし他方、「事実Z」の構成過程の中に取り入れられることのなかったさまざまなエピソードを三つの公的文書の中から丹念に拾い集めるなら、Xが生きていたと思われる別の世界を描き出すことも可能であるように思われる。

(5) Xの意味世界を復元する――希死念慮と文脈との関係

少なくとも夏休みが終わるまでは、X、A、B三人は親しい友人関係であったと認められている。夏休み中、XはBの家に、週に一度か二度は泊まりに行っていたというし、八月三〇日には、三人でUSJに遊びに行き、その夜は、XとAの二人がBの家に泊まったという。そのような友人関係であった三人が、夏休み明けから「いじめ－いじめられる」関係になっていったという。しかし、彼らの人間関係が変化した理由については、「なかでも九月中旬、Aがイライラして顔つきが変わってきたと指摘した生徒や教員がいたように、この頃からAが何らかの問題を抱えていたことが推認できる」(報告書 六〇頁)と、Aの人間性に帰属させる推認レベルの説明が提示されているのみである。

「いじめ」が始まったとされている九月初旬から、父方祖母に対して希死念慮1が表明される九月二五日までの期間に、Xが学校や家庭でどのような経験をしていたのか。少なくとも、中学二年生であるXの生きていた世界を再現しようとするなら、学校ばかりか家庭での様子も重要となるということに異論はないだろう。なお、Xの家庭内での様子については、地裁や高裁の判決文の中で詳細な記述がなされているのでそれらを参考にしつつ、以下、Xの生きていた当時の世界を再現してみたい。

まず指摘しておきたいことは、XはAやBにいじめられていた可能性があると同時に、相変わらず仲の良い友達同士だった可能性もあるということだ。たとえば九月二一日には、AはXの依頼を受けて口裏合わせに協力していること(その経緯については後述する)、Xは九月二三日にB宅に泊まりに行く約束をしていたことなどが明らかとなっているからだ(地裁 三一頁)。もちろん、Bの誘いを断れず強制的に泊まりに行く約束をさせられていたのかもしれないが、夏休みと同様、親しい友人としてBの家に泊まりに行く約束をしていた可能性もあるということである。

加えてこの時期のXは、家庭の中で普段とは異なる特別の経験をしていたと報告されている。なかでも注目すべきは、父親に対する色々な隠し事が一気に明るみに出てしまったことだろう。そのきっかけとなったのは九月一五日のことである。Xは、夏休みに入り頻繁にB宅に泊まりに行っていたというが、そのことをXの親は知らないのではないかと心配になったBの母親が、九月一五日に担任に相談をし、それを受けて担任は、Xの自宅に電話をし父に事情を説明したという。そして父は、その日のうちにXを問い詰めることで、XがB宅に頻繁に泊まりに行っていたこと、八月三〇日に友人と三人でUSJに行ったこと、母親から手渡された郵便貯金口座のキャッシュカードをもっていたことなど、さまざまなことを初めて知ることになり、Xをかなりキツく叱ったという。また後日、Xの部屋にゲーム機があることに気づき問い質したところ、「ゲーム機はAに借りた」と嘘をついたという。

なぜ嘘をついたかは、地裁の認定によれば、「七月の三者面談の際(略)交付された成績表の成績も悪かったことから、同月二〇日以降、亡XとY〔Xのきょうだい〕を自宅近くの学習塾に通わせるとともに、成績が向上するまでとの約束で携帯型ゲーム機等を取り上げ、亡Xの趣味であるコンピュータードゲームをすることを禁止した」(地裁 二五頁)にもかかわらず、母から手渡されたキャッシュカードを使ってゲーム機を購入しゲーム遊びをしていたことが明るみになることを恐れたからと思われる。そして父親が、Aにゲーム機を返しに行こうと提案したので、XはAに事情を説明し口裏合わせを依頼した後に父と一緒にA宅を訪問し、Aにゲーム機を返却することで嘘がばれずにすんだという。また同日、父とXは、お礼と謝罪の意味を込めてB宅も訪問し、その際に父は、今後は外泊させないようにしますとBの母親に伝えたという。こうして、九月二三日にB宅に泊まる約束をXはしていたのだが、それを父から禁じられたため、二三日からの二泊かどうかは不明だが、少なくとも二四日は父方祖父母の家に泊まり、翌朝、祖母に希死念慮1を表明したという流れになっている。

さて、このように見てくると、希死念慮1に至るまでのXの意味世界としては、「継続的ないじめを受けて希死念慮1を表明した」(P世界)という可能性と同時に、「家庭内で特別な経験をし居場所を失いそうになって希死念慮1を表明した」(Q世界)という別の可能性も浮上してくるのではないか。少なくとも、一定の資料的裏付けに基づく可能性として、当時のXが生きていた主たる意味世界は「P」か「Q」のどちらか、あるいは「P+Q」の複合世界など、少なくとも三通りを想定できるように思われる。

ただし急いで断っておくなら、だから家庭環境が原因で自殺をした可能性があると主張したいわけではない。一四歳の中学生が何らかの困難を抱えることで「死にたい」と思ったり口にしたりすることは、それほど珍しいことではないだろう。少なくとも、「死にたい」と口にすることと、実際に自殺することとのあいだには大きな距離があるはずだ。

もちろん報告書や裁判所は、希死念慮1の表明以降一〇月一一日までも過酷ないじめを受けていたと認定することで、「いじめ→希死念慮→自殺」という因果推論に説得力をもたせようとしているわけだが、[4] すでに述べたように、XとAらの人間関係については、「友人関係」だったのか「いじめ－いじめられる」関係だったのか、あるいは、両方の関係性が分かち難く結びついていたのかなど、これまた複数の関係性が想定可能であり、少なくとも「いじめ－いじめられる」関係だったと断言はできないように思われてならない。では、なぜ断言できないと思えるのか、「Xをめぐる人間関係」に焦点化してさらなる分析を進めることでその根拠を示してみたい。

三　Xをめぐる人間関係——元担任の語りと生徒たちの目撃証言

（1）報告書の中の元担任像

前節で、XがAと口裏合わせをしていたことやB宅への宿泊を予定していたことなどに触れたが、彼らが友人関係にあった可能性を示すエピソードは、これら以外にも報告書や両判決文の中にさまざまにちりばめられている。なかでも、「Xと被告少年たちの関係は対等であった」と一貫して主張している唯一の人物とも言える元担任の発言が注目されるが、それに加えて生徒たちの目撃証言も「あそび」と「いじめ」とのあいだで揺れ幅があり一枚岩ではない。

まずは元担任の語りであるが、残念ながら元担任へのインタビューは実現しなかった。それゆえ、三つの公的文書の中に登場する元担任の発言や地裁証人尋問時の証言（二〇一七年一一月二七日）など、公的に接近可能な資料に限定して分析対象としていく。もちろん、報告書などの公的文書の中に見られる元担任の発言は本人の発言そのものではなく、あくまで三者委や裁判所が「元担任の発言」と認定し記述したものであり、裁判所での元担任の発言も証人尋問という特殊な相互行為場面における達成物であることは言うまでもない。それゆえ、元担任の語りのもつ特殊性に充分配慮したうえで分析を試みる必要があるが、最初に注目したいのは、Xらの人間関係判断をめぐる元担任と教員Fとのやりとりについての報告書の記述内容である。

報告書四七頁から始まる第二章「事実の考察」の一節タイトルは「本委員会のいじめの定義」となっており、文部科学省と森田洋司（森田 二〇一〇）の定義を参照しながら、「いじめといえるためには、同一集団内の人間関係において、力関係のアンバランスが生じていることが重要であるという視点を取り入れた」（報告書 四八頁）と述べたうえで、二節「いじめの認定」の中で、XとAやBらの人間関係について考察している。なかでも、いじめ認定において最も重要視されているXとAとの関係についての三者委の判断とその根拠が注目される（報告書 四九–五〇頁）。

これらのことからすれば、一学期や夏休みの時点では、XとAは、対等な力関係にあったとはいえるものの、二学期になって以降は、XとAとの力関係は、対等であるとは到底いえない状況になっていると認めることができる。この点、教員Fが、担任から、XとA、Bとの関係は対等ではないのでよく見ておいて欲しいと言われたと述べていることからも、明らかといえる。（報告書 五〇頁、傍点引用者）

報告書は、元担任も「XとAとの関係は対等ではなかった」と認識していたのだから、XとAとの関係が対等でなかったのは明らかだと主張しているが、その根拠は、元担任の直接の語りではなく、別の教員Fの語りの中に登場する元担任の語りであり、いじめを認定する重要な局面で間接話法の語りを採用している。この点については報告書によれば、「担任に対する聴き取りについては、体調不良により実施することができなかったが、質問事項を送付したうえで紙面での回答を得た」(報告書 四頁)とあることから、報告書に登場する元担任の発言は文書での回答内容に基づいていると判断して間違いないだろう。それを踏まえたうえで、再び教員Fの発言内容に言及している部分を検討してみたい。

報告書は、一〇月七日、担任が教員Fに対して「A、CとXの三人は対等な立場ではない」と話したと認定したうえで、「なお、この点について、担任は三人の関係は対等な関係であったと見ていたので、このようなことは述べていないと、事実を否定する。しかし、教員Fは、三人の関係を対等な立場にあると思っていたので、担任からの言葉は自分の認識と違った見方であったといえ、その言葉は記憶にしっかりと残っていたと思われ、その点の信用性は高いといえる」(報告書 六六頁)と評価している。ここで三者委は、教員Fの語りを採用し元担任の語りを棄却する判断根拠として、「教員Fは、三人の関係を対等な立場にあると思っていたので、担任からの言葉は自分の認識と違った見方であった」(傍点引用者)から記憶に残ったはずであると論じている。

もし教員Fの証言通りだとすると、教員Fは、一〇月七日までは「三人の関係を対等と見ていた」

ことになる。ところで前々日の一〇月五日には、XとAとのあいだでトラブルがあったとされており、そのトラブルへの対応をめぐって、放課後に二学年担当教員の集約会議があったという。そしてその場で、二人のトラブルの解釈をめぐってケンカかいじめかで議論が分かれたというが、元担任はケンカであると主張し、「生徒指導主事によれば、集約会議では、今回のことはケンカとして捉えたが、イジメの可能性がゼロではないから、ちゃんと見ていこうという結論になったという」と書かれている(報告書 六五頁)。

つまり、報告書によれば、九月末頃から連日にわたって過酷ないじめが続いていたとされる延長上にある一〇月五日のトラブル発生段階でも、XとAとのその日のトラブルや彼らの人間関係について、担任を含めた二学年担当教師間で見解が分かれていたということである。この「認識の不一致問題」については、次項であらためて検討することにして、さらに教員Fの発言内容の分析を進めたい。

さて、元担任は集約会議の場でも「二人のトラブルはケンカである」と主張していたとすれば、なぜその二日後に、教員Fに「XとA、Bとの関係は対等ではないのでよく見ておいて欲しい」と語ったことになっているのだろうか。一〇月五日から七日までの二日間で、Xをめぐって学校や家庭内で特別に深刻な事態があったとの報告はなされていないにもかかわらず、なぜ担任教師の生徒理解が変化したのか不思議である。この点については報告書も、一〇月五日と七日とのあいだで担任教師の生徒理解に一貫性がないと判断しているが、こうした一貫性のなさを元担任の問題に帰属させ、「ところで、担任は、一切いじめとの認識はなかったと述べている。(略)しかし、担任が、仮に、いじめという認識を持っていなかったというのであれば、一〇月三日の『とうとうやりましたか。』という発言や、一〇月七日に他の教員に対して、『力関係は対等ではないので注意して見て欲しい。』と述べたことをどのように説明するのであろうか」(報告書 六七頁)と元担任を非難している。

しかし、報告書で展開されている論理には少々無理があるのではないか。たとえば、報告書の主張するように一〇月五日のトラブルを元担任は「ケンカ」と認識したということも一〇月七日の教員Fへの語りもすべて「事実」であったとするなら、少なくとも一〇月五日までは、元担任はXとA、Bとの人間関係は対等だと思っていたはずであるし、教員Fも一〇月七日までは同様に理解していたということになる。とすれば、元担任も教員Fも一〇月五日までは「彼らは対等な人間関係」だと思っていたのだが、それから二日後に、なぜか担任の認識にのみ変化が生じたことになる。いやその前にも、「担任自身も一〇月三日に養護教諭からAがXを殴ったことの報告を受けた際、『とうとうやりましたか。』と発言している(なお、この点について担任はそのような事実があったかよく覚えていないという。しかし、このような対応をされた者にとっては忘れることのできない出来事であることを考えると、担任がこのような発言をしたと認めることが相当である)」(報告書 六七頁)として、報告書は一〇月三日段階で、元担任は「いじめに気づいていたはず」と判断している。つまり報告書の判断を受け入れるなら、担任は、一〇月三日、五日、七日と一日おきに、いじめを認めたり認めなかったりを繰り返していたことになり、生徒たちの人間関係についていかにも行き当たりばったりの判断を表明していたことになる。

総じて報告書や両裁判所の元担任の発言の取り扱い方には際だった特徴があり、注目される。というのは、XとAらの人間関係を対等とみなす元担任の見解はことごとく却下されているのに対し、「いじめを認めている」と解釈可能な元担任の発言(「とうとうやりましたか」「教員Fへの発言」など)は繰り返し強調されているからだ。

すでに述べたように、報告書に対する高裁の姿勢に一貫性があるわけではないが、「本件はいじめ自殺である」という結論を導くためにエピソードを取捨選択しているという意味では一貫しており、その点では、元担任の発言に対する報告書や両裁判所の姿勢も変わりはない。こうして、「いじめ自殺」という事実性がますます強固になっていくのだが、他方で、生徒たちの中にも、XとAらの相互行為を「遊び」と捉えていた者がいたことは高裁も認めている。そうだとすれば、事実認定において生徒たちの目撃証言を重視している地裁や高裁が、「遊びと捉えていた生徒たちの目撃証言」をどのように取り扱っているかも重要な検討課題となってくる。

(2) 生徒たちは何を見ていたのか——目撃証言と記憶論

「じゃんけん罰ゲーム」の解釈をめぐる攻防——「遊び」か「いじめ」か

ここで注目したいのは、裁判所が目撃証言を取捨選択する際に使用している根拠であるが、分析対象とする事例は、九月二九日の体育祭時の「じゃんけん罰ゲーム(以下、罰ゲーム)」である。なお、罰ゲームとは、あらかじめ罰内容を決めたうえでじゃんけんし、負けた人が罰を受けるという遊びだが、じゃんけんに参加するしないは自由であり強制ではなかったとされている。

報告書は、罰ゲームの中の「ガムテープを貼り剝がす」という行為については「相互性を見て取ることができるので、心理的・物理的攻撃とは認められない」(報告書 五二頁)と認定しているが、そう判断したすぐ後で、いじめと認められる一九の行為群の中の一つに組み込んでおり、罰ゲームに対する報告書の判断には揺らぎが見られるように思われる。それに対して地裁は、「亡Xのみが著しく均衡を欠く罰ゲームを受けたことになる上(略)亡Xの死亡後に多数の目撃者が名乗り出るなど周囲に極めて強烈な印象を残すような異常な状況に亡Xが置かれていたということができる」(地裁 五八頁)と、報告書よりも断定的な評価を下している。これに対し控訴理由書が、罰ゲームは遊びだったと語る生徒たちの目撃証言の存在を指摘し、それを高裁も認めたうえで目撃証言について独自の判断を示すことで地裁の判断を支持するという流れになっている。それゆえ、両裁判所が生徒たちの目撃証言をどのように扱っているかに注目する必要がある。

まず地裁であるが、「この点、被告らは、亡Xがその了解の下で手足を鉢巻きで縛られ、口にガムテープが貼られたこと以外の事実を否認するが、複数のクラスメートや同級生が上記各事実を目撃した旨警察官に具体的に供述しており、付近を通りかかって指導した教諭による警察官に対する供述とも符合するのであるから、上記各証拠により上記事実を認定することができる」(地裁 四〇頁、傍点引用者)と論じている。

ここで地裁は、被告少年たちの「いじめ」を否認する証言に対して、生徒たちの「いじめだった」とする目撃証言を採用することで「いじめ」を認定するという論法を用いている。こうした「被告側証言の否認→生徒たちの目撃証言採用」という論法は地裁判決文の十数カ所で確認することができ、被告少年たちの主張はことごとく却下されている。被告少年たちの発言よりも、本件に利害関係のない生徒たちによる目撃証言の方が信憑性が高いという一般論が貫徹されているとも言えるが、ここで注目すべきは生徒たちの目撃証言がなされた時期である。

「目撃」から「証言」までの時間経過のもつ意味——記憶変容と解釈の権力性

生徒たちの証言内容は、二〇一一年九月から一〇月上旬にかけて学校内で起きた「Xをめぐるさまざまな出来事」についてのものであるが、警察や三者委が聴き取りをしたのは二〇一二年の夏休みに入ってからであり、生徒たちは、少なくとも一〇カ月以上前に目撃した出来事について証言したことになる。ではなぜ一〇カ月以上も前の出来事を証言することになったのかと言えば、二〇一二年七月四日以降のマスメディアの過熱報道によって本件が社会問題化したからである。なおかつ二〇一一年一一月二日の記者会見時点で、市教委は「いじめがあった」ことを認めており、それらを総合的に考慮するなら、「本件はいじめ自殺事件である」という社会的認知が浸透していた状況の中で生徒たちは目撃証言をしたことになる。そうだとすれば、この一〇カ月以上の時間経過の中で、マスメディア報道に加えて地域社会や学校内でさまざまな情報が飛び交うことで、生徒たちの記憶がさまざまに影響を受けた可能性が考えられるのではないか。こうした記憶の想起問題について、目撃証言の心理学の開拓者とも言えるロフタスは次のように論じている。

ある出来事が起きてから目撃者がそれを思い出すまでの間、つまり「保持期間」と呼ばれる間に知覚された情報の断片は、水の中の魚のように釣り上げられるまで記憶の中でじっと待ち続けるようなことはない。むしろ、ありとあらゆる情報の影響を受ける。外部から得られた情報は、目撃者自身の思惑と同様に記憶の中に忍び込み、その二つが想起の内容を思わぬ方向に変化させていく。（Loftus 1979／邦訳 一九八七、八九頁）

記憶についてのこのような考え方はすでに定説化していると言って良く、実際、控訴理由書もほぼ同趣旨の記憶論を展開することで、生徒たちの「いじめを見た」とする目撃証言を無条件に採用する地裁の判断に疑問を表明している。しかしそれに対して高裁は、「控訴人A（地裁での被告A）の主張する記憶変容の可能性は一般的には存在するとしても、それは抽象的なものにとどまり、上記クラスメートらにおいて、事実に反する供述をする積極的動機もうかがわれず、しかも、多数の者が一致して事実に反する供述をすることは容易に想定することができない」（高裁 一七―一八頁、傍点引用者）と論じることで、記憶変容問題を却下している。

ところで、却下する理由の中で繰り返されている「事実に反する供述」とは「嘘をつく」というほどの意味だろうから、高裁の主張を簡潔に言い換えるなら、「生徒たちに嘘をつく動機はないはずだし、示し合わせて嘘をついているわけでもないのに供述内容が一致しているのだから信用できる」ということだろう。そう言われてみると思わず納得してしまいそうになるが、ここには検討を要する二つの論点があるように思う。まず第一に、そもそも生徒たちが「事実に反する供述をする（＝嘘をついている）」という高裁の想定自体が誤っているかもしれないということ、そして第二に、「多数の者が一致して事実に反する供述をすることは容易に想定することができない」という主張は、裏を返せば、「事実の供述なら一致することが想定できる」と言っているに等しいと思われるが、そのような想定は適切かという問題である。

あくまで仮定法の世界であるが、体育祭当日に罰ゲームを見た生徒たちの多くが、「また遊んでいる」「じゃれあっている」などと日常の一風景として見ていただけだとすれば（それに類する目撃証言の存在については後述）、Xたちが何をしていたかなどほとんど記憶に残らないか、せいぜい断片的に記憶しているに過ぎなかったのではないか。しかし、あれほど大きな社会問題になり、たとえば罰ゲームの一部である「死んだ蜂」をめぐるエピソードも、「いじめ」の一部として（つまりは、罰ゲームの文脈を無視して）大々的に報道されていたことからすれば、おそらく当時の出来事を振り返り、自分たちの記憶を反芻したり誰かと語り合ったりしただろうし、「あのとき自分が目撃したのはいじめだった」と無自覚のうちに記憶を書き換えたり、あるいはほとんど記憶がなかったところに新たな記憶が形成されたとしても何ら不思議ではなく、生徒たちは確信をもって「いじめを見た」と警察に証言していた可能性があるというのが、記憶論や目撃証言論の主要な論点の一つである。(5)

ただし、こうした記憶をめぐる議論は、少なくとも本件に関して言えば、状況証拠に依拠した可能な推論の域を出ることはなく、高裁の主張する記憶論に反論するのは難しい。なぜなら、目撃証言実験から得られる知見は確率的な再現性が高まることで一般性を獲得できるとしても、それが実験である以上、条件を統制した空間の中での再現性であるという限界を抱えているからだ。(6) つまり、現実の世界で起きるあらゆる現象は、再現性・一般性という予測可能な側面と、その時々の偶然性・一回性という予測不能な側面との複合体として成立しており、実際に生起した出来事の解釈をめぐっては、誰もが一致するような「正解」は必ずしも存在せず揺れ幅が大きいということを最大の特徴としているということである。

それゆえ、暴行を受け怪我をし治療を受けたなどという確かな証拠のない本件のような「いじめ事件」の場合、高裁のように「記憶変容の可能性は一般的には存在するとしても、それは抽象的なものにとどまり」と主張することはいつでも可能であり、しかも、被告少年たちの証言と第三者である生徒たちの目撃証言とどちらに信憑性があるかということになれば、被告少年側が不利になることはほぼ必然の流れである。

実際に高裁は、控訴人（地裁での被告）等に対して「明らかにいじめと評価されるものについても、それがいじめであることを否定し続けている。このような不合理な控訴人らの応訴態度に照らせば、控訴人らの主張内容や供述内容は、全体としても信用し難いものといわざるを得ず」（高裁 一八頁）と評価している。これは本件のみの問題というよりは、一般に「被告」や「容疑者」というラベルを背負って法廷に臨む側が抱える典型的な困難を表現しているように思われる。

ここには、目撃証言の信用性をめぐる記憶変容論と、被告側証言の信用性をめぐる解釈の権力問題という、二つの一般論（理論命題と言っても良い）の競合図式を見て取ることができるのだが、その際、「被害者」「加害者」「目撃者」といったカテゴリーに対する私たちの一般化された知識が運用されることで、本件であれば、被告側証言よりも目撃証言の方が圧倒的に採用されやすいという、高く厚い壁が存在しているのである。

遊びを主張する目撃証言――認識の不一致問題

では、「いじめではなかった、遊びだった」という生徒たちの目撃証言はどのように扱われているのだろうか。以下、高裁判決からの引用である。

> 確かに、Y〔Xのきょうだい〕の平成二四年八月二六日付けの警察官に対する供述調書中には、上記主張に沿う記載が(7)あるほか、体育祭での出来事を目撃した生徒の中には、警察官による事情聴取において、亡Xが控訴人らとじゃれあっていると思った旨、いじめられているとは思わなかった旨供述する者も複数名いる。
>
> しかしながら、亡Xには級友の笑いを誘うような目立った言動も見られ、いじめられる関係が固定化するまで、元々「いじられキャラ」としての役回りを演じていたとすれば、体育祭での出来事を目撃した者の中に、それを直ちにいじめとは感じず、従前どおり、「いじられている」と思ったとしても不思議ではなく、前記Yや生徒の供述内容が直ちに前記認定を左右するものではない。体育祭における控訴人らの亡Xに対する行動は、その態様に照らし、度が過ぎたものといわざるを得ず、これをいじめと評価することが相当である。(高裁 三六頁)

被告少年たちの主張を却下する根拠として、「いじめ」を認める生徒たちの目撃証言が無条件で採用されているのに対し、「いじめられているとは思わなかった」と主張する生徒たちの目撃証言については、「従前どおり、『いじられている』と思ったとしても不思議ではなく」と、生徒たちの証言が一定の現実味を有していることを認めたうえで、それでも「いじめと評価することが相当」と判断し退けている。その根拠は「度が過ぎている」ということだが、そのように判断できる根拠は何だろうか。先述したように、罰ゲームの一部に対等性があったことは報告書も認めているし、もちろん被告少年たちもそのように主張している。そして目撃生徒たちの証言内容は見解が分かれている。もしかしたら、「いじめだった」と証言している生徒の方が人数が多いということなのかもしれないが、その点ははっきりとは述べられていない。それに、「いじめである」と証言する生徒の方が多いということが「事実」の根拠になるとは限らない。

そうだとすれば高裁は、罰ゲームを厳しく非難する地裁の判断を支持するために、それに対立する報告書の見解や「いじめとは思わなかった」とする生徒たちの目撃証言を却下しているように思われてならないのであり、まさにここには「解釈こそが権力だ」という命題を実践している姿を見て取ることができるのではないか。またそれと同時に、「いじめとは思わなかった」とする生徒たちの目撃証言は記憶変容論の文脈においても重要な意義をもっている。なぜなら、「いじめ自殺事件である」という認識が圧倒的に支配していたと思われる二〇一二年八月という時期に、そうした流れに抗うように「罰ゲームは遊びだった」と証言しているからである。だからこそむしろ、これらの目撃証言内容の信憑性が高いという可能性もあるのだが、いずれにせよ慎重な検討が必要な重要な証言のように思われる。

（3）「供述の一致」のもつ意味——供述と「事実」との相互反映性

では、以上の生徒たちの目撃証言を総合的に検討することから何が言えるかであるが、生徒たちが生きていた当時の日常世界の中では、罰ゲームをめぐっては「いつもの遊び」や「やり過ぎ」などさまざまな見方が混在していたということまでではないかということを、まずは確認しておきたい。罰ゲームがなされていた当時の状況の中には、「いじめ」といった明確な一つの「事実」が立ちあがっていたわけではなく、誰の記憶にも残らず忘却されていくような日常の一風景が繰り広げられていただけなのかもしれないということである。

そう考えると、「多数の者が一致して事実に反する供述をすることは容易に想定することができない」という高裁の主張する「事実」観にも検討の余地があるように思われる。というのも、多数の者が一致して「事実」に反する供述をすることは充分あり得ることについては、すでに紹介したロフタス(Loftus 1979／邦訳 一九八七)や山本(二〇〇三)の目撃証言実験などによって実証されてきているからである。さらには、そもそも供述以前に「事実」が実在しているわけではなく、供述をすること、新聞報道をすること、判決文を書くことなどの記述実践それ自体が「事実」を構成するという命題こそが、構築主義に依拠する本書全体に通底する「事実」観であるからだ。

そのうえで、「事実」と供述をめぐる問題に対する本章の見解として二点のみ指摘しておきたい。まず第一に、「〈事実〉を語るから供述が一致するのではなく、供述が一致したときに〈事実〉と認定される」ということ、そして第二に、「じゃんけん罰ゲーム」をめぐる供述の対立が示唆しているのは、想定されている「事実」が供述の取捨選択に影響を与えることで、供述と「事実」とは相互反映的に影響しあう関係にあるということである。

四 「事実」認定方法としての過去の再構成

本章では、「いじめ事実」がいかに認定されたかを、報告書と二つの判決文を分析することで明らかにしてきた。ところで、「ある事実が、たとえ社会的に構成されたものであるとしても、誰もが納得するなら『真実』と言えるのではないか」という考え方もあるかもしれない。

それに対する本章の立場は、確かに、本件にかかわったすべての公的組織は「いじめがあった」と認定したが、現場には別の声(加害容疑生徒とその保護者の語り、元担任の証言、生徒の目撃証言)も存在していたのであり、それらの声に耳を傾けることで公的組織による「事実」認定方法や論理を検証する必要があるのではないかということであった。そして三節までの分析を踏まえたうえでの結論として、これまでに繰り返し論じてきた「事実とは過去の再構成である」という命題のもつ意義を確認しておきたい。

(1) 過去の再構成方法としての「結果論」

「事実を認定する」という営みは、ある出来事を問題視した時点から過去に遡るかたちで初めて起動する。本件で言えば、遺族や学校は、Xの自殺を起点として過去を振り返り、Xの身に何が起きたかを明らかにしようとしてきたし、警察や三者委や裁判所も、出来事が社会的に問題視された事後に活動を始めた。このように、事後的に過去を振り返ることでしか事実認定活動は始まらないということは、神の視点をもち得ない私たちの限界であり、その意味で「事実とは過去の再構成である」という命題はごく当たり前のことを確認しているに過ぎない。しかしここで重要なのは、私たちはどのような方法で過去を再構成しているのかということであり、三者委や裁判所が採用している方法は、一般に「結果論」と呼ばれているものと同じであるということだ。

ただし、ここで言う「結果論」は、「なぜ、いじめや自殺のSOSに気づかなかったのか」という言説に象徴されるような道徳性を帯びるがゆえに、「所詮は結果論に過ぎない」などとは言い難い重大な帰結を生み出す可能性がある。しかも問題はそれだけではない。一般に「過去の再構成」とは、ある時点(t1)で何らかの重大事(事故や自殺など)が生起したことを契機として、t1以降のある時点(tX)を起点としてt1以前の出来事の再構成・再解釈がなされることを意味するが、このとき留意すべきは、t1以降tXまでのあいだに生起した出来事群を過去の再構成の資源として取り込むことで「事実Z」を構成してしまう可能性があるということだ。

とはいえ、いつが起点となって過去の再構成が始まるかはそれぞれの出来事を取り巻く状況次第である。本件で言えば、Xが自殺をした二〇一一年一〇月一一日(=t1)以前には、「Xはいじめられている」という「事実」が存在していたかどうかは不明であり、その時々に「じゃれあっていた」「遊んでいた」「いじめられていた」などの主観的現実が交錯していたということかもしれない。あるいは、第6章で詳細な分析がなされる一〇月五日のトラブルに関して言えば、その日の放課後に、X本人が元担任に「今日のことは嫌だった」と語ったと伝えられているが、この発言には「今日以外のことは嫌だとは思っていない」という言外の意味が含まれている可能性がある。少なくとも元担任は、Xの発言を「今日のことは嫌だった。けどXは、これまでもこれからもAと友達でいたいと思っている」と理解した可能性があるが、三者委や裁判所がこの発言のもつ意味を検討した形跡はない(8)。

以上のようなt1以前のその時々に達成されていたはずの意味世界は、t1以降に導入された「いじめがあった」という認識枠組のもとに再解釈されていく。そして、自殺から二日後に「Xはいじめられていた」という噂を耳にした遺族が学校に調査を申し入れた二〇一一年一〇月一三日が、問題視の最初の起点としての「t2」だったとみなすことができるだろう。それから二〇一一年一一月二日の市教委の記者会見までの期間に、学校による「t1以前の過去」の再構成過程の中で、遺族や加害容疑者家族たちがいかなる経験をしたかを描き出そうとしたのが第5章と第6章である。それに続く二〇一二年七月四日の「自殺練習」報道が第二の起点（t3）となって新たな過去の再構成が起動し始め、「事実Z」が構成されていったと理解できるだろう。その意味では、本件にとって問題視の起点となるtXは、t2とt3と少なくとも二回はあったと理解可能である。そしてもちろん、t3を起点として再構成された「事実Z」もまた暫定的な事実であり、もしかしたらt4と呼べる日が将来やってくることで「事実Z」が書き換えられ、今度は「事実Z′」が「真実」という地位を占める可能性が原理的には常に存在することになる。

　こうした過去の再構成という営みにとって重要なのは、「事実Z」の検証にとって手がかりとなるのはt1以前に生起した出来事でなければならないが、t1以前の過去の出来事についての当事者の証言や目撃証言などは、「t1以前の出来事についてのtX以降の語りであり、その語りが、t1以降証言時までの出来事によって影響を受けてしまう可能性を排除できない」ということであり、この困難な問題に光を当てているのがロフタスに始まる記憶実験やハッキングの記憶論の知見なのである。

　そして本件の場合は、t3を起点として過去の再構成を開始したマスメディア、第三者調査委員会、大津地方裁判所、大阪高等裁判所等の公的組織は、t3以降に成立した「いじめ自殺」という枠組に依拠してt1以前のエピソードを取捨選択し再解釈することで「事実Z」を構築したということになる。

こうして、t1以前の「その時々の現在」から見れば未来であるt3以降の時点から、t1以前の出来事を再解釈することは、まさに神の視点から出来事を眺める行為と同じ構図になっており、私たちを根深く支配する過去の再構成方法なのである。

（2）「結果論」を乗りこえる――相互行為的現実の回復

だとすれば、この種の方法上の限界を乗りこえるにはどうすれば良いのだろうか。たとえば、ドライブレコーダーのように、車を運転しているときの道路状況が録画されていれば、運転中に生起するさまざまなトラブルの事実性を認定するための重要な手がかりとなるだろうが、無限の時間的空間的広がりをもつ日常世界全体を録画することはそもそも不可能だ。こうした原理的困難を引き受けたうえで辛うじて可能と思われるのは、t1以前に記録された関連資料を、その当時の日常世界に戻してやり、その時々に相互行為的に達成されていたはずの「現実」を回復させることだろう。

本章で展開した公的文書の分析はそうした試みの一つと考えているが、そのとき重要なこととして、最後に二点ほど言及しておきたい。第一に、相互行為的現実の回復を目指すとはいえ、無自覚のうちにt1以降の出来事や見解を密輸入した分析になっていないかどうかを絶えず検証することである。そして第二に、そのようなかたちで過去の再構成を試みたとしても、「何が事実かはわからない」という結論に至ることも充分にありえるということであるが、「わからない」ことの積極的意義についてはあらためて第8章や終章で論じたい。

注

(1) 加えて、高裁判決において頻繁に言及されている控訴理由書についても、必要に応じて参照する。なお控訴理由書は、大津地方裁判所で閲覧した。

(2) 地裁や高裁の判決文からの引用は、すべてウェブ版を参照している。

(3) 人名については、原判決では実名、ウェブ版ではアルファベットが使用されているが、本章では、自殺した生徒をX、容疑者とされた生徒をA、B、Cとし、それ以外の人名については人間関係が理解可能な範囲で文脈に応じた匿名表記をしている。

(4) 一〇月に入ってからの最も注目されたエピソードは、一〇月五日に起きたXとAとの「殴りあい」だが、これについては第6章で論じる。

(5) 記憶変容問題については、「過去の不確定性」問題をめぐるハッキング(Hacking 1995／邦訳 一九九八)の議論や、「虚偽事実の無意図的な共同生成」過程の解明を試みた山本(二〇〇三)のフィールド実験などが刺激的である。

(6) 記憶実験のもつ意義と方法上の問題については高木(二〇〇六)の議論が参考になる。

(7) 上記主張に沿う記載とは以下である。「控訴人B(地裁での被告B)は、体育祭での出来事について、亡Xの姿を目撃したYも亡Xが暴れたり、もがいたり等していなかったので、少年Cや控訴人Bとふざけているのだと思ったと供述しているほか、亡Xが控訴人らと一緒にいるところを目撃していた多くの生徒たちが、笑いながらふざけ合っていたと語っており、上記出来事における控訴人らの行為をいじめと評価すべきではない旨主張する」(高裁三五―三六頁)。

(8) 報告書八頁で、「一〇月三日の日誌には『今日は全体的に静かにできていた』(傍点は本委員会)と記されているように、二学期になると学級の集中力の緩みが日常化していたことがわかる」と、「は」に着目した解釈を展開していることからすれば、なぜ「今日のことは嫌だった」の「は」に着目しなかったのかという疑問が残る。

文献

高木光太郎 二〇〇六、『証言の心理学――記憶を信じる、記憶を疑う』中公新書。
森田洋司 二〇一〇、『いじめとは何か――教室の問題、社会の問題』中公新書。
山本登志哉編著 二〇〇三、『生み出された物語――目撃証言・記憶の変容・冤罪に心理学はどこまで迫れるか』北大路書房。
Hacking, I. 1995, *Rewriting the Soul: Multiple Personality and the Science of Memory*, Princeton University Press.（北沢格訳『記憶を書きかえる――多重人格と心のメカニズム』早川書房、一九九八年）
Loftus, E. F. 1979, *Eyewitness testimony*, Harvard University Press.（西本武彦訳『目撃者の証言』誠信書房、一九八七年）

II

当事者経験への接近

5 「いじめ自殺」事件をめぐる〈遺族〉の経験

今井　聖

はじめに

どんなに頑張っても息子は戻ってくることはありません。

これは、大津市事件の遺族によって記された「息子の一周忌を迎えるに当たり[1]」という文章からの抜粋である。あまりにも重い言葉だが、それでも遺族は生きていかなければならない。そのような境遇に、遺族はいかに折り合いをつけていくのだろうか。難しい問題であるが、大津市事件の遺族が同じ文章の中で続けて次のように述べていたことに着目したい。

ただ、もし息子がこの「いじめ問題」を解決することを「使命」として生まれてきたのであれば、私達は彼に代わって、その使命を果たしていくことが何より重要なことだと考えています。

ここでは、子を失った「原因」であるところの「いじめ問題」の解決をわが子の使命としたうえで、それを自身の使命として受け止めること、そうした遺族の決意が表明されている。

わが子を失うという悲しい経験を自らの運命として引き受けようとする遺族のこのような語りを前にしたとき、私たちは何を思うだろうか。通常、できるだけそうした遺族の悲しみに寄り添いたいと考えるだろうし、そうすることが聞き手の責務であるようにも感じられるだろう。少なくとも、遺族に対して「そんな思いを抱く必要はない」等ということを軽々に述べることはできないはずである。意図的にであれ非意図的にであれ、もしそのような「非共感的」な態度を示す人がいれば、その人は遺族に寄り添っていない人と評価され、非難されうるだろう。その意味で、〈遺族〉(2)というカテゴリーの担い手たちに対して通常人びとが示すことができる態度は決して自由なわけではなく、常に一定の制限を受けている。

言い換えれば、私たちは、ある人の〈遺族〉に対する考え方や、その表現の仕方〔語り方〕の適切さ／不適切さを判断することができるのであり、その基準から大きく逸脱するような語りに直面した際には、それを「非道徳的である」とか「遺族に寄り添っていない」といった仕方で評価しうる。そうした私たちの振る舞いは、〈遺族〉をどう理解するかということにかかわる社会的な規範によって可能になっているものである。

そうであるならば、〈遺族〉とは、単に「家族を亡くした人」という属性を有する一群の人びとのことを指す言葉であるだけではなく、さまざまな場面において一定の仕方で用いられている社会的カテゴリーなのだと言える――逆に言えば、遺族であるからといって、いつ・いかなるときも〈遺族〉として振る舞い続けているわけではないことは明らかだ。それゆえ本章では、「いじめ自殺」事件で子を亡くした親たちの経験を〈遺族〉というカテゴリーに結びついたものとして捉えて、その具体的なありようを考察していく。それにより、〈遺族〉にとって可能な経験という観点から、現代の「いじめ問題」の構図を問い直すことをねらいとする。

一　「いじめ自殺」事件における「学校の壁」
――『いじめ自殺――一二人の親の証言』から

「いじめ自殺」事件の遺族たちの語りを収めた本がある。一九九六年にジャーナリストの鎌田慧が著し、二〇〇七年に文庫化された『いじめ自殺――一二人の親の証言』である。そこには、一九八六年から一九九六年のあいだに起きた「いじめ自殺」事件に関する遺族たちの証言が収められている。(3)

この本で最初に紹介されているのは、一九八六年二月に発生した、東京都中野区の中学校に通う生徒であった鹿川裕史君の自殺事件をめぐる遺族の語りである。まず注目したいのは、その父親による、「とにかく学校で、あれだけゆさぶられて、もう事実が出ているのに、いじめを学校が認めないっていうのも不思議でした」(鎌田 二〇〇七、六頁)という語りである。ここから確認できるのは、その時期には既に、「いじめの事実を追究する遺族」と「いじめを認めない学校」という対立的な関係が成立していたことである。

さらに、一九八八年一二月に富山県富山市で起きた中学生、岩脇寛子さんの自殺事件の遺族は、わが子の自殺がいじめによるものであった可能性を疑いはじめ、寛子さんの学校での様子を調べようとしたときのことを、次のように回顧している[4]。

それがいじめだったと知ったとき、どんなにつらかっただろう、なぜ寛子が自殺しなければならなかったのだろうということを、どうしても親として知りたくなって、そうして知ってやること自体が、寛子の慰めになると思ったんです。ところが、学校で何があったかまったく知らせてもらえない。理解することがどうしてもできないものですから、その点を明らかにしたくて教育委員会に「事故報告書」の開示請求をしたのです。（鎌田 二〇〇七、三八頁）

このような語りは、「学校で何があったか」を知ることが当時の遺族たちにとっていかに難しいことであったのかを教えてくれるものであり[5]、鎌田（二〇〇七）ではそのような学校側の消極的態度が「学校の壁」という言葉で表現されている。

その岩脇寛子さんの自殺事件の遺族からも「同じ問題」として言及されているのが、一九九一年九月に東京都町田市で起きた中学生、前田晶子さんの自殺事件である。この事件をめぐっても、学校側が保持する情報の公開を求める訴訟が遺族によって提起されるに至った。そして、それらの事件がメディア報道を通じて広く知られるようになるにつれ、遺族が置かれている状況にも、次第に注目が集められるようになっていった。その経緯についてはさらに後述するが、それに先立って次節では、カテゴリーに結びついた権利・義務といった観点から、〈遺族〉というカテゴリーの特徴を考察しておきたい。

二　〈遺族〉カテゴリーの社会的意味

（1）〈親〉である〈遺族〉の義務

子を自殺によって亡くした遺族たちはしばしば、周囲の人びとや見知らぬ他者から「どうして親が知らなかったのか」と非難された経験を語ることがある。だが、それ以上に頻繁に聞かれるのは、「なぜ気づけなかったのか」「気づけなかった自分のせいで」といったかたちで自らを責める、いわゆる自責の念についての語りである。

なぜ、遺族は、他者からの非難に苦しんだり、自責の念に苛まれたりしなければならないのだろうか。こうした点を考えるうえでは、ハーヴィ・サックスのカテゴリー論が参考になる。サックスは、〈親〉と〈子〉がまさにその典型例であるように、互いに権利や義務を割り振られたものとして慣習化されているカテゴリー的な関係性を「標準化された」カテゴリーペアと呼んだ（Sacks 1972／邦訳 一九九五）。一般的に、〈親〉というカテゴリーの担い手は、その〈子〉に対して世話をすべき・保護すべき・愛情を表現すべき等、さまざまな義務を有する存在である。他方、〈親〉であればこそ、〈子〉の行動を管理したり厳しく叱ったりすることも妥当な振る舞いとして許容されやすいだろう。このように、両者は互いに権利・義務を持ち合うことで、カテゴリー的な対関係を成しているのである。

そうしたカテゴリー関係に基づいて配分される権利・義務の中でも、〈子〉の命を守ることは、その〈子〉に対する〈親〉の重要な義務のひとつだと言える。そしてもちろん、それらのカテゴリー関係とそれに基づく権利・義務についての理解は、同じ社会の成員たちによって共有されている常識的知識である。そうであるからこそ、〈子〉を亡くした遺族は皆一様に〈親〉としての責務を果たせなかった自分自身を責めうるし、そうした振る舞いは〈遺族〉である以上は社会的に期待されたものであるとすら言いうるのである。そして、とりわけ〈親〉―〈子〉というカテゴリー関係の規範的結びつきが強固であるがゆえに、〈遺族〉にとってそうした事態は避けがたいものでもある。ここに、子を失くすという直接の悲劇にとどまらない、〈遺族〉にとっての第二の悲劇が存在している。以下ではその点を、〈遺族〉にとっての「孤独」と「被害」の経験に着目することでさらに考えてみたい。

(2) 〈遺族〉としての孤独を語ること

以下で見るのは、二〇一九年に子を自殺で亡くした遺族に対するインタビュー場面でのやりとりからの抜粋である[6]。母親であったMさんは、子の自殺という出来事から約一カ月後の自身の状況について、次のように語った(NはMさんの子を意味する)。

M:ふと一人のときに、スマホで死について調べる。ブログを見始めて、共感を求めるんですねきっと。

――あーなるほど。同じ、というか子どもを亡くされた方とか特に。

M:そうなんです。いくら姉が来てくれても、義理の妹が来てくれても、姉に三人子どもがいる。義理の妹にも子どもがいて、共感できないんですよ。わかってもらえても。こんなに思って来て

くれても。

――あーMさんのほうが。向こうはだから共感を示すように振る舞ってくれるけども。

M：くれたと思う。Nの死を悲しんで来てくれるけど、でも子どもを亡くしたわけじゃないから、子どもを亡くすっていう共感はできないんですよ。Nを亡くしたっていう共感はできるんですけど、身内としては。

――なるほど。

M：でも、自分の子を亡くしたっていうとなると話は別なんですよね。だから、妹が子どもを連れて来るんですけど、見ると辛くて。そんなこと本人には言えなかったですけど。思い出す、うちにも子どもがいたのにって。

（二〇二〇年三月一三日。傍点は引用者、以下同様）

右の場面において、Mさんは「姉」や「義理の妹」といった「身内」の人びととの当時のかかわり方がどのようなものであったのかを筆者に話してくれている。注目したいのは、Mさんのもとを訪ねて来てくれた「姉」や「義理の妹」ですら、〈遺族〉であるMさんに「共感」することはできないはずだ、とMさんが語っていることである。そしてその理由は、「姉」や「義理の妹」は「子ども」を亡くす経験をしていないからだと説明されている。すなわちそこでは、わが子を亡くした親であるMさんとそうではない親族というかたちで、〈遺族〉と〈遺族ではない人びと〉とが区別されているのだ。

そのような区別は、当たり前のものであるようにも思われるかもしれない。たしかに、わが子を亡くした「当事者」である〈遺族〉とそうでない人びとは――それがたとえ亡くなった子の親族であったとしても――決定的に異なる立場に置かれており、両者の経験はまったく違っているはずだと考えたくなるのも自然である。しかしその一方で、Mさんも実際に「Nを亡くしたっていう共感はできる」と述べているように、「身内」も皆それぞれNの死によって自分と「同じ」ような悲しみを経験したのだと語ることも可能なはずである。そうであるならば、「身内」の人びとと自分とをカテゴリー的に区別し、親族たちが共感することはできないと述べることで、Mさんはこのインタビュー場面において何をしていたことになるのだろうか。

まず言えるのは、Mさんはそのような仕方で自身が置かれた状況や経験を語ることで、いわば「遺族であること」をしていた、ということである。本章の冒頭でも述べたように、遺族はいつ・いかなるときも〈遺族〉として存在し続けるわけではない。それは、ある人が家庭では〈父親〉として振る舞う人であるからといって、いつ・いかなる場面でも〈父親〉であるわけではないのと同じことである。そしてその意味では、「遺族であること」も、具体的な場面において達成されるカテゴリーに依拠した実践である。そうであるからこそ本章では、子を亡くした親たちが「遺族であること」をするとはどのようなことで、それはいかなる帰結を導きうるのかを、〈遺族〉というカテゴリーをめぐる人びとの実践から考察したいのである。

その点を踏まえたうえでさらに着目したいのは、Mさんが〈遺族〉である自らと〈遺族ではない人びと〉である「姉」や「義理の妹」を区別するうえで、「姉」や「義理の妹」にはそれぞれ子がいるという事実に言及していることである。サックスは、〈夫〉をなくした〈妻〉が、そのことによって「夫以外のもの（さえも）失ってしまったことに気づく」（Sacks 1972／邦訳 一九九五、一三八頁）場合についても論じている。[7]サックスが引用している会話データの中には、ある〈夫〉を失った〈妻〉が「友達」は「一応いると言える」と述べたうえで、しかし「みんなには自分の夫がいる」と語ったデータがある（Sacks 前掲書、一三九頁）。そこからも示唆されるのは、私たちにとっての可能な経験において、社会的カテゴリーとそれに関する常識的知識が極めて重大な意味をもっているということである。

そのことは、Mさんによる「姉」や「義理の妹」についての語りにもあらわれているだろう。Mさんは決して「姉」や「義理の妹」の人柄や性格に対する否定的な発言をしているわけではない。むしろMさんはインタビューの別の場面で、Mさんを常に気にかけ、Mさんのもとに足繁く通ってくれたという「姉」や「義理の妹」に対する感謝の思いを語っていた。にもかかわらず、〈遺族〉としてのMさんに対する「姉」や「義理の妹」の共感の不可能性が語られていたのである。それほどまでに、私たちの経験のあり方において、いかなるカテゴリーのもとで人を分類・区別するかという問題は重大な意味をもちうるということだ。

しかし他方で、〈遺族〉カテゴリーの担い手となることは、まさにその〈遺族〉というカテゴリーのもとで新たな関係を築いていくことを可能にもするだろう。その点を考えるためにも、次に「同じ遺族としての経験」という理解の仕方について考察する。

（3）「被害者」としての〈遺族〉

第一節で言及した岩脇寛子さんの父親は、〈遺族〉としての自身の経験を次のようにも語っている。

> 自殺する弱い子を育てた親が悪いんだということをだいぶいわれました。自殺の原因というものをまったく考えずに、ただ、死なせた親が悪いという。子どもを亡くして、そのうえ世間の人から責められて、遺族は二重、三重の被害に遭う。いじめで子どもに自殺された親は、みな大なり小なり同じ経験をお持ちだろうと思いますね。（鎌田 二〇〇七、二九頁）

この語りにおいては、〈遺族〉もまた被害に遭う存在、すなわち〈被害者〉でありうることが主張されている。ここでは特に、「世間の人」による非難の言葉が、そうした被害経験を導くものとされている。だが、当然ながら〈遺族〉が苦しめられるのは「世間の人」の言葉によってだけではない。

そこで次に見たいのは、以下の、ある「いじめ自殺」事件に関する新聞記事からの抜粋である。その事件の遺族を支援した「兵庫学校事故・事件遺族の会（当時）」代表の内海千春さんは、同じくかつて子を自殺で亡くした〈遺族〉という立場から、次のような言葉を寄せている。

> 事件当時、一番つらかったのは、学校関係者の弔問でした。（略）「わかりません」といわれる人にお参りされる。頭は下げるが、「お答えできません」と口をつぐまれる。これほどたまらないことはありませんでした。はっきり言って加害行為でした。事件後の二次被害でした。学校事故の特徴は、この二次被害だと思います。学校の誠意のない対応に、我々は子どもに続いて、自分たちも殺されました。（読売新聞下関 二〇〇五年六月一六日）

ここでは、「学校関係者による誠意のない対応」によって遺族が苦しめられる事態が「いじめ自殺」も含む「学校事故」に共通する特徴であること、またそれが〈遺族〉にとっては「加害行為」として経験されるものであることが主張されている。特徴的なのは、そうした主張が単に個人的な経験についての語りとしてではなく、〈遺族〉カテゴリーの担い手たちに共通する経験として語られていることである。

このような自らの経験についての「集合的な語り方」[8]は、「同じ」〈遺族〉としての「同じ」経験が想定されることで可能になる。逆に言えば、遺族たちはそうした「集合的な語り方」をすることで、本来それぞれ個別的で多様でありえる経験を、他の〈遺族〉たちとの「共通経験」として提示することができるのである。

では、そうした〈遺族〉としての「集合的な語り方」はいかなる過程を経て共有されてきたのだろうか。次節では、遺族たちの関係形成や活動の歴史をたどることで、その点を明らかにする。

三　〈遺族〉としての経験の共有

（1）「同じ」〈遺族〉という理解のもとでの「同じ」経験

第一節では一九八〇年代以降の「いじめ自殺」事件を複数取り上げたが、そうした時期において既に遺族同士がつながりはじめていたということに、ここであらためて着目したい。

たとえば、鹿川君事件の遺族は、一九九四年一一月に愛知県西尾市で起きた中学生、大河内清輝君の自殺事件に際し、大河内君の両親を直接訪ねたという（鎌田 二〇〇七、七頁）。また、前田晶子さんの遺族も、自著の中でさまざまな遺族たちとの交流について述べている。そうした交流がはじまった経緯については、「私たちがこういう活動をやり、いろいろな集会で訴え、裁判を行っていることを知って、私たちと同じ立場に置かれたひとたちが電話をかけてきてくれました」（前田・前田 一九九八、二二六頁）と述べられているが、なかでも大河内君の遺族との出会いは重要なものであったという。以下は、前田さんの事件の遺族が大河内君の事件を知ったときのことを回顧している語りである。

一九九四年一一月二七日、大河内清輝君がいじめで自殺しました。遺書をお父さんが発表したことから、マスコミあげていろいろな報道がありました。

これら報道を見たり聞いたりし、また取材した報道機関の人たちから話を聞けば聞くほど、晶子のときと同じように、ごまかしと隠蔽に右往左往している学校・市教委の姿が浮かびあがってきました。私はいてもたってもいられない気持で、緊急請願書を西尾市と愛知県に送り、その審議の場で私に口頭意見陳述させるように求めました。（前田・前田 一九九八、二一七頁）

ここでは、わが子の事件と、別の事件である大河内君の事件における学校・市教委の対応のあり方が「同じよう」なものとして重ねられている。もちろん、それぞれの事件の詳細に目を向ければ、そのありようは相当に異なっているはずだろう。そうであるとしても、重要なのはむしろ、同じ「いじめ自殺」事件の〈遺族〉というカテゴリーのもとで、同じ経験を想定したり、「同じよう」な状況を想定したりすることが可能になっていることである。そして、これまで見たように、そうした同じ「いじめ自殺」事件の〈遺族〉という理解に基づく連帯は、一九八〇年代から一九九〇年代においても既に成立していた。

では、より近年の「いじめ自殺」事件をめぐる遺族同士のかかわり合いには、どのような特徴を見ることができるのだろうか。次に、二〇〇六年に福岡県筑前町で起きた中学生、森啓祐君の自殺事件をめぐる遺族たちの活動について見ていくことで、二〇〇〇年代以降のありようを検討しよう。

(2) 〈遺族〉としての支援と経験の共有

森啓祐君の自殺事件の概要は次のとおりである。二〇〇六年一〇月一一日、啓祐君は自宅倉庫で亡くなった。その後、家族によって遺書が発見され、その中に「いじめられて、もういきていけない」という文言が残されていたため、遺族たちは学校側にアンケート調査を依頼する。その結果、学校でのさまざまなトラブルを知ることになった。しかし、一〇月一六日に開かれた学校側の記者会見では、「いじめと自殺の因果関係はない」という見解が公にされた(森・森 二〇〇八、三八頁)。

そうした事態を受けて遺族は、事件の「真相解明」を目指した活動と、「親の知る権利」の保障を求める社会運動にかかわっていくことになる。その一連の経緯は、のちに遺族たちが著した本にもまとめられている(森・森 前掲書)。そこでは他の「いじめ自殺」事件の遺族との出会いについても言及されているが、中でも重要なものと位置づけられているのは、一九九八年に高校生の娘・香澄さんを亡くした遺族である小森美登里さんとの出会いである。その経緯は次のように述べられている。

私たちは、同じ遺族の立場で相談できる人がほしいと思っていました。そんなときに、いじめ問題について、マスコミでもかなりとりあげられていたNPO法人「ジェントルハートプロジェクト」の小森美登里さんという方がいることを知りました。小森さん自身も、お子さんを自殺で亡くされた方なのです。「あぁ、この方だったら、私の思いを聞いていただけるのではないか」と思って、ある記者の方を通じて小森さんに連絡をとっていただきました。ちょうど町の調査委員会が遺族側の聞き取りをするというときに来ていただきました。（森・森 二〇〇八、八二―八三頁）

ここでもやはり、「同じ遺族」というカテゴリーに重要な意味が与えられていると言えるだろう。というのも、森啓祐君事件の遺族が小森さんに対して「この方だったら、私の思いを聞いていただけるのではないか」という思いを抱いたことにおいて、小森さんを同じ「いじめ自殺」事件の〈遺族〉として理解可能であったことは決定的に重要であったと考えられるからである。

それでは、実際に遺族たちが出会うことで、何が可能になるのだろうか。筆者が実施したインタビューにおいて、小森さんは当時のことを次のように語ってくれた。

小森：電話をいただき、すぐに福岡へお邪魔しましたが、偶然その日は夜に調査委員会の報告がある日でした。

――森さんにですか。

小森：はい。期待しないようにと伝えました。啓ちゃんのことや親のことを悪く言ってきたりするかもしれないので覚悟してねと。ショックを受けないように報告の中で起こりそうなことを伝えて帰りました。その後森さんから「小森さんの言った通りでした、事前に聞いておいて良かった」と言われて、「じゃあこれから起きそうなこと言うからね」って言って。

——えっと、そのこれから起きそうなことって、もちろん香澄さんのこととか、その当時までにはもう相当色々なケース見て。

小森：そうそう、それと、私自身が経験した、信じているお友達がこれから離れていく可能性もあるよ、とか、気づくとひとりぼっちとか、孤独になっちゃうこともあるかもしれないし、とか、自分が想像できる、これから身に起きるであろうことを。

（二〇二〇年三月一六日）

ここでは、新たに遺族となった森さんに対して、小森さんが「これから起きそうなこと」の予測を伝えていたということ、それ自体に着目したい。それらの予測は具体的には、調査委員会による遺族への対応のあり方や人間関係上の変化に関するものであったようだが、そうした予測を語る―聴くことも、「同じ」〈遺族〉であるという理解に基づいて可能になっているカテゴリー的な実践だと言えるだろう。また、そうした「同じ」〈遺族〉の「同じ」経験という理解は、遺族たちの活動を下支えする条件にもなりうる。実際に、小森さんや森さんはそれ以後、多くの「いじめ自殺」事件の遺族と関係を結びながら、「親の知る権利」を求める活動を展開していくことになった。

それらの活動が、遺族たちが置かれていた状況を改善することに寄与してきたことは間違いない。

しかし同時に、そこで学校や教育委員会がいかなる存在として捉えられてきたのかという点にも注意を向けておく必要があるだろう。というのも、これまで見てきたように遺族たちにとって「いじめ問題」とは、学校や教育委員会による事後対応をめぐる「被害」の問題としても経験されてきたからである。そこでは、〈被害者〉としての遺族と〈加害者〉としての学校・教育委員会という対立関係が語られていた。

そうした対立関係はいつしか自明視され、前提とされてきてしまったのではないだろうか。そして、そのような前提が置かれている限りにおいて、新たに遺族になった人が――仮に未だ何らの「被害」も経験していない段階にあるとしても――学校・教育委員会に不信感を抱いてしまうことは自然である。言い換えれば、〈被害者〉としての遺族と〈加害者〉としての学校・教育委員会という対立関係のもとで両者を捉える理解の枠組こそが、新たな遺族たちにとっての「不信の構造」をつくりだしてしまっているようにも思えるのである。では、そうした「不信の構造」とも言うべき社会状況のもとで新たに遺族となった人にとって、事件はいかに経験されるのか。次節では、大津市事件の遺族の語りをもとにその点を検討する。

四　事件はいかに経験されるのか――大津市事件の遺族の語りから

(1)〈遺族〉として過去の事例を参照すること

まず、大津市事件の遺族がいつ、いかにしてわが子の死を「いじめによる自殺」ではないかと考えはじめたのかという点を確認したい。二〇一三年に週刊誌に掲載された遺族の手記では、その経緯が次のように記されている。


お葬式が終わって嫁と子どもたちと一緒に自宅へ帰ってからも、ずっと放心状態でした。そこに嫁の実家から電話がかかってきたんです。

ある下級生のお母さんから、「あんなん、いじめ殺されたみたいなもんやで」と言われた、と。実家は銭湯をやっているのですが、教えてくれた人はその銭湯の常連でした。しかも、別の父兄からも同じことを言われたといいます。いじめ殺されたと言われても、何のことかすぐに理解できなかった。急いで銭湯まで走りましたが、その方はすでに帰ったあとでした。（『文藝春秋』二〇一三年四月号、二〇七頁）

同手記によれば、男子生徒が亡くなった二〇一一年一〇月一一日には通夜があり、その翌日に葬式があったという。それゆえ、右記は男子生徒が亡くなった翌日の一〇月一二日の出来事についての記述ということになる。そこでの遺族の回想に基づけば、男子生徒の死の翌日には、ある保護者の噂話を間接的に聞いたことで、遺族はわが子の死が「いじめによる自殺」であった可能性を考えはじめたということになる。

では、その後遺族はどのような行動をとったのだろうか。手記は次のように続けられている。

でも、その「いじめ」という言葉がパッと耳に残ったのです。「これは俺がしっかりせなあかん」と思いました。それで息子の机の上にパソコンを置いて、朝までいじめに関する情報を集めました。もう必死だった。すると、真相を知るにはなるべく早く同級生たちにアンケート調査を行なったほうがいいこと、いじめ自殺問題を解明しようとした過去の裁判事例では、ほとんど遺族側が負けていること、などを知って驚きました。(『文藝春秋』二〇一三年四月号、二〇七頁)

以上の記述から、大津市事件の遺族が、インターネットを介して過去の「いじめ自殺」事件に関する情報を参照しながら自分自身のとるべき行動を検討していたことがわかる。

そのような語りからは、二〇一一年当時新たに「いじめ自殺」事件の遺族になった人が、インターネットを通じて、過去の「いじめ自殺」事件に関する多くの情報を得られる状況があったことを確認することができる。そうした情報は、新たな遺族が自らの置かれている状況を理解し、どのような行動をとるべきかを考えるための重要な資源であり、その意味で遺族の助けとなりうるものである。しかしその一方で、そうした情報を参照することで、新たに遺族となった人が学校側への対立感情を強めてしまうこともありうるだろう。つまり、学校という存在一般が(「隠蔽体質」といった言葉で象徴されるように)遺族にとっての「悪しき」主体として認識されることで、その帰結として、新たに遺族となった人が相対している当のその学校までもが先験的に「悪しき」主体としてまなざされてしまう可能性があるということである。

そうした問題については、本章の最後で再度立ち返って考えたい。その前に次項では、大津市事件の遺族の裁判場面での語りをもとに、「いじめ自殺」事件の遺族が語りうるのはどのようなことなのかという点をさらに検討したい。

（2）「いじめ自殺」事件の〈遺族〉として語りうること

大津市事件に関する民事訴訟における遺族に対する証人尋問（二〇一七年九月一九日）では、原告となった遺族とその代理人による、次のようなやりとりが見られた(9)。

原告側代理人：息子さんがいじめを受けていたことには、結局、亡くなるまで気づかなかったのですか。
原告　　　　：気づきませんでした、全く。
原告側代理人：ご家族では、気づかなかったことでどのような反応がありましたか。
原告　　　　：やっぱりもう、気づいてやれなかったことに対して、私も、ほかの子どもたちもそうですけど、悔いてます。なぜ気づけなかったのかということに対して。

右記は、原告側代理人（以下、代理人）による原告（遺族）への証人尋問の終盤におけるやりとりである。ここでは代理人が遺族に、いじめに気づかなかったのかという点を尋ねている。遺族はその質問に気づけなかったと即答しているが、続けて代理人は気づけなかったことへの遺族たちの反応について尋ね、それに遺族は、自身や亡くなった子のきょうだいである「ほかの子どもたち」が「なぜ気づけなかった」のかと悔いていると応答している。これらのやりとりは、あくまで証人尋問という場における問いかけと応答であり、日常的なものであるとは言い難い[10]。そうであるとしても、そこでの遺族の語りから、「いじめ自殺」事件の〈遺族〉として語りうることとは何であるのかという点を検討することが可能である。とりわけここで注目したいのは、いわゆる自責の念の語られ方である。

その点を考えるうえで、遺族たちの罪悪感とその「中和化」のあり方を社会学的に検討したジェイムズ・ヘンズリンの研究(Henslin 1970)が参考になる。ヘンズリンは、自殺した者の死に対して遺族たちが覚えることになる罪悪感をいくつかのパターンに整理したうえで、それを弱めるための「中和化」の方法が存在することを指摘した。ヘンズリンによれば、その主要な方法のひとつは、当該の自殺を、他人や人為的でない他の要因によって引き起こされたものと見なすことであるという。確かに、一般的に言って、その自殺をそのような仕方で捉えることができるときには、遺族にとっての罪悪感や自責の念は弱まるだろう。

だが、再び先の証人尋問場面における遺族の語りに目を向けると、事態はそう単純ではないことがわかる。というのも、そこでは、自殺の原因としてのいじめの存在に気づけなかったことを「悔いて」いるという仕方で、遺族にとっての自責の念が語られているからである。いじめは通常、一定の期間継続的に行われると考えられている。そうである以上、共に日常を過ごしていた遺族たちにとってはある意味では「いじめに気づけた」チャンスがあったと考えることができてしまう。それゆえに、遺族たちは「いじめに気づけなかった」ことへの後悔の思いや自責の念に苛まれる事態から逃れることが困難なのである。

それだけではない。遺族はしばしば、そうした後悔や自責の念を語るべき・語らなければならない存在としてもまなざされている。そのことは、たとえば遺族自身が公の場で「いじめに気づけなかったのも仕方がない」といった発言をするのは困難である、といったことを考えてみればわかりやすいだろう。そして、そうした〈遺族〉の振る舞いにかかわる一般的な理解は、「家族」にかかわる社会的な規範によって可能になっているものであり、私たちはここに再び〈遺族〉というカテゴリーの規範性を見ることができるだろう。

また、そのように考えるならば、遺族たちの感情経験も彼らだけの問題ではありえないことになる。次節では最後に、社会の側が〈遺族〉カテゴリーの担い手たちに何を強いてきたのか、それはいかなる帰結を生んできたのかを考えるとともに、私たちの進むべき方向性を探ってみたい。

おわりに

かつてある遺族が、「遺族は泣いてるか、怒っている姿しか求められない」と筆者に語ったことがあった。また別の遺族は、近所の人から明るい様子で買い物をしているのが「おかしい」と言われ、それ以来すこし遠くにあるスーパーに通うようになったと語った。

こうしたエピソードには、社会の側が〈遺族〉カテゴリーの担い手たちに何を強いてきているのかが象徴的にあらわれている。「遺族であればこうであるべき」という人びとの規範的な理解は——右のエピソードのように、ときに暴力的だとすら言えるような仕方で——遺族たちの振る舞い方を制限し、彼らに不自由な立場を強いることにもつながっている。

そのうえで最後に考えたいのは、〈遺族〉に関する規範的な理解が、「いじめ問題」の展開において、いかなる帰結をもたらしてきたのかという点である。本章では、現代の「いじめ問題」の構図がいかなる歴史のうえに成り立っているのかを、遺族たちの経験や活動という側面から検討することを目指した。念頭に置いていたのは、「いじめ自殺」事件の〈遺族〉と〈学校〉との対立関係は、実のところカテゴリー的に運命づけられた原理的なものではないのではないかということだ。それは、〈被害者〉と〈加害者〉が原理的に対立的なカテゴリー関係に置かれていることとは異なっているのである。そしてそうである以上、現状では容易には達成できそうもない課題に思えるとしても、遺族と学校側との対立関係は組み換えていくことが可能であるはずなのだ。

とはいえ、本章がたどってきたのは、そうした方向性とはいわば逆向きの歴史的展開であった。すなわち、遺族と学校側との対立関係がいかに深まり、前提化されてきたのかという点に本章は着目してきた。特に、経験を共有する実践には新たに遺族となった人の学校側への不信に帰結してしまう可能性があること、また、過去の事件に関する情報を参照することで新たな遺族が学校側を先験的に「悪しき」主体と見なしてしまう可能性があること、少なくともそうした事態が起こりうる社会的状況がもたらされていることを指摘した。

もちろん、遺族と学校側との不幸な対立関係は、遺族が学校側をどうまなざすかといった問題にとどまるものではない。まず踏まえなければいけないのは、そのような対立関係は、かつて――あるいは今日でも時に――学校や教育委員会によって遺族たちに対する「不誠実」な対応がとられ、それによって遺族たちが不当に苦しめられた事態が生じていたことでもたらされたという側面が確実にあることだ。そうしたケースの遺族たちが強いられた苦境や、悔しさ、やりきれない思いには計り知れないものがある。

そのうえで、さらに考えなければならないのは、学校側を先験的に「悪しき」主体と見なすような見方は、遺族たちばかりではなく、より広く社会的に共有されている見方でもあるという点である。そうした見方は、大津市事件を経た今日、さらに強まっているように思えてならない。そしてそのような傾向は、マスメディアや市井の人びとの言説ばかりではなく、「いじめ問題」に関わる研究者の言説においても見ることができる。たとえば、憲法学者の木村草太は、第三者委員会のような外部機関の介入の必要性を論じる中で、「学校でのいじめは、究極的には、いじめが生じるような学校を放置した教育委員会の責任問題となる」のであり、それゆえに「学校はもちろん、教育委員会も、いじめを隠蔽したり否定したりする強い動機を持っている」(木村 二〇一七、二三頁)と断じる。ここでも、学校や教育委員会は、あらかじめ「悪しき」動機を有する「悪しき」主体として前提されているのである。そうした言説は、遺族と学校側との不幸な対立関係を煽るものではありえても、その解消に寄与するものではないだろう。

では、遺族と学校側との不幸な対立関係の解消に向けて、いかなる方向性がありえるのか。今後のあり方を具体的に構想することは筆者の手に余る作業だが、以下では二つのエピソードを紹介することで、今後進むべき道筋について、少なくとも可能性を示すことができればと思う。

第一に、学校事故やいじめ事件にかかわる活動を長年続けてきたある遺族が、筆者に、子どもの自殺事件を「教育の問題」として扱うべきだという考えを語ってくれたことである。その人は、第三者委員会のような外部機関の介入が遺族たちの活動の歴史のうえに可能にされたものだという事実を重視する一方で、そうしたあり方が終着点ではありえないと繰り返し語った。目指すべきはむしろ、亡くなった子どもと日常的にかかわっていた学校の教師こそが、遺族と対話し、同級生から話を聞き取り、「事実」を確かめていくべき主体となることであるという。そうしたあり方が、子どもの自殺事件を「教育の問題」として扱うということである。遺族の中にも、学校側との対話的関係を諦めることなく、子どもを亡くした「同じ」大人である教師と遺族が協力的に事態を収めていくことを理想とする人が存在するのである。その人が語るように、「当事者」たちが協同的に「事実」を検証していくあり方を理想として、それを支える制度設計を目指すのがひとつの道である。

第二に、裁判外紛争解決手続き（Alternative Dispute Resolution：ＡＤＲ）を活用した事例に学ぶことである。兵庫県多可町で二〇一七年に小学生が自殺した事件では、ＡＤＲによる問題解決という手段が採用され、遺族と当該学校の管理者である多可町との和解が成立した。なお、この事件では、第三者委員会によって既に児童の自殺に関する事実認定がなされており、ＡＤＲを活用した和解がなされる以前に「事実」をめぐる争いは決着していた。その点を踏まえれば、この事例の意義を主張することには一定の留保が必要であると言わざるをえないが、裁判とは異なり双方の対立図式を前提としないＡＤＲには、遺族と学校側の対話的・協同的関係を可能にする契機が含まれていると考えることができる。そして実際に、多可町の事例でも、遺族側代理人は、町教育委員会が「遺族と同じ方向を向いてきた」と評価していたことが伝えられている。[11] ＡＤＲには、〈遺族〉と学校側とが、対立的なカテゴリー関係の要素となるのではなく、同じく問題解決を志向する存在として位置づけられることを制度的に担保する側面があるのである。そうした制度を活用した実践が広まっていくとすれば、それは遺族と学校側の対立関係を前提としない取り組みが広まることでもある。その先には、〈遺族〉と学校側という対立的なカテゴリー関係が組み換えられていく可能性もまた存在しているはずである。

以上は、筆者なりに今後ありえる道筋やその可能性を述べたに過ぎず、希望的観測の域を出ないかもしれない。しかしながら、今日までに積み重ねられてきた遺族たちの活動の努力に任せているだけでは「いじめ問題」をめぐる対立構図を変えていくことができないとすれば、私たちはいまや、いかなる新たな道筋がありえるのかを探らなければならない地点に到達しているといえよう。対立を前提し続けるのではなくその解消を目指すこと、そのための具体的方策を探ることは、「当事者」たちだけではなくこの社会のすべての人にとっての責務である。

付記

筆者の研究関心を理解してインタビュー調査にご協力いただいた遺族の方々、特に本章での引用をご許可いただいた遺族のMさんおよび小森美登里さんには、記して謝意を表させていただきます。

注

（1）訴訟への支援を呼びかけるホームページにて公開されていたが、「息子の一周忌を迎えるに当たり」と題された当該の文章は、二〇二一年五月現在、閲覧できない状態となっている。

（2） 以下、それが社会的なカテゴリーであることを特に強調したい文脈では〈遺族〉表記を用いる。逆に――たとえばここでの大津市事件の遺族といったように――ある特定の人を想定する文脈では、遺族とそのまま表記する。
（3） ある子どもの自殺事件について、仮にその遺族が「いじめ自殺」だと考えたとしても、それだけで「いじめ自殺」という社会的な「事実」が成立するわけではない。何らかのかたちで「いじめ自殺」であることが公的に認められなければ、それが「いじめ自殺事件である」という理解は遺族をはじめとする一部の人たちにとっての「主観的現実」にとどまることになるだろう（本書での「主観的現実」と社会的な「事実」の区別については序章を参照）。その意味で、鎌田（二〇〇七）に収められているのはより正確には「いじめ自殺かどうかが争われた事件の遺族」の語りである。
（4） この事件に関しては、それが遺書であることがはっきりとわからないうちに警察によって押収されてしまい、その後の新聞報道によってはじめてわが子の死が「いじめ自殺」であることを知らされたという驚くような経験が、遺族によって述べられている（鎌田 二〇〇七、一二七頁）。このエピソードもまた、当時の遺族たちがどのような立場に置かれていたのかを伝えるものである。
（5） 「自殺する弱い子を育てた親が悪いといわれて」と題された遺族のこの文章では、同級生の保護者などからの非難によって沈黙を強いられたという〈遺族〉としての経験も伝えられている（鎌田 二〇〇七、二四―四四頁）。
（6） Mさんは実名を公表していない遺族であるため、Mさんと仮名表記する。
（7） ただし、サックスが論じているのは死別によって〈夫〉を亡くした〈妻〉のケースだけではない。離婚によって〈夫〉を失った〈妻〉もまた、さまざまな場面において他の人びとよりもカテゴリー的に優先される地位にある〈夫〉を失った者として、それ以前とは異なった立場に置かれうる。
（8） 〈遺族〉たちの「集合的な語り方」に着目するここでの議論は、イタリアの歴史家アレッサンドロ・ポルテッリの議論（Portelli 1991）に着想を得ている。ポルテッリは、人びとの語りには「制度的モード」「集合的モード」「パーソナル・モード」という大別して三つのモードがあると述べ、「集合的モード」の語りを、ある特定のコミュニティの伝統や生活実践を通じて培われた慣習的な用語法やモデル・ストーリーと定義した。ここで着目している遺族の「集合的な語り方」も、遺族同士の人間関係やコミュニティを基盤に成り立っているものであり、〈遺族〉たちにとってのモデル・ストーリーの提示であると言えよう。

(9) 証人尋問は二〇一七年九月から一二月にかけて四回実施されたが、本研究チームの複数メンバーで裁判を傍聴し速記録を共同作成した。第7章で言及するデータも同様である。

(10) ここで引用しているのは原告側代理人による原告(遺族)への証人尋問場面であるが、そうである以上、戦略的にこのようなやりとりがなされたと考えることもできる。というのも、たとえば「いじめに気付けなかったのか」という趣旨の質問とそれへの応答がなされる際には、当のいじめの存在は自明視されることになるのであり、いじめの存在を立証しようとする遺族側にとっては、そうした質問-応答のやりとりを行うこと自体がひとつの戦略的な振る舞いでありえるからである。

(11) 「遺族、多可町と和解」と題された神戸新聞(二〇二〇年二月二八日)の記事によれば、いじめによる子どもの自殺事件で、地方自治体と遺族がADRを利用した解決事例としては、全国初であると見られる。

文献

鎌田慧 二〇〇七、『いじめ自殺――一二人の親の証言』岩波現代文庫。

木村草太 二〇一七、「いじめ対策と人権」『自治労通信』七八五、一二一―一二五頁。

前田功・前田千恵子 一九九八、『学校の壁――なぜわが娘が逝ったのかを知りたかっただけなのに』教育史料出版会。

森順二・森美加 二〇〇八、『啓祐、君を忘れない――いじめ自殺の根絶を求めて』大月書店。

Henslin, J. 1970, "Guilt & Guilt Neutralization: Response & Adjustment to Suicide," J. Douglas ed., *Deviance & Respectability: The Social Construction of Moral Meanings*, New York: Basic Books, pp. 192-228.

Portelli, Alessandro 1991, *The Death of Luigi Trastulli and Other Stories: From and Meaning in Oral History*, Albany: State University of New York Press.

Sacks, H. 1972, "An Initial Investigation of the Usability of Conversational Data for Doing Sociology," Sudnow, D (ed.), *Studies in Social Interaction*, New York: Free Press, pp. 31-73.（北澤裕・西阪仰訳「会話データの利用法——会話分析事始め」北澤裕・西阪仰編『日常性の解剖学——知と会話（新版）』マルジュ社、一九九五年、九三—一七四頁）

6 「いじめの加害者になる」という経験
——元生徒と保護者の語り——

越川葉子

一 いじめの加害者とされる人々の経験を聞く

大津市事件が全国的な関心を集めて以降、社会の関心は、いじめの事実は認めながら、いじめと自殺の因果関係を認めない市教委の対応に集中した。しかし、自殺した男子生徒(以下、Xとする)をいじめたとされる元生徒ら(以下、A、B、C)とその保護者ら(以下、AP、BP、CP)、さらに元担任は、Xと元生徒らとのあいだにいじめがあったとする事実について、Xの自殺当初から大阪高裁での控訴審に至るまで一貫して認めていない。つまり、大津市事件は、いじめの加害者とされる元生徒や保護者、元担任が、いじめの事実を否認している事件でもあるのだ(1)。

本章のタイトルは「『いじめの加害者になる』という経験」であるが、ここでいう「いじめの加害者になる」とは、学校や市教委、第三者調査委員会、裁判所、メディア報道などの公的組織に代表される社会の人々が元生徒らを、いじめの加害者とみなしているという意味を表している。一方で、これら社会の側の判断とは異なり、元生徒らと保護者は、いじめの事実を一貫して認めていないことから、本章の中で彼らを呼び表す場合には、「加害者とみなされた」や「加害者とされる」などの表現を用いている。いじめの加害者性の認定をめぐって、遺族を含めた社会の側と元生徒らおよびその保護者とのあいだには、埋めがたい認識の差が存在しているという事実が本章の出発点となる。

では、元生徒や保護者、元担任がいじめの事実を一貫して認めていないという事実を、私たちはどのように理解したらよいのだろうか。この事実をもって、彼らが保身の態度をとっているとか、認識が甘いと非難することはたやすい。しかし、彼らがいじめの事実を認められないと主張する背景にこそ、いじめ問題が混迷を極める根源的な問題があると考えることもできる。いじめ問題の解決を目指すならば、彼らがいじめの事実認定について争う姿勢を崩していないという事実にも、私たちは向き合う必要があるのではないか。

ここで急いで付け加えておくと、本章は、学校や市教委がいじめの事実を認めるに至る手続きの適切性を問うことを目的としてはいない。本章の目的は、いじめの加害者とされる元生徒と保護者は、学校や市教委がいじめの事実を認定する過程でいかなる経験をしてきたかを明らかにすることで、いじめの事実認定が当事者にもたらす影響を検討することにある。また、今日では、いじめの被害者やその家族が自らの経験を社会に向けて語れるようになり、いじめ問題の議論において影響力をもつようになっている(2)。しかし、いじめの加害者とされる生徒とその家族の経験は、非難や指導の対象とみなされることはあっても、彼ら自身が語ることで明らかになる経験に関心が向けられてきたとはいいがたい。本章では、いじめの事実認定の過程でいじめ問題の当事者となった元生徒と保護者の語りから、その経験を明らかにすることを試みる。

二　いじめ問題における当事者の語りの位置

本章では、加害者とされる元生徒と保護者へのインタビューから、彼らがいじめ問題の当事者としていかなる経験をしてきたのかを明らかにするという手法をとる(3)。しかし、インタビューで語られる経験とは、インタビューの時点から過去に遡り、語り手の主観的な認識に基づいて再構成された経験であるという点には注意が必要である。ある経験について、いくら自分の認識が正しいと主張しても聞き入れられない場合があるように、インタビューで語られる彼らの認識が正しいかどうかを、彼らの語りそれ自体をもって保証することはできない。それでもなお、彼らの経験を、彼ら自身の語りから明らかにしようとするのはなぜか。

まず、いじめ問題を語る言説空間における「被害者物語の過剰と加害者物語の過少」(野口 二〇〇五、一八八頁)を指摘したい(4)。大津市事件に関しては、調査報告書や新聞、雑誌、論文などさまざまなテキストデータがすでに公になっており、事件の性格を決定付ける言説群を形成している。それらの言説群の中で加害者とされる生徒や保護者の語りが公になることはほぼ皆無であり、彼らの語りは、公的な言説空間には存在し得ない語りといってよいだろう(5)。

こうした状況が生み出されてきた背景には、いじめの加害者とされる生徒や担任ら当事者がその経験を「語っても聞かれない」という状況があるのではないか。実際に大津市事件の加害者とされる元生徒らは、学校や警察、大津地裁など、その時々の要請に応じて自らの言葉でその経験を語ることを試みている。しかし、加害者とされる元生徒の一人であるAは、自分が損害賠償請求訴訟の民事裁判で語った証言の正しさを証明することの困難を次のように語る(二〇一九年六月一日)。

――A君自身は、裁判で証言もしたけれども、結局同級生が警察に話したとされることのほうが、より重視されて、そちらの言い分のほうが正しいんだというかたちで、こういう結論に導かれたっていうことについて、どういうふうに思うのかなっていうのもちょっと聞いてみたいと思ってたんですけど。

元生徒A:どういうふうに思うか。まあ、しょうがないっていう言葉使い過ぎな気もしますけど、たとえば僕に有利な発言と不利な発言があるじゃないですか。ほかの人が僕に不利な発言をしてて、僕はそれは違うって言うのって、簡単じゃないですけど、誰でもやることじゃないですか。その発言が嘘やとしても、嘘もつきやすいというか、嘘をつく真っ当な理由やと思うんすけど、そう思われても仕方がないというか、僕がそれを証明することもできないし、立証することもできないんで。だから、まあそうなるよなっていう、僕もどうしようもできないなっていう気持ちですね。

Aは、自分の認識と異なる証言が出てきたときに、「それは違う」ということは簡単ではないという。たとえ「それは違う」といえたとしても、その証言の間違いを自分は証明することも立証することもできないのと同様に、自分の証言の正しさも自分では証明できない。「だから、まあそうなるよなっていう、僕もどうしようもできないなっていう気持ちですね」と語る。

Aのこの語りには、Xとの出来事の当事者であるにもかかわらず、その出来事の解釈については他の元同級生らの証言が優先されることへの諦めが表明されている。この諦めの語りからは、AがXと共に経験してきた出来事を、どのようなリアリティ――「いじめ」なのか「ケンカ」なのか、あるいは別の何かなのか――として決定するかという問題における、Aと他の元同級生らの非対称の関係が見て取れる（草柳 一九九一、一二一―一二三頁）。

Aらが、生前のXとの出来事を民事裁判といった公の場で語ること、それは「Xがどう生きたのか」を証言することでもある。もしかしたら、Aらの証言は、生前のXに関する既存の理解とは異なる理解を導く新証言となるかもしれない。しかし、彼らの証言は皮肉にも、いじめの加害者というカテゴリーを担うことで初めて公では聞かれうる語りとなる。その意味で、彼らが民事裁判の証人となることを自ら引き受けたとしても、他の元同級生らの証言と同等の扱いで他者に聞かれることはそもそも困難であり、彼ら自身の言葉でXとの出来事を語っても聞かれないという抑圧状況へと自らを追い込むことになる可能性が高い(6)。

それでもなお、AらがXとのあいだで経験した出来事を調査者という他者に語っているという事実は重い。Aらは、民事裁判の証人として自らの経験を語るだけでなく、調査者のインタビューにも応じることで、Xとともに出来事を生きた当事者として、その責任を担おうとしているのではないか。Xとの出来事をさまざまな場面で語っても、どうにもならない経験をしてきた彼らの語りを聞くことは、何がいじめ問題を複雑にしているのかを考えるうえで必要であろう。

三　いじめの事実認定以前の噂の存在

では、Aらの経験は、学校ではどのように捉えられていったのか。Xと親しい関係にあったBは、Xの自殺直後に学校で行われた聞き取りの様子を次のように語る(二〇一九年九月八日)。

――一〇月一一日にX君が亡くなったっていうのはどういうタイミングでどういうふうに聞かされたか何か記憶がありますか。

元生徒B：帰りの会ですね。先生がみんなに。

――それを聞いたとき最初どういうことを感じましたか。覚えていますか。

元生徒B：空っぽというか、「え」ってなって止まってました。そのときは。

――その日は一人で下校して。

元生徒B：いや、その日に呼ばれたんですよ、先生に。

――もうその日に。

元生徒B：そうですね。確か僕とA、Eとか呼ばれました。

――個別に面談をしたっていうことですか。

元生徒B：確かそうです。

――その日は空っぽの状態で聞かれて、どういうやりとりをしたかっていうのは覚えてますか。家に帰ってから何かお母さんと話をしたとかは覚えてますか。

元生徒B：覚えてないです。

――当日のやりとりというのは別にB君をいじめの加害者と疑って聞いてるわけじゃないでしょ。

元生徒B：はい。

――みんなに聞いてるわけ。クラスの。

元生徒B：いや、仲良かった、A、E、Fが呼ばれました。

――じゃあ仲良かった子たちに、なんか知ってるかとかそういうことを聞かれたということ。

元生徒B：そうですね。

――それは担任の先生ではなくて。

元生徒B：覚えてないですね。

――その次の日は普通に、いつも通りに登校した。

元生徒B：覚えてないです。

――呼ばれるというのはどういう状況で呼ばれるんですか。

元生徒B：教室の話が終わった後に、帰りの会が終わってから、Eと名前を呼ばれて、残ってと言われました。記憶では。

――クラスの人がいる中で。

元生徒B：そうです。

Bは、Xの自殺をその日の帰りの会で聞き、「空っぽというか、『え』ってなって止まってました。そのときは」と語る。そして、その日のうちにXと親しかったA、B、E、Fらが教員に呼ばれて個別に面談をしたという。Bは面談で話した内容は「覚えていない」というが、「当日のやりとりというのは別にB君をいじめの加害者と疑って聞いてるわけじゃないでしょ」という質問に対して「はい」と答えている。

Bが学校で聞き取りを受けたのは、Xが死亡した日の放課後である。しかしながら、この直後にBらの学校生活は一変する。Bへのインタビューに同席していた保護者BPは、Bと調査者とのやりとりに続けて、次のように語る(7)。

保護者BP：当日に担任から電話があって、X君が亡くなったんですって言って、仲良かったから何か心当たりがあるか話を聞くからちょっと残ってもらいます、帰りがちょっと遅くなるかもしれないですけどって言って。それで私は迎えに行きました。

——そのときは仲の良い子たちに話を聞きたいっていう、純粋にそういう感じだったんですよね。

保護者BP：担任からの電話はそうでしたね。担任の先生は泣いておられましたし。

——その後〔Bは〕学校はもう一〇月中に行かなくなったって先ほどおっしゃっていたと思いますが、そのきっかけはやっぱりもう四〜五日後に疑われているっていうことを知ることで行けなくなったという感じなんですかね。

保護者BP：そうですね。なんか疑われていると言って、三日後ぐらいから誰も口を聞いてくれ

なくなったから行きたくないって言って。〔Bには〕お兄ちゃんが二個〔二歳〕上にいて、長男も、弟たちがいじめた生徒が亡くなったっていう噂が広がっているし、おれも行きたくないって言って。

——そこまで覚えてらっしゃらないかもしれませんが、それはアンケートをやる前ですか。

保護者BP：前です。

保護者BPは、Bへの聞き取りが行われた日に、当時の担任から電話があり、仲の良い子たちに話を聞きたいという印象を受けたと語る。このとき、担任が電話で泣いていたというように、担任もまたXの死を受け止めきれずに混乱していた様子が窺える。しかし、その数日後のBを取り巻く学校の雰囲気の変化は、Bの兄弟の学校生活にまで影響を与えるものであった。ここで注目したいのは、BがXの学校に行けなくなる状況を生み出していたのは、XがBらにいじめられていたという噂が広まっていたことにあるという点である(8)。

Aもまた、Xの自殺直後からクラスの中で自分たちに向けられる目が変わっていったと語る(二〇一七年八月二三日)。

元生徒A：クラスの雰囲気は、そんなに、いうほど劇的に変わったとは思えなくて、なんか白い目で見られているかもしれないなっていうのは、自意識過剰かもしれないですけど。

——いつ頃から。

元生徒A：結構すぐから。

――それは、B君とか、C君とかと話してたんですかね。

元生徒A：一緒に校門の前まで行って引き返しましたね。それが一〇月の前半だったと。

Aの語りからも、Xの自殺直後から学校や近隣地域では、A、BらがXをいじめていたという噂が広がっていたことがわかる。Xの父親もこうした噂を耳にし、一〇月一三日に学校側に「いじめがあったと聞いた。どんなことがあったか知りたい」と申し出ている。学校は、この申し出を受けて一〇月一七日から一九日にかけて全校生徒にアンケートを実施(報告書 九一―九二頁)、一〇月二八日にいじめがあったとする調査結果を父親に報告している(朝日新聞滋賀 二〇一一年一一月三日他)。

以上の語りからは、Xの自殺直後、学校はXと親しかったA、Bらに聞き取りをしているが、それはいじめの加害者としての聞き取りではなかったことがわかる。学校は、A、BらがXと仲が良かったからこそ、何か心当たりはないだろうかと話を聞いていた。しかし一方で、学校には、A、Bらによるいじめの噂もまた存在していた。こうした中で、Xと親しい関係にあったA、Bらは、いじめの加害者として周囲からまなざされることになり、次第に学校に行くことが困難になっていくのである。

四　いじめの事実認定と保護者の経験

(1) 学校・市教委による事実認定への抵抗

保護者APや保護者CPは、Xが自殺をして間もなく、いじめの噂が学校で広まる中、学校でアンケート調査が行われていった当時の状況について次のように語っている(二〇一七年四月一七日)。

保護者AP：X君の死に対するショックと、その後息子たちに対する噂や、どんどん**X君**が息子たちのせいで亡くなったということにされていくという恐怖心で、事件後は私たちの家庭は混乱を極めていました。アンケート実施や息子たちへ一回の聞き取りが終わり、事件から二週間程度で「学校はいじめていたとの認定をし、保護者会で報告します」というかたちで連絡をもらいました。もうどんどん混乱の中で、そうやって決めつけられていくような恐怖心がありまして、私は、何とか世間に、安易な調査で決めつけられた情報を流される前に何とかしなきゃという思いがあって、いまから思えば本当にパニック状態だったんです、ずっと。(略)ただどんどんそうやって学校側の手続きは進んでいきました。だからもう校長先生とも電話口でも散々、「こんな混乱期の一度きりのアンケート、一度きりの息子たちへの聞き取り調査で短期間にいじめてましたっていうようなことを簡単に公表しないでください」と、本当に私たちの立場からのことなんですけど、何度も何度も訴えましたけど叶わず、保護者会が行われ、記者会見も行われました。

保護者APは、子どもと親しい同級生の死という予期せぬ出来事に混乱する一方で、Xの死後から二週間程度の短い期間の中で、XとAらの関係が一気に「いじめられる——いじめる関係」とみなされていくことへの恐怖を感じたという。学校が保護者会や記者会見といった公の場でいじめを認めることは、Aらが「いじめの加害者である」という事実を学校が認めることにもなる。さらに、たとえ学校が「自殺との因果関係は不明」との見解を表明したとしても、自殺といじめの連関が想起される現代社会においては、Aらのいじめが原因でXは自殺をしたという社会的事実を立ち上げることに等しい。それゆえ、加害者とされる生徒の保護者としては、学校がいじめを認める流れを容易に受け入れることはできない。実際に保護者APは学校の判断に納得できず、何度も異議申し立てをしていたと語る。しかし、「こんな混乱期の一度きりのアンケート、一度きりの息子たちへの聞き取り調査で短期間にいじめてましたっていうようなことを簡単に公表しないでください」と自分たちの考えを発言しても、訴えが学校に聞き入れられずに途方にくれるという経験を強いられることになる。

保護者CPもまた、学校で噂話として広がっている内容と子どもから伝え聞く話のあいだにズレを感じ、学校と再三、やりとりを試みたが話は平行線をたどり、教育委員会や人権団体に子どもの人権侵害ではないかと申し入れを試みている。このとき保護者CPは、いじめという言葉が一人歩きする事態を最も恐れたとしつつ、当時の学校とのやりとりを次のように語る（二〇一四年八月二一日）。

保護者CP：発表の前に先生方が来られて、いじめがあったと、文科省の定義に当てはめると、それはそういう結論に至ってしまうという話だった。亡くなる前に先生方はそういうふうに思っていたんですか？　と伺ったら、そこはわからなかったと。ただ、アンケートとかみたり、亡くなった後に色々、検証をしてみると、いじめだったのではないかと結論を出すわけですという。文科省の定義自体に疑問を感じませんかということを伝えた。現場の先生方がそういう疑問を発しなければ、こういうふうな、亡くなってからいじめと結論付けるのは簡単なのだけれども、亡くなる前にそれを発見するための定義にはなっていないのではないかと再三、言った。いまこそ、先生方から声を挙げてほしいと言った。自殺とかいじめで苦しむ人たちを助けたいのであれば、この定義を当てはめるということは、現場ではつかえないことになりませんかと。だから、いじめと判定するには、今回の件については、少なくともこの段階で出すのはおかしいと。一一月一日の記者会見に至るまでに言っていた(9)。教育委員会にもそれを訴えていったが、それは通用しなかった。

保護者CPは、Xが亡くなった後に文部科学省(以下、文科省)のいじめの定義に基づき、生前の出来事をいじめと認定した学校側の判断に疑問を投げかけている。この疑問は、学校がXの自殺を契機にXの生前の出来事を遡及的にいじめと解釈することで、事態が思わぬ方向に進んでいくのではないかという危機感から発せられたものであった。

そしてもう一つ重要なのは、学校側はXが亡くなる以前には、Xと元生徒らのあいだで起きていた出来事をいじめと認識していなかったという点である。このように述べると、それこそが学校側の落ち度ではないかとの批判が予想される。こうした批判は、ある出来事がいじめか否かを誰もが同じように判断できるはずだという規範的理解を前提としている。だが、Xの自殺を受けて行われた学校と市教委によるいじめの事実認定と、Xの生前に元生徒や元担任が行っていた出来事の解釈には決定的な違いが存在することには注意が必要である。この点については、次節で一〇月五日の出来事を例に改めて論じることとするが、ここでは、保護者CPが「亡くなってからいじめと結論付けるのは簡単なのだけれども、亡くなる前にそれを発見するための定義にはなっていないのではないか」と学校に訴えたように、Xの死後に行われるいじめの事実認定は、いじめの定義に則して行われた事後的な解釈であって、生前のXとかかわりのある当事者が、その当時、経験していた出来事の解釈とは異なる可能性があるということを確認しておきたい。

(2) 我が子が「いじめの加害者になる」ということ

以上の保護者の経験は、学校でいじめの噂が広まり、アンケート調査を元に学校が過去の出来事を遡及的にいじめと解釈していく過程と連動している。つまり、Xと親しかった元生徒の保護者は、大津市事件が二〇一二年七月四日に社会問題になるよりもずっと以前、二〇一一年一〇月のXの自殺直後に学校が行ったいじめの事実認定に困惑し、抵抗を試みていた。しかし、保護者の訴えは聞き入れられることはなく、むしろ、学校の事実認定に対する保護者の抵抗が報道され、保護者を非難する言説と結びついていったと考えられる。

たとえば、週刊誌『FLASH』(二〇一二年七月三一日)は、「『息子は悪くない』加害者の母が撒いたビラ」という見出しで次のように報じている。

事件が問題になると、加害者の一人であるAの母親は、信じがたい行動に出ていた。複数の生徒たちによると「息子は悪くない、というビラを配ったらしい」。（略）Aの母親は昨秋の緊急保護者会でもマイクを握り「うちの子は仲よくプロレスごっこをしていただけなのに、犯人扱いされて学校に行けなくなった。うちの子が自殺したら、ここにいる保護者や先生の責任だ」と言い放ったと報じられている。（一一頁）

「加害者の一人であるAの母親」とあるように、記事が想定するいじめの加害者はAであって母親ではない。また、母親の言動は「ビラを配ったらしい」、「言い放ったと報じられている」と伝聞調で記述されており、母親の言動の根拠が記事の中で十分に示されているとはいいがたい。しかし、母親が「息子は悪くない」とビラを配ったことは「信じがたい行動」と非難され、緊急保護者会で言ったとされる発言も「言い放った」と非難の対象となっている。いわば、保護者が学校の事実認定に抵抗を示せば示すほど、公的な言説空間では我が子のいじめの事実を認めない保護者の問題が強調されるのである。

いじめの加害者とみなされた子どもの保護者は、いじめの当事者ではないものの、社会から非難の対象となり、いじめ問題の当事者といえる存在であるため、本章では、いじめの加害者とされる元生徒とその保護者を含めていじめ問題の「加害当事者」と捉えることとする。そして「加害当事者」とみなされた保護者は、我が子が経験していた出来事が何であったのかを決めることはできない立場へと追い詰められていく。つまり、いじめの事実認定においては、当事者のあいだで起きていた出来事について誰が語ることができるのか、そして、いじめとは異なる出来事の解釈が提示された際に、誰がどの語りを「正しい」と判断し、一つの解釈に決定するのかという問題がみてとれる。この問題について、生前のXとA、B、Cらのあいだで起きた一〇月五日の出来事を例に、さらに詳しく検討していきたい。

五　一〇月五日の出来事の解釈をめぐる問題

(1) 元担任と同僚教員の認識

ある日の出来事が何であったかが問題になるのは、その出来事がいつもとは違う「特別な出来事」と認識されるときであろう。Xの自殺とは、まさに「特別な出来事」であり、遺された人々はこの「特別な出来事」をどのように解釈したらよいのか苦悩することになる。いじめの事実認定は、そうした苦悩に対して一つの解釈を提示する方法といえるだろう。だが、いじめの事実認定が争われるような場合というのは、問題となっている出来事について、いじめとは別様の解釈がありうることをも示している。では、Xが亡くなる以前、元担任や元生徒らはXとの出来事をどのように解釈していたのだろうか。

Xへのいじめを示唆する出来事として、事実認定のあらゆる段階で注目された出来事に、一〇月五日の生徒間トラブルがある。第三者調査委員会の報告書によれば、XとAは一〇月五日に学校の男子トイレで殴り合いのケンカをしている。報告書は、この日の出来事を次のようにまとめている。

帰りの会が始まる前の一〇分休みに、Aが、X、B、Cを誘ってトイレに行った。トイレでAがXの胸倉を掴み、真剣な表情をして拳で殴っていた。（略）その場面を目撃した生徒が教室にいた担任に「X君がやられてるから、止めに行ってあげて。」と頼んだところ、担任は、帰りの会を始めており貴重品を生徒に返していた所だったので、その生徒に「貴重品を先に取りに来て。」と言ったのみであり、対応をしてくれなかった。（報告書 二〇頁）

一〇月五日、トイレで、AがXを殴ったことで、職員会議の後に二年生の担当教員が集約会議を行った。その集約会議において、担任は、概ね、「AとXとの間でケンカがあった。AはXのウジウジしている話し方や態度に腹が立ったので、『殴ってこいよ。』と言っても殴り返してこなかったので、『殴るぞ。』というとXが『いいよ。』と言ったので、殴った。二人を呼んで話を聴いた後、互いにハグさせ謝罪させて帰した。その後、Xのみ残して約二〇分話したが、その際、Xは、全く何とも思っていない、Aとは友達でいたい、という話をした。」と説明した。（略）生徒指導主事によれば、集約会議では、今回のことはケンカとして捉えたが、イジメの可能性がゼロではないから、ちゃんと見ていこうという結論になったという。（報告書 六五頁）

これらの報告書の記述から一〇月五日のトラブルは、XやA、担任、二年生の担当教員、その場を目撃したとされる生徒にとって「特別な出来事」であったことが推測される。その理由は第一に、トイレでXとAが殴り合いをしている姿を目撃した生徒が、担任に報告していること。第二に、担任は放課後、XとAの二人を残し話を聞いていること。第三に、その日のうちに二年生の担当教員は集約会議を開き、二人の関係について議論し、いじめの可能性はゼロではないので見守りをしていくことにしたこと。第四に、同日中に担任の要請によりXとAの保護者が来校し、担任と学年主任がXの父、Aの母に個別に面談し、事情を説明していること（地裁 四五頁）である。

ここで重要なのは、この日の「特別な出来事」をどう解釈するかについては、学校関係者のあいだでも捉え方が異なっていた可能性があるということである。報告書では、「複数の教員から、『殴ってこいよ。』と挑発をするようなことは単なるケンカではなくいじめではないかという意見が出ている。そして、集約会議は、最終的には、いじめの可能性は『ゼロではない』ということで、今後見守りをしていくことにしている。教員の中には最終的にいじめの疑いを持っていた者もいた。その日のことを記載した生徒指導主事のノートには『いじめか？』、学年主任のノートには『イジメられているという話』という言葉が記載されている」（報告書 六八頁）と二年生の担当教員の認識が言及されている。(10)しかし、担任は、この日の出来事を「あくまでもいじめではなく、ケンカであった」（報告書 六七頁）と述べている。(11)先の報告書の記述に基づけば、担任と他の教員のあいだには異なる認識があったといえそうであるが、報告書は「教員の中には最終的にいじめの疑いを持っていた者もいた」ことを根拠に、「AのXに対する行為が、いじめであったと認識できる状況にあったということができる」（報告書 六八頁）と結論づけ、担任の説明は信用に足るものではないとして棄却していく。

こうした第三者調査委員会の判断は、単に担任の認識を退けるにとどまらず、「Xのウジウジしている話し方や態度に腹が立ったので、『殴ってこいよ。』と言っても殴り返してこなかったので、『殴るぞ。』と言うと『いいよ。』と言ったので、殴った」というAの認識や、「何とも思っていない、Aとは友達でいたい」と言ったとされるXの認識もまた無効化することに等しい。つまり、第三者調査委員会は、一〇月五日の出来事の解釈が教員間で分かれている状況を認めつつ、その出来事の当事者であるX、A、そして担任の認識を疑わしきものとし、いじめがあったのではないかと疑う教員の認識を優先することで、いじめと認識できたはずだと結論づけている。しかし、ここで問題にしたいのは、誰の認識を根拠に一〇月五日の出来事を解釈するべきなのかということではない。そうではなく、第三者調査委員会の報告書は、ケンカかいじめかといった競合する認識が存在する中で、いじめがあったという現実を選択しているということである。

だが一方で報告書は、当事者間の認識の違いに言及することで、XやA、元担任らが、いじめという現実を生きていたわけではない可能性も明らかにしている。だとすれば、報告書では棄却されたAの認識とはいかなるものであるのか。

(2)「加害当事者」が出来事の認識を語ることの困難

Aは、一〇月五日のXとの殴り合いが、いつもの遊びとは異なる状況の中で起きた出来事であったと語っている(二〇一七年八月二三日)。

——いろんなところで問題になっている、一〇月五日でしたかね。ケンカしたとかという話がありますよね。

元生徒A：はい。

――ケンカしたとかなんとかって。A君はどういうふうに捉えていますか？

元生徒A：どういうふうに捉えているというのは？

――要するに暴力を振るったという言われ方されていると思いますけど、X君も殴り返してきたという話にもなっている。

元生徒A：はい。

――そもそも、それは、普段からやっていたことなのか、じゃれあってるって感じで。

元生徒A：いや、違います。

――そのときたまたま何かあって。

元生徒A：はい、そうですね。僕がそのとき、気にくわないことがあったのか。それは、なんですかね。いつも、そういうのでなくて。その日はそのときたまたま、僕が言いたかったんですね。そのやり返せっていうのを。いまからしたら、何してんのって僕に対して言いたいんですけど。でも、その当時は、そうですね。

弁護士　：トイレのときやな。

元生徒A：トイレのときです。いつもの〔じゃれあいの〕一環でヒートアップしてというわけではないです。

――何か、A君として、X君に対して、いらつくことがあった？

元生徒A：いらつくっていうか、基本、優しいんで、あいつは。細かいことは忘れたんですけど。とりあえず、やり返せって言いたかったんです。そのときは、何があってってっていうのではなくて。

弁護士　：当時、**A**君が言っていたのは、結構だから、あの、**C**君が調子乗ってて。**X**君にやいやいやっていたけど、**X**君は全然やり返さない。それを受けていって、ニコニコして**X**君はやり過ごしていた。それで、**C**君はエスカレートしていくから、**X**君は、受け流すから、その様子を見て、もうちょっとやり返した方がいいんじゃないみたいなことを言ってた。と当時の**A**は言ってた。その日は、もっとやり返せっていう話で、俺がもっと一発やるから、やり返してこいと。

元生徒**A**：そういうことです。

まずAがXを殴った理由に注目したい。一〇月五日にXとAのあいだで起きた出来事は、「普段からやっていたこと」でもなく、「じゃれあっている」という感じでもなく、「そのときたまたま何かあって」との質問に対し、Aは「はい、そうですね」と応じている。しかしAは続けて「僕がそのとき、気にくわないことがあったのか。それは、なんですかね。いつも、そういうのでなくて。その日はそのときたまたま、僕が言いたかったんですね。そのやり返せっていうのを」と、Xを殴り、Xにも殴り返せと言った理由について明言を避けるように語っている。さらに、「何か、A君として、X君に対して、いらつくことがあった？」との質問に対しても、「いらつくっていうか、基本、優しいんで、あいつは。細かいことは忘れたんですけど。とりあえず、やり返せって言いたかったんです」と、やはりXを殴った理由をはっきりとは語ろうとはしていない。

この後、弁護士は「当時、彼が言っていたのは」とAの話を補足するように話しはじめ、Xにちょっかいを出すCに対して、AはXに「もうちょっとやり返した方がいいんじゃないみたいなことを言ってた」と語る。そして、弁護士の語りによれば、Aは「その日は、もっとやり返せっていう話で、俺がもっと一発やるからやり返してこい」とXに言って、AがXを殴り、XもAを殴り返す様相になったという。AがXを殴った理由は、Cの行為に対してニコニコしてやり過ごすだけのXを奮い立たせるためであったというのである。

先に言及したAのためらいは、自分がXを殴った理由をどのように語るかによって、その場にいた元生徒――特にC――が当時、Xにした行為を調査者が「誤って解釈する」のではないかとの恐れから生じているようにも思われた。すなわち、Aは自分がXとの出来事について何をどこまで語るかで、その出来事の当事者であるB、Cの言動が、「Xを自殺に追い込むようないじめがあった」という事実を構成するものとして解釈されることを恐れ、調査者の質問に応じていたと考えられる。弁護士の説明に対してAが「そういうことです」とすんなり認めているのは、いじめの加害者とみなされているA自身ではなく、弁護士の語りを介することで、Aの語りの中立性が形式上は保たれるからであろう。

このように、いじめの事実認定が行われた後、Aは当時の自分の認識を語ることに慎重にならざるを得なくなる。それは、時間の経過とともにAの記憶が曖昧になってきたからとの理由が一般的には予想されるかもしれないが、自分がXとの出来事をどう語るかで、XとA、B、Cとの関係や彼らのあいだで起きた出来事が、思わぬかたちで第三者に解釈されていくことを経験してきたからとも考えられる。

(3) もう一つの解釈の可能性

本章第二節で言及したAの語りは、Xとの出来事に対する自分の認識の正しさを自分の証言によって保証することができないばかりか、Aの認識と競合する他者の証言が、Xの生きた現実を語りうるものとして選択されていく経験をしてきたがゆえの語りと考えられる。そして、本章の最後に言及しておきたいことは、Xの生前の経験もまた、いじめの文脈の中で再解釈されている可能性があるのではないかということである。

Xが生前に語っていたとされるいくつかの言葉がある。それらはX以外の他者が聞いたとされるXの言葉であり、いじめの存在を示唆するものとして社会的には理解されている。しかし、一〇月五日のXとAの殴り合いの後、Xが担任に語ったとされる「何とも思っていない、Aとは友達でいたい」という言葉(12)や、その日の帰宅後にAが自宅で保護者APに話したとされる言葉からは、いじめとは異なる現実を選択することも可能ではないかと思われるのである。保護者APは一〇月五日の出来事を次のように語っている(二〇一七年四月一七日)。

保護者AP:その殴るし殴り返してこいっていう出来事を、単純に「ケンカ」とも言えない気がして(略)その話を先生から聞いて、家に帰って息子に「殴るし殴り返せって何なの、どういうことなの」と聞きました。当時は、なぜそんなことをしたのかという問いに対してはっきりと答えなかったと思うんですけど、すごいうれしそうに「あいつのパンチはすごい結構きつかってん」と、ネガティブなことではなくて、いいことしたみたいな感覚で話していたのが印象的でした。「あなたが良くても、X君は本音は嫌だったかもしれない。相手の気持ちは別だよ」と伝えましたが、私自身息子とX君が仲良くしているのを知っていましたし、そのときの息子の明るい表情や、息子の性格などから深刻には捉えませんでした。そのとき「クラスの女の子で、いじめてるんじゃないかって心配している女の子がいるらしいよ」とも伝え、周囲を心配させるような行為について注意をしましたが、「なんで女子がそんなふうに思うんか、わからん」と。

保護者APもまた「その殴るし殴り返してこいっていう出来事を、単純に『ケンカ』とも言えない気がして」と、「ケンカ」とも何とも言えない感覚を抱いたこと。そしてAがその出来事を「ネガティブなことではなくて、いいことしたみたいな感覚で話していたのが印象的」だったこと。クラスの女の子で、いじめを心配している子がいるらしいとの注意に「なんで女子がそんなふうに思うんか、わからん」と答えたという当時のAの反応。一〇月五日の出来事をめぐるこうした保護者APの語りや、「何とも思っていない、Aとは友達でいたい」と担任に話したとされるXの言葉には、Xとの友情を確かめようとしたAと、それを受け入れるXの関係をみてとることはできないだろうか。

六 「加害当事者」の抑圧経験

本章では、元生徒とその保護者ら「加害当事者」のインタビューから、いじめ問題の「加害当事者」の経験を再構成することを試みてきた。そこから明らかになったことの一つは、Xの自殺直後に、学校ではいじめの噂が広がり、A、Bらは学校に行くことが困難になっていたという経験である。市教委が一一月二日の記者会見で公式にいじめを認めるずっと以前に、学校や地域ではXの自殺の原因としてのいじめを疑うまなざしが存在しており、それゆえ、学校が全校生徒に行ったアンケート調査の結果には、さまざまな憶測が混在していたことが推測される。

こうした本章の見解には、いじめが疑われるような状況があったからこそ、噂が広がったのだとの批判が向けられそうである。前節で見たように、学校現場の中にも生前のXと元生徒らの関係をどう解釈するかについては、異なる認識が存在していた可能性がある。しかし、本章が強調したいのは、Xや元生徒らを直接知らない人々の中には、いじめと結びつけてXの自殺を理解しようとしていた人もいたということである。こうした状況下で、学校が自殺といじめの因果関係は不明との見解を表明したとしても、いじめが原因でXは自殺をしたとの認識が人々のあいだで受け入れられていくのは避けがたいといえるだろう。

さらに重要なのは、学校によるいじめの事実認定とは、ある時点（本件ではXの自殺）から過去の出来事を遡及的に解釈した結果、「いじめがあった」との認識を事後的に構成しているのであって、現在進行形で出来事を経験していた当事者の認識とは根本的に異なる根拠をもとに構成されているということである。保護者CPが学校に投げかけた疑問は、文科省の定義に当てはめて検証すると、いじめがあったとの結論に至るという説明に対してであった。文科省の定義が、そもそも先生たちの日常的な判断と齟齬をきたすような定義になっているとすれば、定義自体に問題があるのではないか。保護者CPは、そう学校に訴えていた。

学校は、遺族の要望を受けて、市教委や県庁職員、弁護士などの専門家も交えてアンケート調査の実施を検討している（報告書 八七―八八頁）。つまり、学校は、自分たちだけで問題に対処しようとしたのではなく、さまざまな専門機関の協力を仰ぎながら調査を実施していたと考えられる。しかし、たとえ学校が丁寧に調査を行ったとしても、調査で得た情報を元に事実認定を行う過程自体が出来事の遡及的な解釈過程である以上、そして、文科省の定義が事実認定の重要な参照点になっているとすれば、そこで導き出される結論は、いじめの加害者とされる生徒やその保護者、担任といった当事者の認識とは異なっている可能性が常にあるということだ。

だからこそ、当事者の「誤った」認識を「正す」のが学校の責務であるとか、当事者と学校の認識をすり合わせることが重要だ、ということもできる。だが、元生徒や保護者の語りが示すことは、XやA、B、そして元担任を含む学校現場にも「過酷ないじめの一環としての一方的な暴力」という現実はなかったのではないかという可能性である。もちろん、これは可能性に過ぎないが、Xが自殺する前に書かれた集約会議の記録が残されているということは重要な手がかりとなるだろう。

このように、いじめの事実認定では、同じ出来事について当事者間で異なる認識があらわになるがゆえに、当事者間の対立を生みやすい。大津市事件のいじめの加害者とされる元生徒や元担任は、生前のXとの出来事に関する自らの認識を、学校や第三者調査委員会、裁判所の要請に応じて語っている。それでも、一度、いじめの事実認定がなされたならば、彼らの「いじめではない」という認識の正当性を主張することは困難になる。

こうして見えてくるのは、いじめの事実認定が当事者に与える途方もない影響である。生徒や保護者が自分たちの意に反して事実が決定されていく力に抗い、自分たちの認識を主張したとしても、その主張はいじめを認めた学校や市教委と対立する認識であるがゆえに、学校や市教委は到底、受け入れることはできない。そして、生徒や保護者はその認識を語っても聞かれないという絶望を経験することになるのである。

注

(1) 元生徒ら三人のうち二人は大津地裁の判決後に控訴し、大阪高裁の控訴審は元生徒二人に約四〇〇万円の損害賠償の支払いを命じて、二〇二〇年二月二七日に結審した。Xの両親は控訴審の判決を受けて上告したが、最高裁は二〇二一年一月二一日付で上告を退け、二審の大阪高裁判決が確定した(朝日新聞滋賀 二〇二一年一月二六日他)。

(2) 二〇一九年四月、いじめ防止対策推進法の改正をめぐり、超党派の国会議員による勉強会(座長・馳浩元文部科学相)が座長試案をまとめたが、この試案に対して被害者家族らが反発、二〇二一年現在に至るまで法改正は行われていない。

(3) 本章で取り上げた五回のインタビューは、弁護士立ち会いのもと行ったグループインタビューである。

（4）この点について野口（二〇〇五）は、「被害」の経験を心理的な言語資源から構成する「被害の心理学化」が浸透する中で、「『満たされない感情』、『癒しがたい感情』を埋め込んだ『被害者の物語』」（一八八頁）が過剰に生み出されていると指摘する。それに対して、「加害者の物語」がなくなってしまったこと自体が、現代の言説空間の特徴として問われるべき問題だと論じている。

（5）伊藤（二〇一四、一一八―一二三頁）は、いじめを語る言説空間で加害者の経験の語りがない理由について、加害経験のある者は、自分の行為の加害性に無自覚ゆえに語れない、もしくは非難を恐れて語らないと指摘する。これに対して本章は、いじめの加害者とされる人々は、その経験を語っているが聞かれないという立場にある。

（6）「語っても聞かれないという抑圧状況」というアイデアは、スピヴァクの著書『サバルタンは語ることができるか』（Spivak 1988／邦訳 一九九八）から示唆を得ている。スピヴァクは、サバルタンの女性の意識や主体の構築のされ方に焦点を当て、彼らが二重の抑圧状況にあることを指摘した。一つは、彼らの解放を謳う正義の言説は知識人の言語で語られるため、彼らは既存の秩序の中に再定位されるという抑圧状況にあるということだ。こうした抑圧状況は、サバルタンの女性が自らの言葉で語っても、その語りが聞き取られないばかりか、知識人の解釈に抵抗しても抵抗と認識されないというもう一つの抑圧状況を生み出す。サバルタンの女性と元生徒らが置かれている状況を単純に比較はできないが、元生徒らの語りは、いじめの事実認定という公的な場において「いじめの加害者」の語りとして聞かれるという点で、サバルタンの女性と同種の抑圧状況にあるといえる。さらに、いじめの事実が構成される中で、他の元同級生らの語りが優先され、彼らの語りは採用されないという点で、「語っても聞かれない」というもう一つの抑圧状況に置かれているといえる。

（7）インタビューの〔　〕内の言葉は、発言の主旨を明確にするために引用者が言葉を補って表記したことを表している。

（8）第三者調査委員会報告書（八四―八五頁）には、Xの自殺の翌日一〇月一二日午前八時三〇分に学校に匿名の電話が入り、家の中で子どもが「あれはいじめだよね」と言っているとの連絡があったこと、また、ある生徒が教員に「X、A、B、C、Eが自殺する練習をしていた」などの情報を寄せ、情報源と位置付けられる生徒にしっかり事実確認をするべきであると教員間で確認されたことが記述されている。Xの自殺直後から、Xの自殺の原因について生徒らのあいだでさまざまな憶測が生じていたことが推測される。

（9）この場面の保護者CPは「一一月一日の記者会見」と語っているが、市教委の記者会見が行われたのは一一月二日である。

（10）集約会議では、ケンカという見方を優先しつつも、「いじめの可能性はゼロではない」と判断の留保ともいえる決定をしている。こうした判断の留保は、いじめ問題が明らかになった場合、しばしば非難の対象となるが、考えられる可能性を考慮し、状況に柔軟に対応していく生徒指導上の方略ともいえる。

（11）報告書の記述において、元担任は「一切、いじめとの認識はなかったと述べている」（六七頁）とある。また、「いじめとの認識はない」という主張を地裁の証人尋問でも一貫して述べている（第7章を参照）。

（12）大津地裁判決（ウェブ公開版）では、「被告A1が退出した後でア教諭が亡Xに再び確認したところ、亡Xは、同教諭に対し、今日は嫌だったが、被告A1とは友達でいたいなどと述べた」（四五頁）とある。この日のAとの殴り合いは嫌であったが、Aとの友人関係は継続したいとXが考えていたことが推測される。

文献

伊藤茂樹 二〇一四、『「子どもの自殺」の社会学――「いじめ自殺」はどう語られてきたのか』青土社。

草柳千早 一九九一、「リアリティ経験と自己‐他者関係――ゴフマン‐レインの『経験の政治学』への視角」『関東学院大学文学部紀要』第六四号、一〇三‐一二〇頁。

野口裕二 二〇〇五、『ナラティヴの臨床社会学』勁草書房。

Spivak, G. C., 1988, "Can the Subaltern Speak?," Nelson, S. and Grossberg, L. eds., *Marxism and the Interpretation of Culture*, University of Illinois Press, pp. 271-313.（上村忠男訳『サバルタンは語ることができるか』みすず書房、一九九八年）

7 「大津市いじめ自殺事件」における「中心」のリアリティ
——担任教師の証言をてがかりに——

稲葉浩一・山田鋭生

一 片隅においやられた教師の声

(1) 「いじめと認めない」のはなぜか

「いじめが原因とはまったく思っていなかった。」

二〇一七年一一月二八日、大津地裁における証人尋問の場で、元担任はそう語ったことが朝日新聞の大阪本社滋賀県面(二〇一七年一一月二九日)で小さく報じられている。そもそも元担任が、X君の死後、彼と加害者とされるA君らの関係について「いじめだったとは考えていない」という姿勢を一貫していることは、あまり知られていない。見逃したのではない。気づかなかったのでもない。X君と少年たちの関係性は「いじめ」だったと思わなかったし、その考えは変わらない。だからこそ、X君の自殺が「いじめ」に原因することとは「まったく」思っていなかった、ということになるのだろう。

大津市事件は現代における「いじめ問題」を象徴する事例として認識され、今日に至る。だが第4章でみたように、X君の生前、学校において彼と元生徒たちの関係性は必ずしも「いじめ」とみなさ

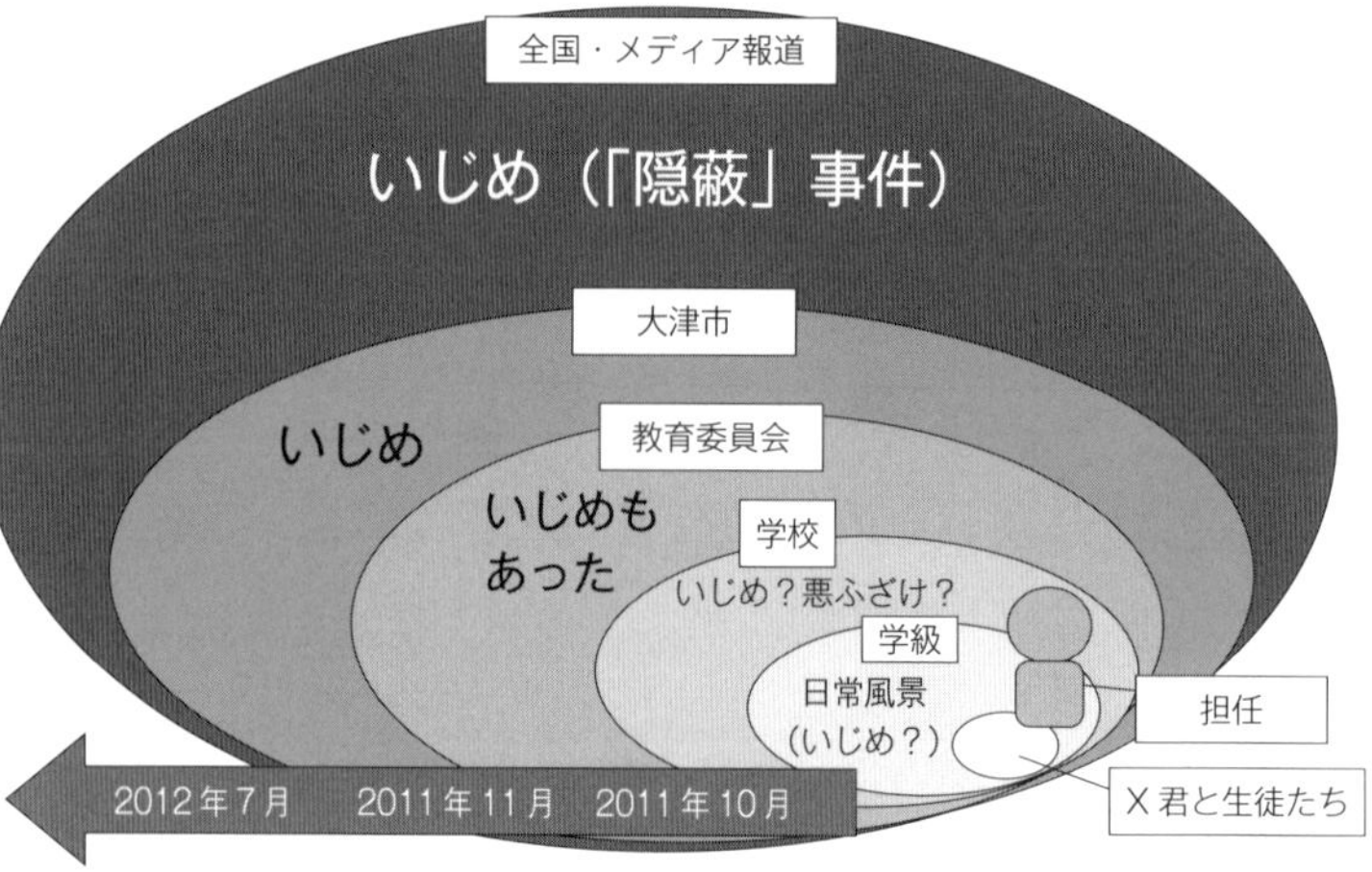

図1

れていたわけではなかった。本件を学校教育問題としてみた場合、教室におけるX君と生徒たちを中心とした出来事があり、その最も近くにいた大人は担任だった。そして彼らの学級を学校が囲い、その外部に教育委員会が、さらにその外には大津市が存在している。すなわち二〇一一年一〇月の事件発生から同年一一月の大津市教委の会見を経て、X君と加害者とされるA君らの関係は、「いじめ」の関係としてみなされるようになり、二〇一二年七月四日以後は、さらに全国・メディア報道という最も遠くにいる「大人」たちがそれを取り囲み、本件を「いじめ」だけではなく、学校・教育委員会の「隠蔽事件」としてみなすようになったのである。

ここで気がつくのが、中心に近い者たちほど、その出来事に対して「いじめ」から離れた認識をしている点である[1]。一般的な感覚でいえば、ある出来事の近くにいた者ほどより信憑性のある情報を有していそうだし、あらゆる事件において、そういった人びとの声は証言としての力をもつ。だが本件では、出来事を「いじめ自殺事件」として力強く発言しつづけていたのは、中心から最も遠くにいた外縁——一般社会、あるいはマスメディア——だったように思われる。図1はそれぞれが主としてどのような認識を示していたかを図式化したものである。(2)他の章でも詳細に論じているように、本件にかかわる各機関、人びとは時系列によって本件に対する反応を変化させているため、ひとつの図で示すことは不可能だが、そのリアリティにグラデーションがあることを理解できるだろう。それはちょうど水面の波紋のように広がっていくものであるのだが、円が広がるにつれて中心点で起きた出来事の具体性は捨象され、「いじめ」「隠蔽事件」というシンプルなイメージが強化されていったように思われるのである。

(2)「よく聞く物語」に埋もれる声

ところで、本件について外縁のさまざまな者が言及を重ねてきたなか、中心の近くにいた教師たちの声は不思議なほど聞こえてこない。冒頭で紹介した元担任の証言も、新聞の県面に断片的に掲載されたものであった。仮にこういった教師の声が取り上げられたとしても、ほとんどの場合「責任逃れ」や「保身」として棄却されるさまを、私たちは「よくある」風景としてみてきた。出来事の最前線にいたにもかかわらず、教師たちの声はなぜか「いじめ問題」の語りの中で力をもたないのだ。

ここには、「いじめ」について語り、考える際、社会の〈囚われ〉の姿が垣間見えているように思われる。そこで本章では、まず日本における代表的な「いじめ事件」報道において、中心にいたはずの教師たちの声がどのように扱われてきたかを再検証しよう。そのうえで大津市事件において担任はどのような世界を生きていたのか、彼の証人尋問における語りと、当時同じクラスにいた者たちの声をもとに検討を行っていく。「またこのような事件が」と騒がれていたなか、中心にはどういったリアリティが存在していたのか。これに迫るのが本章の目指すところとなる。

二　非難される教師――いじめ問題小史の中で

（1）暴力行為の中の「いじめ」と教師

「いじめ問題」は一九八〇年代からそれとして成立した教育問題であり、一九七〇年代の主たる「教育問題」は「校内暴力問題」であったとされている。たとえば一九七九年に当時の文部省が生徒指導推進上の指針として発行した『生徒の問題行動に関する基礎資料――中学校・高等学校編』においては暴力行為、飲酒・喫煙、自殺などさまざまな問題行動が生徒指導の対象としてあげられている。そういった中で「いじめ」というワードは「暴力行為」の中の粗暴犯の一類型として登場するのみである。その意味で当時「いじめ問題」は「よく聞く」ものではなかった。

このことは新聞報道レベルでは、一九八〇年代初めまで確認できる。たとえば一九八〇年の大阪府高石市における中学生の自殺をめぐる記事（朝日新聞　一九八一年五月二〇日「校内暴力　わが子奪った　自殺中学生の親が賠償訴訟　相手両親一二人に責任　学校・市の指導も問う　大阪・高石市」）をみてみよう。記事中では垂木祐三文部省初等中等教育局中学校教育課長が「訴訟に踏み切るまでに、なんとか円満に解決できなかったのだろうか」と問題を提起し、「校内暴力の解決策に即効薬はなく、この種の事件が裁判で争われても、真の問題解決にならないのではないか。それだけに、学校当局や現場の教師らの責任は重大なわけだ」と結んでいる。

この記事においても、現代と同様に識者コメント欄において学校や教師の責任が問われているのだが、そこで問われる責任は「いじめ」や「SOS」の発見ではない。まずもってここで扱われているのは「校内暴力」の問題であって、それが訴訟にまで発展してしまったことに対し、「教育的見地」から好ましくない、「重大な責任」が問われているのである。

(2)「いじめ問題」の責任主体になる教師

さて一九八〇年代に入ると、文部省の生徒指導資料には反社会的行動のひとつとして(『小学校生徒指導資料1 児童の理解と指導』)、また、友人関係をめぐる諸問題のひとつとして(『小学校生徒指導資料3 児童の友人関係をめぐる指導上の諸問題』)のいじめに教師が対処すべきである、ということが明記されるようになる。こういった中で、一九八六年二月一日に当時中学二年生の鹿川裕史君が「このままじゃ『生きジゴク』になっちゃうよ」と遺書に書き残し自殺をする。この事例は「学校現象であるいじめ事件が、社会現象としてとらえられた」(山崎 一九九五、四九頁)と評されるなど、大きな社会問題として注目を集め、数多くの報道が行われた。朝日新聞(一九八六年二月三日)では、校長の発言が取り上げられ、そこでは「いずれにしても、こんな結果になり、力が足りなかった」と学校・教師がいじめに対する責任を自らに帰属させており、さらに朝日新聞(一九八六年二月四日)では、校長や担任教師自身のコメントも取り上げられている。

だが鹿川君事件において、いわゆる「葬式ごっこ」に教師四名が加わっていたことが報じられることで、「いじめ問題」における教師の立ち位置に決定的な変化が起きたように思われる。たとえば朝日新聞(一九八六年二月七日)では、四名の教師のうち一人が「生徒たちに『なかったことにしてくれ』と頼んでいた」と報じられ、また別の教師は実名で「おかしいとは思ったがジョークと思って受けてしまった。今から考えると恐ろしいことをしたと深く責任を感じている」と釈明している。このような「葬式ごっこ」への教師の関与が明るみになって以降、報道は教師批判へと傾いていく。「見ザル言ワザル富士見中　『いじめ』認識のズレ明るみに」(朝日新聞　一九八六年二月一六日)といった記事のように、当該中学校の混乱やいじめへの学校・教師の対応の甘さを指摘するだけでなく、今日よく見聞きするような、「見て見ないふり」や「真実を隠す」学校の姿が描かれていくようになるのである。

このように鹿川君に対する「葬式ごっこ」問題を受けて、教師や学校は単に過失の主体というだけではなく、「いじめ問題」そのものの主体としても語られるようになったといえるだろう。すなわち「いじめ」における加害者性の付与がなされると同時に、加害者として真実を語らない「言ワザル」姿が立ち現れてきたのである。

(3)「いじめを看過する教師」への批判

「いじめ問題」における教師や学校の立ち位置は、一九九〇年代にさらなる転機を迎える。それは一九九四年に愛知県西尾市で発生した当時中学二年生の大河内清輝君の自殺であり、これは鹿川君事件と並んで数多くの報道を伴った「いじめ問題」を代表する事例である。

この事例では西尾市教委と名古屋法務局による調査が行われる一方、朝日新聞の求めに応じるかたちで一九九四年一二月一四日の夕刊に、当時の担任の手記が公開される。その手記は冒頭の謝罪から始まり、「なぜ、清輝君のこころの叫びがわかってあげられなかったのか。自分が情けない。自分がくやしい」との後悔の念が綴られる。「度々起こる問題行動の中であなたの本当の姿を見失って」いたと述べ、いじめに気がつき、対処をする責任が自らにあったことを表明し、謝罪を重ねる文章になっている。

大河内君事件においての教師は、「いじめに気づくことができなかった」責任主体として登場すると同時に、そのこと自体が非難の対象となっていった。特に一九九四年一二月一〇日に行われた臨時PTA総会での学校と出席した保護者とのあいだのやりとりが朝日新聞名古屋本社版(一九九四年一二月一一日)に掲載され、物議を醸した。そこでは「先生は先ほど、いっぺん事件にならない限り、いじめとしてはわからないといわれた。それはおかしい」、「生徒がいじめられていると言わない限りはわからないのか」という保護者たちの声に対し、教師が「はいわかりません。すべて記録を基にして、親にもアンケートをしないとわからない」と答えると、場内から怒号が飛び交うさまが記録されている。

この「訴えがない限りわからない」という教師の主張は、メディア上でも問題となった。たとえば翌年一月、朝日新聞(一九九五年一月一一日)では、「教師はいつまで無力なのか　変わらぬ学校、繰り返されるいじめ」という見出しのもと、鹿川君事件をはじめとする一九八〇年代のいじめ事件と大河内君事件を「同じ事態」とし、次のように糾弾している(3)。

「東部中の教師の本音が、臨時PTA総会で出た。親からの『いじめは、生徒が訴えない限り分からないのか』という質問に、教師は『はい、分かりません』と答え、『コラッと言えば、ふるえあがるような屈強な先生を入れてほしい』ともいった。いじめに対して、教師たちは無力なのではないか。(略)教師の本音を聞いて、理由に思い当たった。『屈強な先生』でない彼らは、いじめと認識したくなかったのだろう。」

この記事で注目すべきは、教師がいじめに「気づかない」ことが、単なる過失の指摘にとどまっていないことにある。すなわち「いじめと認識したくなかったのだろう」という評価には、認識できていたはずのものを意図的に看過した、という踏み込んだ非難が込められているのである。

さらに翌二月には、心理学者である佐藤綾子氏の寄稿が朝日新聞夕刊(一九九五年二月一八日)に掲載されている。「いじめ　自己表現を読み取ろう」というこのコラムでは、「現場の先生方は、生徒の表現行動の観察に怠慢で、逃げ腰だ。『言葉で相談してくれない限り我々は対処できません』とヌケヌケと言う」と学校教師を厳しく非難する。そして氏が実験を行ったという「データ」をもとに、子どもの心情は「言葉で言わなくとも、気持ちは顔中、体中に噴出する」と断言し、「生徒の顔を読み、一日密着行動しても身体の動きを追う真摯《しんし》な先生がなぜいない?」と切り捨てている。

こういった「子ども理解」の言説についての批判的検討は、すでに一九九〇年代後半より盛んに行われている。たとえば伊藤(一九九六)は一九九〇年代よりいじめをはじめとした青少年の問題は「心の問題」として理解されるようになり、家庭や学校は子どもの「心」を受容・共感すべしという規範的要請が高まったことを指摘した。そのうえで、「心の受容・共感」ができていたかどうか客観的に測定できるわけではないのにもかかわらず、あるいはだからこそ、教師や学校は児童生徒を「状況次第で恣意的に『受容・共感していなかった』と断罪される危険性が常にあり、その断罪は激烈なものになる」(三三頁)と論じている。また北澤(一九九七)は、「なぜ子どものSOSに気づかなかったのか」というクレイムは、「気づけたはずである」という子ども理解の自明性を前提とした、「無邪気な言説」として教師や学校に向けられていることを指摘している。

このように「いじめ」問題が語られたとき、いつでも教師は遡及的に、かつ無限定的に、そして道徳的に「教師失格(教師なら気づけたはずだ、あれがSOSだったのだ、見て見ぬふりをしていた、怠慢だ、等々)」の烙印を押されかねなくなったのである。(4)

(4) 教育委員会の「隠蔽」と消失する教師の声

大河内君の事例において、「教師はいじめに気がつき、対処するべきだ」という批判的言説が社会に流通することになるが、一九九〇年代後半から二〇〇〇年代前半には「学力低下論争」が教育問題の主役となり、「いじめ問題」は「下火」となる。だが二〇〇六年一〇月一日に北海道滝川市での「いじめ自殺」が読売新聞によって報じられたことが、いわゆる「第三の波」のきっかけとなり、「いじめ問題」は社会の中で再燃するようになった。この事例は二〇〇五年九月九日に当時小学校六年生の女子児童が自殺を図り、翌二〇〇六年一月六日に亡くなったという経緯がある。同年一月一〇日の市教育委員会による記者会見では「現時点では、(いじめなど)原因を特定する決め手はみつかっていない」(読売新聞北海道 二〇〇六年一月一一日)とされていた。しかしながら、のちに女子児童の遺書の写真・内容とともに「市教育委員会がいじめに関する記述を隠して発表していた」と報道されることになる（読売新聞　二〇〇六年一〇月一日）。

この事例は、「いじめ問題」の文脈の中に教育委員会による「いじめ事実の隠蔽」が組み込まれる契機となったといえるだろう。実際滝川市事件を受けて同年の「教育再生会議」においては「『教委と事務方、組合がつながって隠蔽がはびこっている現実がある』と指摘」（朝日新聞　二〇〇六年一〇月二六日）され、教育委員会制度改革の必要性が主張されるようになったのである。

以上のように駆け足で「いじめ問題小史」を概観してきたが、校内暴力に包摂された「いじめ」はやがて独立した教育問題となり、学校や教師はそれに対して責任を問われるばかりか、加害者性まで付与されるようになったといえる。そして「いじめに気づかなかった（意図的に看過した）」と、教師は道徳的な非難を受けるようになり、また学校は「いじめの事実を隠蔽」する存在として語られるようになったのである。この過程において学校や教師、とりわけ担任は、「いじめ」とされる出来事に最も近いところにいながら、その出来事に対し声をあげる力を失っていったといえるのである。

三　「中心」のリアリティと「外縁」の物語

（1）「いじめだと思っていない」リアリティへの接近

前節の流れを受けて、本節では大津市事件における元担任のあげた声について検討を行っていこう。

本書ではすでに第Ⅰ部で詳細な検討がなされてきたが、本件に対する報道は前節でみてきたような

「よく聞く」いじめ問題としての特質を、ことごとく踏襲したものであったといえる。

ここで「いじめ自殺　救済する機関を校外に」と題し、第三者委員会の報告書の内容を受けた朝日新聞(二〇一三年二月二日)社説をみてみよう。この社説では「先生はいじめを知って」おり、「何人もの生徒が担任に『助けてあげて』と訴えていた」のだが、担任は「同級生の暴行を目撃しながらも『やめとけよ』と言うだけだった」という。SOSを発する生徒。それを見逃し、あるいは放置する教師。この描写をみれば、読者は「こういった事件はなぜなくならない」と憤るかもしれない。だがここで「いじめを見逃していた」と糾弾される元担任は、そもそも「いじめだと思っていない」と主張していたのだった。このように、世間の憤りと元担任の主張とのあいだには、認識の次元で大きな乖離が存在する。そこで本節では、まず地裁における元担任の証人尋問の中から、自殺したX君について、そしていじめたとされるA君らとの関係性について、さらに彼の担任していた学級についての発言を見ていこう。さらに当時の同級生たちへの聞き取りをもとに、担任が経験していた世界の一端を再構成することを目指したい。

(2)　担任がみた生徒の「苦しみ」

まず本章冒頭の朝日新聞大阪本社滋賀県面でも扱われた場面からみてみよう。以下のやりとりは、X君の遺族が元生徒らを相手取った民事裁判において、証人として元担任が呼ばれた際の尋問の記録(二〇一七年一一月二八日)である。(5)

弁護士：家で何があったというのは、どんなことに思いをはせたのでしょうか。
元担任：家の中で色々なことがあり、X君が苦しんでるという状況は想像してましたので、そういうことについて、何があったのだろうとは思いました。
弁護士：具体的にどういうことに苦しんでいたか、もう少しお話し頂けますか。
元担任：事前に金銭面や、友だちの関係のこと、それから家でのことを本人から聞いてましたので、そのことで苦しんだのかなとは思います。
弁護士：いじめが原因で彼が亡くなったとは思っていましたか。
元担任：そのときはまったく思っていません。

弁護士の「最初、自殺をしたと聞いて、原因についてどう思いましたか」という質問に対し、元担任は「家で何があったのかということをまず思いました」と答えている。実際、第三者調査委員会の報告書でも指摘されているように、学校関係者の中でも、X君の自殺は事件発生からしばらくは、「いじめ」や学校内の友人トラブルよりも、むしろ彼の家庭の事情と結び付けて考えられていた側面がある。(6) 元担任のX君に対する「生徒理解」の背景には家庭の事情があった。被告側弁護士が「家の中で色々なこと」について、「具体的にどういうことに苦しんでいたか」と質問すると、元担任は「事前に金銭面や、友だちの関係のこと、それから家でのことを本人から聞いてましたので」と答えている。元担任はX君がかかえていたと思われる苦しみの中に、「友だちの関係」をあげているのだから、やはりそれは「いじめ」に類するようなトラブルを彼はかかえていたのではないか、と思うかもしれない。だがこの尋問において注目すべきは、学校内の問題として理解されそうな「友だちの関係」は、X君の「家の中で色々なこと」の具体的な例と並列してあげられているという点である。かつ彼は「友だちの関係」をX君の苦しみにあげながら、「いじめ」が原因であるとは「まったく思っていない」と回答している。その発言をまとめるならば、「X君は『家』のことで苦しんでいた。そこには『友だち』の関係もあった。そして『いじめ』で自殺したとは思っていない」ということになる。これはどういうことだろうか。

(3) 学級の風景

第二節でみたように、今日までに「いじめ問題」は教師が個別生徒の心的世界まで際限なく把握し続けなければならないという規範を生み出してきた。だが生徒一人一人の姿は、学級という集団の中でみられていることが通常である。そして何らかの異常を感じたとき、教師は個別に生徒に声掛けや面談をすることもあれば、保護者をまじえた教育相談も行う。実際この証人尋問でも、元担任がたびたびX君および保護者と教育相談を行っていたことが語られている。

ここで二〇一一年六月ごろに行われた教育相談前後のことについての尋問に着目しよう。被告側弁護士が「一学期、X君の学校での様子で気になったことはありましたか」と尋ねると、元担任は六月の中ごろにX君の家庭内でトラブルがあり、X君本人から父親に厳しく叱責を受けた話を聞いたことがある旨を答えている。このことが念頭にあった元担任は、「三者面談のときには、彼のいいところを見ながら」配慮して話したと語っている(7)。

そしてこの尋問において、被告側弁護士は元担任が当時X君の生徒指導のために作成していたメモにふれ「…『何かあっても家に連絡して欲しくない』『色々あって…』」という記載をもとに、そういった話が本人からあったことを元担任に確認している。つまり当時担任とX君とのあいだで「問題」としてあがっていたトピックは家庭の事情であり、彼は両者の調整に注意を払っていた、というわけである。だが当時担任がX君と家庭の問題に注意を向けていたからといって、そのことは「『いじめ』を見落としていた」という非難を防ぐことにはならないだろう。実際各報道では、X君が暴力行為を受けているにもかかわらず、担任は「見て見ぬふり」をしていたり、「『やりすぎるなよ』と言っていた」という生徒たちの声が取り上げられてきた。

それでは彼が担任するクラスでは何が起きていたのだろうか。ここでは当時同じ学級に居あわせた元同級生の声に耳を傾けてみよう。そのうちのひとりであるP君(二〇一三年三月一四日インタビュー実施)は、X君とA君らの関係について聞くと、「プロレスごっこ」とも形容しがたいじゃれあいをしていたという。また、Q君(二〇一八年一一月五日インタビュー実施)も、X君とA君らとのこういったやりとりについて、「何かよくわからんけど、ラグビーの何かスクラムみたいなこと」をしており、「お互いに」「何か、にこにこしてやっとって」いじめのようなトラブルにはみえなかったと語っている。さらにP君によると、そもそもそういったじゃれあいは学年全体で起きており、男子が廊下で「足の踏み場」もないように戯れる一方、女子は「廊下にたまってぺちゃくちゃしゃべる」という状況であったようだ。この認識はQ君もおおむね共有しているようである。つまり彼らの記憶によれば、X君もまたそういった男子メンバーのひとりに過ぎず、特定の生徒が一部の生徒に一方的に苦痛を与えるような、いわゆる「いじめ」からは程遠い風景であったようだ。[8]

このような様子について、元担任は証人尋問の中でどのように語っているのか。彼によれば、日常的に男子たちが組み合い、じゃれあう学級風景の中、X君たちが「こかしあい」や「プロレスごっこ」といわれる遊びをしていたかどうかは、具体的にはわからないという。しいていえば「体どうしをひっつけたり」「肩を組んだり」する姿であり、X君の表情は嫌がっているようにはみえず、「じゃれあってるなと思ってました」という。ただし「じゃれあい」がエスカレートしだしたことはあったようで、その際には担任は積極的な介入を行ったという。たとえばA君がX君に強く羽交い絞めをかけ、X君が「苦しそうにしていた」ときには、「同じことされたらしんどいだろ」と担任自らA君に羽交い絞めをかけるという対応をしたと証言している。

「X君の自殺」という出来事から遡及的にこの場面を解釈すれば、「じゃれあい」という認識は誤りで「本当はいじめが行われていたのに担任はそれを見逃していた」と非難を浴びせることができるかもしれないし、一部メディアにおいては同様の報道がなされてきた。[9]だがP君によれば、そもそも「いじめを知ってたっていう人が、まず、どれだけいるのかがわからない」という。X君の自殺後のアンケートでも「何人かは本当に、男子生徒の中でも数人ぐらいは、『知らん』『知らん』って、まあ、数人に聞いたんですけど、知らんっていう人が多くて」と、X君とA君らの関係性に対し「いじめ」の認識を抱いていた生徒は身近にはいなかったという。たとえ「この場でいじめが起きている」と言われたとしても、彼の記憶の中では「この三人の中の誰かとプロレス技とかをやっているのをみて、『ああ、あれ、いじめだから』と思うような雰囲気ではなかった」というのである。

（4） 中心における二つのリアリティ

前項では元担任の証言とP君、Q君の回想をもとに、当時の学級の風景を検討してきた。だがX君たちの関係性は、二学期を過ぎたあたりから大きく「いじめ」に変質したということが、第三者調査委員会報告書や地裁・高裁判決文において指摘されている。高裁判決文では「亡Xが一方的にやられている、やりすぎではないかとの印象を抱く者が相当数存在するように」なり（二八頁）、A君ら男子生徒は「周囲から見てもやりすぎと思われるような行為に及」（二八－二九頁）ぶようになっていったとみられている（傍点引用者）。同様にQ君も「じゃれあい」の場面について語る際に、「最初はほんとに、何か、別に遊んでるのかなみたいな感じだったんですけど」と、「じゃれあい」のような彼らのやりとりに変化が起きていたことを示唆している。次にみるのは各報道においても大きな話題となった「ハチの死骸」を用いたやりとりについてのQ君の想起である。

Q君：そのうち、ハチのやつとかあるじゃないですか、結構有名な。あれも、最初はハチの前に、一回ハエか何かがあったんですよ。ちょっとおっきめのハエみたいのおるじゃないですか。あれが何か、パンって、何か、**B**か誰かが仕留めて、つぶして、で、それで一回食べろみたいのもそういえばあったなって感じやって。何か、その辺からおいおいって感じやったんですけど。それ、でも結局、食べさせるわけじゃなくて、何か、無事に何ともなく終わってたから、何か、またやっとるなぐらいで。（傍点引用者）

「X君の自殺」という出来事からこのQ君の回想を遡及的に解釈すれば、「悪ふざけがいじめに変容した瞬間」と評価することは容易である。だが、X君たちだけでなく、学級だけでも数十人の生徒たちが織り成す毎日のひとコマとしてみれば、「行き過ぎた」ようにみえた事態も、その後に問題が生じなければ「またやっとる」という日常秩序の風景におさまっていく。ここでのQ君の「無事に何ともなく終わってたから」という語りは、このことを端的に示している[10]。

では高裁判決文における「やりすぎ」と思うようになった「周囲」とは、誰を指すのだろうか。当然ながら、その場にいたすべての人びとがまったく同じ意味世界を生きていたわけではない。ある生徒たちにとって「じゃれあい」や「遊び」としか認識されないことも、別の生徒たちにとっては「いじめ」と認識されるということはあったようである。たとえばQ君は、「じゃんけん罰ゲーム」では、なぜか厳しい罰ゲームのときほどX君が負けることが多かったと述懐している[11]。そう思い返しながら彼は「そう見えて、実際そういう、いじめられてるんじゃないかなって思った女子生徒がいても仕方ないかなと思って」という。「なぜか厳しい罰ゲームのときほどX君が負けていた」というQ君の想起が、どれほど正確かはここでは問題とならない。肝心なことは、X君の自殺を経験した数年後においても、その事態は「なぜか」起きていたという程度のことであったこと、その一方でこの事態から「いじめ」というリアリティをもちうる生徒たちもいた、ということだ。それは女子生徒という「他者」の存在である。P君が当時の休み時間の様子を学級単位で分けるよりも男子と女子のグループの様子で回想していたように、学年を通して大別してふたつの集団が形成されていたと推測される。つ

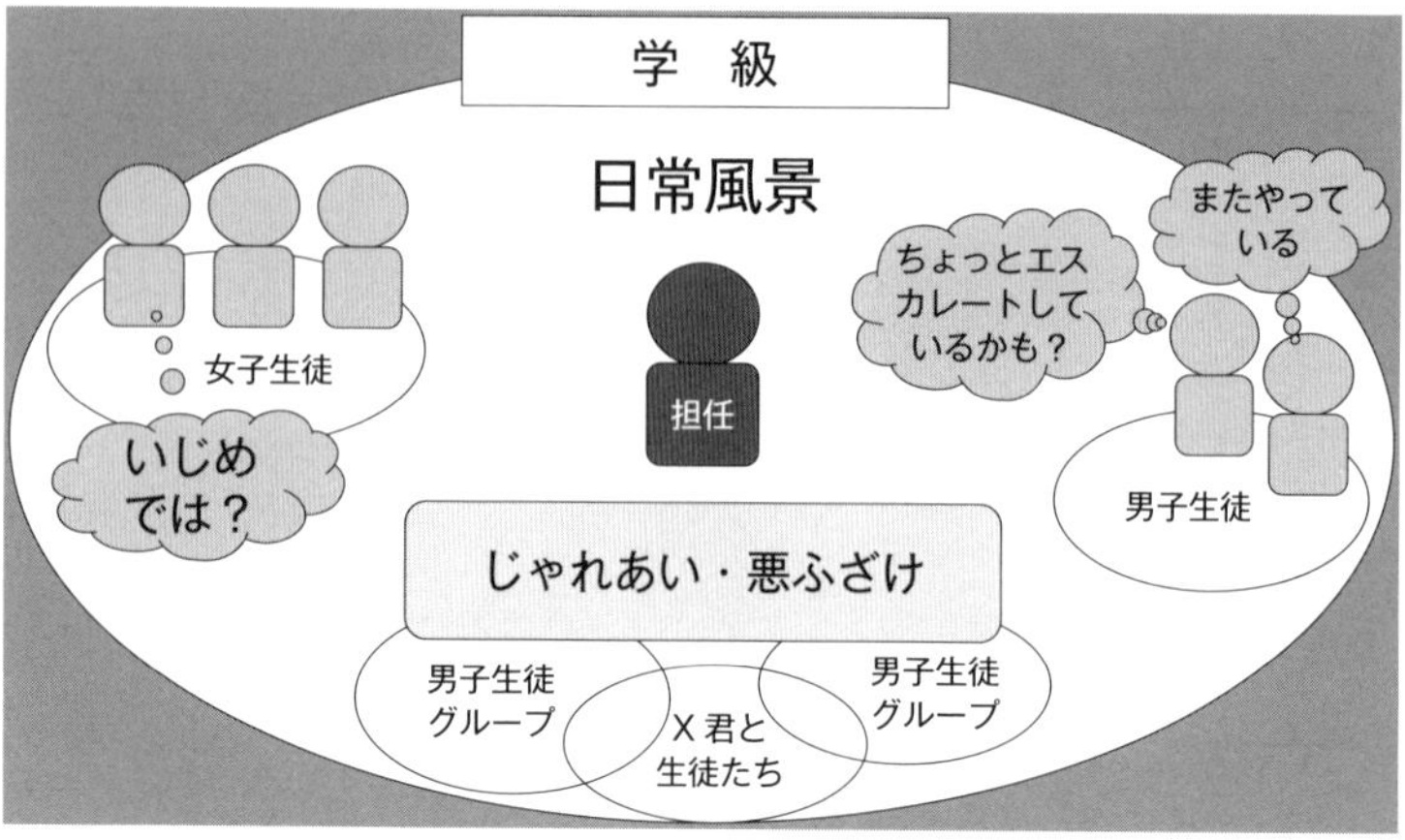

図**2**

まりP君やQ君といった男子生徒たちにとっては「遊び」にみえたものが、異なる集団にとっては「いじめ」にもみえたかもしれない。それは女子生徒集団という「他者」の視点であり、Q君にとってはその場に自分たちとは異なったリアリティをもった集団が存在しえた、というわけである[12]。だが報道をはじめとした大津市事件をめぐる語りにおいては、男子生徒たちの「じゃれあい」や「遊び」とみなしていたリアリティはほとんど取り上げられることはなかった。一方「いじめ（ではないか）」というリアリティは「生徒たちの声」を代表する「真実を告発する声」として、各報道で積極的に取り上げられるようになるのである。

図2はP君、Q君らへのインタビュー、地裁・高裁の判決文、元担任の証言などから当時の学級の様子を再現したものであるが、担任は当時、学級という空間においては、複数のリアリティが混在する中で職務にあたっていたことが推測できる。そしてこれはあくまでX君と男子生徒らの「悪ふざけ」に焦点をあてた場

合の図式であることに留意しなければならない。当然ながら担任も生徒たちも、彼らのやりとりを中心に学校生活を送っていたわけではない。とりわけ担任は学級経営・集団指導と同時並行して個々の生徒指導を行っている。そのうえで彼は、X君から個別に相談を受けていたし、その際の主たるトピックは家庭の問題についてであったのだった。

（5） 担任からみた「問題」の姿

学級集団内では、P君やQ君の回想をもとにすれば、「じゃれあい」以上のリアリティをもちがたい男子生徒集団と、「いじめではないか」と感じていた女子生徒集団が併存していたことがうかがわれる。では担任が「いじめ」のリアリティをもつことがなかったのはなぜなのだろうか。このことを読み解くうえで重要なのは、一般的に本件が語られる際に「学校」や「学級」が前提となっているのに対し、担任が生徒であるX君を「理解」するうえでは、同じかそれ以上に重要なフレームがあったのではないか、ということだ。それは、「家庭」である。

証人尋問において、元担任は当時九月に入ってからX君に家庭のことで話を聞いたり、相談を受ける頻度が「一週間に二回、もしくは廊下ですれちがいながら一回」と徐々に増えていったと語っている。その中で元担任はX君から「家には戻りたくないっていうような話は何度か聞きましたし、戻りたくないから、二回ほど野宿したことがあるっていう話も聞きました」という。そしてX君が自殺する一カ月前、二〇一一年九月一五日には「X君が泣きながら学校に電話をしてきた」が、そのとき担任は不在であり、他の教師が対応した後に改めて担任がX君に電話し、相談を受けている。元担任によればその訴えの内容は、彼がX君の父と電話で話した際に、「USJ〔ユニバーサル・スタジオ・ジャパン〕に行ったことや、黙って家を抜けたこと、内緒でもっていた〔郵便貯金〕口座が知られてしまったと」いうものである(13)。これらの秘密が父親に知られたために、X君は厳しい叱責を受けたこと、それをふまえてX君から「お父さんに言う前に先に僕に話してほしかった」と訴えられていたというのである。

「じゃれあい」を「いじめ」にも感じる生徒たちが出始めたとされる九月中旬ごろ、担任がX君から聞いていたのは、一学期に引き続き家庭における悩みであった。それは無断外泊や父親の知らないところで口座から金銭を引き出し使用したという行動に対し、厳しく叱責を受けていたということであった。実際X君は九月中旬に父方祖父母の家から金銭を持ち出したことが発覚しているように、素行という観点ではむしろ家庭内において不安定さをみせていたことがうかがわれる。担任にとって、X君に対する生徒指導上の「問題」は、ここにあったことが推測できるだろう。

だがX君とA君らとの関係は担任にとって大きな問題としてみなされなかったのはなぜだろうか。ここで注目したいのは、前述した金銭の持ち出しに対してX君が書いた反省文の内容である。地裁判決文によれば、彼は反省文を父親の要求のもと複数回書かされているのだが、自殺する前日に書いた父方祖父母宛ての反省文の最後には次のようにあるとされている。

「それでも、俺には、悪い友達は一人もいない。それだけは、わかってほしい。」〔地裁判決文 五〇頁〕

無断外泊や父には秘密にしていた口座の使用、祖父母宅からの金銭の持ち出し。X君のこういった行為の背景にみえてくるのは、A君ら「友だち」の存在であった。保護者にとって、X君とA君らとの関係性は憂慮すべきものであったことは想像にかたくない。端的にいって家族からすれば、それは「悪い友達」の関係であるといえるし、よくいわれるところの「包摂型のいじめ」ともみなせるかもしれない。だが、X君当人はその評価に反発を示していた[14]。

担任にとってはどうだろうか。ようやくここで、我々は本節(2)でみた元担任の証言の不思議さを理解できるように思われる。「X君は家のことで苦しんでいた」と元担任は述懐する。そしてその具体的なこととして、「友だちのこと」があげられていた。この並列関係が示すことは、「家」と「友だち」のあいだの葛藤状況こそX君の悩みであったと彼が理解していたからではないか。彼の「生徒理解」においては、X君にとってA君たちは「友だち」であったのだから、「『いじめ』で自殺したとは思っていない」し、そもそも「いじめだと思っていない」ということになる。ゆえに一部生徒から「いじめではないか」という声があがっていたとしても、X君本人から話を聞き続けてきた担任は、「いじめ」という枠組で彼らの関係性をみることはなかった。最も中心の近くにおり、最も彼から話を聞いていた担任教師として、元担任はいまもなお「『いじめ』があったとは思っていない」のではないだろうか。

本章が導き出した元担任のリアリティに対し、その是非を判断することはできない。だが「よく聞くいじめ問題」に埋もれてしまった、異なる物語として注目する必要はあるはずだ。

四　教師が語り手となるためには

大津市事件は、これまで日本社会が経験してきた「いじめ問題」のファクターをつなぎ合わせたようなかたちで社会問題化されたといってよい。つまり「陰惨ないじめがあり、教師はそれを放置し、学校や教育委員会はその事実を隠蔽する」という、「よく聞く話」をベースに社会に広く流通した事件であったといえる。

それに対し、「いじめだとは思っていない」という主張を徹底して覆さなかった元担任の声は、社会の中でほとんど拾い上げられることはなかった。彼の声を、私たちはどのようにとらえるべきだろうか。「責任逃れ」として頑なに「いじめ」と認めていないとみる向きもあるかもしれない。高裁判決文においても、彼が語る自身の認識は「控訴人らの亡Xに対するいじめ行為があったとすれば、亡Xの自殺について責任を追及され得る立場にあり、その証言の中立性、客観性は慎重に判断する必要があるのであって、亡Xと控訴人Aとの間の出来事に対するG教諭（元担任）の上記対応にも照らすと、G教諭が、その証言どおりの認識を本当に有していたかは疑問であるといわざるを得ず、その証言を直ちに採用することはできない」（三五頁、傍点引用者）として信用性を棄却されている。

この高裁判決文においても、第二節でみたような担任教師に対する規範的命題がみてとれるだろう。教師、とりわけ担任は、「いじめ」に対する重大な責任があるのであって、当時の認識が「本当に」証言通りのものなのか信用できない、という。だがこの論理は元担任にとっては打開不能な隘路となっている。すなわち「いじめがあったか、なかったか」という検証を行う場において、教師の発言は「あった」というものしか採用されず、それ以外は「責任逃れ」として棄却されてしまいかねない。「魔女」としての証拠以外はすべて棄却される「魔女裁判」に酷似した論理がここにみてとれるわけであるが、その論理を支えるものが、一九八〇年代から発生した「よく聞くいじめ問題」という強力な社会的リアリティではないだろうか。この社会を生きている我々は、「いじめ事件」と聞けばそれ以外のリアリティを認識することができなくなっているのかもしれない(15)。

同様に、「よく聞く物語」にそぐわない声をあげられなくなったというのは、元担任個人の問題にとどまらない。ひとたび「問題」が起きた際に、教師のあげる声が「責任逃れ」として棄却されるのであれば、教育実践の主体である教師全般が潜在的に声を奪われていることに留意する必要があるだろう。本件に即してみれば、大津市、教育委員会が早々に「いじめ」の存在を認めたことで、元担任は外縁から押し寄せる「大きな物語」に包囲されていたともいえる。そんな中、なお「いじめだと思っていない」と声をあげたことの意味について、社会は特に関心を寄せないまま今日に至っている。

このように一般社会が「よく聞くいじめ問題」に囚われた末に起きるのは、私たちの個別具体的な生があるとき突然「よく聞く話」へと再構成され、またそれにそぐわないことは捨象されるという事態である。元担任の声が埋もれたままであることが示すのは、私たちの生は、外縁から押し寄せる「よく聞く・大きな物語」に無力であるということかもしれない。

だがその一方で、この「よく聞く物語」に異を唱える声があがりつつあるのも確かなことである。たとえば二〇一九年九月、当時中学男子生徒が受けたという「いじめ」をめぐる裁判において、被告である埼玉県川口市は準備書面の中で、いじめ防止対策推進法に対し「いじめの定義は子どもが『心身の苦痛を感じている』と主張しさえすれば、子どもの行為のありとあらゆるものが該当し得ることとなる」ものであり、法律として整合性を欠き、教育現場に弊害をもたらす欠陥があると主張した（読売新聞埼玉 二〇一九年九月一九日）。さらに同年一一月には、全国都道府県教育長協議会が「いじめ防止対策推進法改正案」に対する意見書の中で、第二条「いじめ」の定義（「児童等が心身の苦痛を感じている行為」）の追加項目である「児童等に心身の苦痛を与えるものと認められる行為を含む」（第二項）に対し異議申し立てを行っている。この追加項目は、「心身の苦痛」の主体である被害児童生徒が不在であっても「いじめ」の存在を発見可能なものとしているといえるが、教育長協議会はこれに対し、善意でなされたものも含めあらゆる行為が「いじめ」に該当しうることとなり、「児童等の人間関係の形成が萎縮し、希薄になるだけでなく、学校現場を萎縮・混乱させる恐れがあり、慎重な検討が必要である」と主張している(16)。

「教師や学校はいじめに気づかない、気づいていても見逃し、あるいは隠蔽する」という「物語」は、「いじめ」の実体性・可視性（「いじめ」は実体的に存在し、それゆえに発見可能）を前提としたものである。一方埼玉県川口市や教育長協議会の声は、教育現場の立場から、この社会が培ってきた（そしてさらに混迷をみせている）「いじめ」観に一石を投じるものとなるかもしれない。わかりやすくなじみ深い「物語」のもつ力が極めて大きなものであることは、本章を通して繰り返し確認してきたことであるが、「物語」は語り手と聞き手が存在することではじめて成り立つものである。教育現場に立つ者たちが新しい語り手となりうるのか。それは聞き手である私たちが、どのような「物語」を選ぶかということにかかっている。

注

（1） ただしここで特異な「大人」の存在として、X君と生徒たちの家族の存在がある。「いじめ」問題が、学校問題、そして社会問題へと展開していく中で、それぞれの家族は独特な立ち位置をもって参与していた。たとえばX君遺族は彼の死から約四カ月後の二〇一二年二月に「いじめ」を自殺の原因と訴える民事訴訟を起こし、以後本件はもとより「いじめ問題」全般にも強いコミットメントを示すようになっている。一方加害者とされる生徒の親たちの中には、X君の死後ほどなくして、彼らの関係性が「いじめ」であり、それによってX君が自殺をしたといった空気が漂いはじめていたことに、異議申し立てを行っている。

（2） 本章で用いる「中心と外縁」という概念は、ある出来事に対して一義的にそこに携わった人びと（社会集団）を、さらに囲う社会集団があり、その多層的な特質を示すものである。なお図1は学校教育において発生したとされる「いじめ問題」としての「大津市事件」の中心と外縁を図式化したものであり、X君遺族および加害者とされる生徒たちの家族は除外している。「家族」が社会問題としての本件において極めて重要な存在となっていることはいうまでもないが、ここでは学校教育における教室という「中心」に対し、それを取り巻く社会的組織の認識を重層的に俯瞰することを目的としているため除外している。

（3） 当時朝日新聞社記者であった豊田充氏の署名記事である。氏は当時いじめ問題に対し積極的な発言を行っており、一九八六年の「鹿川君事件」や一九九四年の「大河内君事件」を扱った著書がある。

（4） この主張に対し、出来事としての「いじめ」は発見できるのではないか、という反論が想定できる。しかしながら、そもそも今日まで続く「いじめ」の定義の根幹は、受ける側の「苦痛」の存在にあり、結局のところ「悪ふざけ」か「いじめ」かを区別するためには、被害者の心の中の「苦痛」の有無を判断せよ、という課題に直面せざるをえない。

(5) この記録については、本書第5章を参照。

(6) これに対し第三者調査委員会の報告書は、X君の自殺と家庭の事情の関係性を否定し、学校と教育委員会に対して「自死の原因を家庭問題へ逃げた」「組織防衛に走った」と厳しく指弾した(一五九頁)。すなわち、「組織の体面を掛けても、いじめと自死との因果関係を否定したいという動機が、こうした虚構を作り出し、いつの間にか、そのストーリーが真実味を帯びて信じられていったと思われる」(一六〇頁)という評価がくだされている。

(7) なおこの尋問の中で語られているX君の家庭の事情については、地裁および高裁判決の中でも事実として認められ、各判決文において公表されている。本章がこれを扱うのは、X君に対する元担任のリアリティを検討するうえで、この事象を切り離すことができないと判断したためであり、X君の自殺の「真相」の究明を目指すものではないことは重ねて断っておこう。

(8) 第三者調査委員会報告書、地裁判決、高裁判決においては、P君たちの回想とは異なり、これらの行為に加え男子生徒たちの殴打やX君のズボン降ろし、顔への落書きなどの行為をあげ、二学期には彼らの関係性は「いじめ」へと発展していったと判断されている。

(9) その象徴として扱われるのが、担任が生徒たちに発したとされる「やりすぎるなよ」という発言であるが、これについて元担任はA君たちだけではなく周りにも何人か生徒がいた中で、生徒たちが「大きな声を出していたため、やりすぎるなと言ったかは覚えてませんが、はしゃぎすぎるなという意味で言ったように思います」と答えている。

(10) 一方P君は、「僕が見ている中では、そんなに一気に力関係が変わったようには、そんな雰囲気も全然なかったんですけれど」と答えている。さらに「そんなに急変したっていう印象もなく。それで、いじめられているなっていう、まず、話は、僕は、亡くなってから『あったんやって』っていうぐらいで。そのときに、『えっ』って」と、彼らの関係性に対して「いじめ」という概念が出てきたのは、彼が自殺した後であったと語っている。

(11) これはQ君の印象ではあるが、地裁判決文においても「他の参加者が受けた罰ゲームが、せいぜい、すねにガムテープを貼ってはがす、女子生徒に土下座するといった程度にすぎなかったことを考慮すると、亡Xのみが著しく均衡を欠く罰ゲームを受けた」(五八頁)と、この罰ゲームには不自然さがあったと指摘されている。一方第三者調査委員会報告書では、このゲームはX君同意のもとで行われており、他の生徒も罰ゲームを受けていることからこれをもって彼らの中に力関係があったとはいい難いと判断しているように、この事象に対する評価は必ずしも一致していない。

(12) なお彼らの「悪ふざけ」や「じゃれあい」に対して女子生徒たちが注意をしたり、教師へ連絡していたことは地裁判決文の中でも示されている。さらに加害者とされるA君へのインタビュー(二〇一七年八月二三日)においても、悪ふざけをする自分たち(男子生徒集団)と、それに対して冷ややかな目でみたり、教師に知らせに行ったりするというネガティブな反応を示す女子生徒集団の構図がしばしば語られていた。彼によれば二〇一一年の一〇月五日、トイレでX君と殴り合いをしたことについて担任に呼び出された際も、担任は「女子からこういうこと聞いたけど」と切り出したという。そしてX君が亡くなった後の一〇月一一日には、一部の女子生徒がA君に教室の鍵を投げつけてきたという。このことに対しA君は「『おまえらやろ』っていう。その女子がたぶん言ってるんですよね」と、X君の自殺の原因として自分たちに非難が向けられている事態として理解していたようだ。

(13) X君は学業上の理由で家庭用ゲーム機を父親から没収されているが、この口座からお金を引き出し、父親に内緒でゲーム機を購入している。そしてゲーム機の所持が父親に発覚した際には、A君に頼むかたちで「借りた」と口裏を合わせてもらっていたことが明らかになっている(地裁判決文 三一頁)。

(14) 本章は、X君本人が「友だち」だと訴えていたのだから「いじめ」はなかった、と述べるものではない。たとえば被害者自身が「いじめ」の関係ではなく「友だち」関係であるという認識をもつのは「包摂型のいじめ」の典型である、と説明することも可能だ。本章はそのいずれの立場にも立たないことを断っておこう。

(15) ところで、このことはマスメディアの報道からのみいえることではない。本研究チームは本件に関係する多くの方々に面会、聞き取り調査を重ねてきた。しかしながら、最も「中心」の近くにいた元担任にお会いすることはかなわなかった。本件における「中心のリアリティ」は、単にマスメディアが取り上げないだけではなく、それに近づくこと自体の困難をも示している。そして本章で「お話を伺うことはできなかった」という結果を示したが、それは伺おうとする試みを続けたということであり、その試み自体が元担任にとって歓迎できないものであったことは明らかであるだろう。さらに「お話を伺うことはできなかった」と述べること自体が、彼の反応を記述することに違いない。

(16) 全国都道府県教育委員会ホームページより。http://www.kyoi-ren.gr.jp/_userdata/pdf/youbou/310124_ijimekaiseian.pdf(最終閲覧二〇二一年五月一六日)

文　献

伊藤茂樹　一九九六、「『心の問題』としてのいじめ問題」『教育社会学研究』第五九集、二一一―二三七頁。

北澤毅　一九九七、「他者の不透明性について――『いじめ自殺』をめぐる言説分析を通して」『立教大学教育学科研究年報』第四〇号、一四九―一五九頁。

山崎哲　一九九五、「いじめの諸相　その変遷」別役実・芹沢俊介・山崎哲『「いじめ」考』春秋社、四一―五七頁。

(執筆　第一節＝稲葉浩一、第二節＝山田鋭生・稲葉浩一、第三・四節＝稲葉浩一)

III

囚われからの解放へ

8

未完のいじめ自殺
——物語としての判決と羅生門的解釈——

間山広朗

一　物語としての裁判

（1）本章の見解

二〇一二年二月以来、大津地裁で長らく審理された末の一審判決（二〇一九年二月一九日）は被告生徒側によって控訴され、大阪高裁で一年の審理を経て、原告遺族側に四割の過失責任を認めた二審判決（二〇二〇年二月二七日）が下された。遺族はこれに上告したが最高裁で棄却され、二審判決が確定することとなった（二〇二一年一月二一日）。九年に及ぶ共同調査をしてきたわれわれが感じてきたことの一つは、大津市事件に対する社会的関心は非常に高く、多数の報道がなされ、インターネットには関係者を非難することばが溢れている一方で、裁判の全体像は驚くほど知られていないということである。[1]裁判所が一審・二審判決を公開した後もその事情は変わらない。[2]

本章はその全体像にあらためて接近しようとしている。裁判の争点、事実認定、そして確定した判決の結論とはどのようなものか。まずはこれらを再構成したい。これが本章の作業の大部分を占めるのであるが、そのうえで、社会学的な研究には何ができるのかを問うてみたい。

この裁判に対する本章の見解をあらかじめ述べておこう。それは、本事件が「いじめ自殺」であったのかどうかは「わからない」というものである。被告生徒側の味方をするのかと誤解されるおそれもあるが決してそうではない。一方、原告遺族側の味方をするわけでもない。本章を終えるまでには、「わからない」と述べることの意味を明らかにできるように思う。

（2）裁判と「真実」

本事件は最高裁に至るまで約九年をかけて審理されて判決が確定し、真実は明らかになったのではないかと思われるかもしれない。しかし、法学における裁判判決の捉え方からすると、ことは単純ではない。裁判ではまず事実が認定され、それに対して法的に解釈されたうえで法が適用され判決が下される。これが裁判に対する一般的な理解であろう。しかし、法社会学者の棚瀬（二〇一三）によれば、事実認定と法解釈や法適用はそれぞれ独立しているという一般的な理解に対しては、「すでに法学リアリズムの中でも、法および事実の不確定性、また結論を取得していく過程での未分化な正義感情の果たす役割といった根拠から、裁判の現実の姿とそれ（一般的な理解）は違うという批判がなされてきた」のであり、「裁判官は必ずしも法と事実から結論を三段論法的に推論していくのではなく、多かれ少なかれ結論そのものの妥当性について直観的な把握を行なっているということ」が以前から指摘されてきた（一五六―一五八頁）。

これは、裁判が真実を見誤って冤罪をもたらすおそれがあるという意味ではない。ベネットとフェルドマンの『法廷おける現実の再構成』（Bennett & Feldman 1981）に示唆を受けて、法の物語性を論じてきた法社会学者の北村（一九九一、二〇〇四、二〇二〇）は次のように論じている。たしかに、事実認定は「作られる」ものであるとアメリカの法学が主張し始めた一九七〇年代には、裁判所の事実認定の方法の欠陥から生じる不正義を是正する必要性が説かれたのであり、ありのままの事実、つまり真実の存在が否定されたわけではなかった。だが、現代の社会科学においては、「『事実』が『作られる（構築される）』」ということの意味をより積極的に真剣に受け止めようという考え方が広く受け入れられている」（北村 二〇二〇、五九頁）という。

裁判における事実認定とは、「客観的な真理の発見というよりは物語の構成要素の整合性の判断に深く関わる」（北村 二〇〇四、六三頁）ものであり、「事実が結論に合うような形で語られうる」ことこそが「裁判の正当化の形式を維持しつつ現実妥当性を確保していくことを可能ならしめる」（棚瀬 二〇一三、一五八頁）。つまり、「真実」を唯一ありのままの生の事実として捉え、裁判の事実認定が「真実」を反映しているかどうかを検討するのではなく、「真実」なるものがいかにしてそれとして構築され事実認定がなされるのか。それを「物語」の視点から解き明かすことを研究課題とする立場が、法社会学において展開されるようになったのである。

（3） 物語としての判決

この立場は人文社会科学における広い意味での構築主義が共有するものであるが、事実（真実）や現実と「物語」とのかかわりを考えるうえで、黒澤明の映画『羅生門』がたびたび引き合いに出される。

『羅生門』では、一人の男の死をめぐって事件当事者が三者三様の証言を行い原作名どおり真相が「藪の中」に向かっていくが、芥川龍之介の『藪の中』との違いは、「藪」から抜け出そうとする人間の姿、さらにはその姿を解釈し評価する主体を物語内に、そして物語の外に積極的に産出している点にあるのではないか。

『藪の中』では事件当事者たちはそれぞれ自らの「現実」を語り、そのまま小説世界は終わる。しかし『羅生門』では、事件現場に居合わせた杣売《そま》りが下人に伝え語る。終盤では杣売りの語りまでが物語内の聞き手である下人によって別様に解釈される危機に陥る。そしてラストで羅生門に捨て置かれた赤子を杣売りが抱いて歩み始める姿に、物語の「外」にいたはずのわれわれは、人間に対する「信頼」、あるいは売り飛ばすのではないかという「不信」、いずれかでなければさらに別様の物語を、解釈する必要性を突きつけられる。そうした構成になっている。

『羅生門』は、ベネットらの訳書の「日本語版への序文」でも取り上げられている。『羅生門』は、「『現実』とは、それについて人々が物語を語るようなある確固とした実体などではなく、行為、場面、意図、手段といった素材を使い、それらをさまざまに再配置することによって人々が構築するなにものかである」ことを示唆する作品であると言及され、加えて、「ここから学べることは、『現実』というものがその素材のみに基づいているのではなく、素材について私たちが行う解釈にも依存している」ことであるという（Bennett & Feldman 1981／邦訳 二〇〇七、i頁、傍点引用者）。つまり『羅生門』は、単に物語内の現実の多元性を指摘するだけでなく、物語の外にいると思っているわれわれが、現実の多元性をその「続き」を含めて解釈することによって、当の物語が完成することを示している。もちろん「続き」もまた一つの物語であるが、本章ではこれを「羅生門的解釈」と名づけ、後半で検討したい。

ところで、ベネットらの訳書には「物語としての裁判」という副題が付されている。裁判を物語として捉えるとはいかなることか。ベネットらは次のように述べる。

> 人々が物語を使用して裁判事案について語るやり方に耳を傾ければ傾けるほど、物語は単に物事を記述するための道具ではないということに私たちは気がついていった。明らかになったのは、物語が強力な分析的機能を果たしているということであった。
>
> （Bennett & Feldman 1981／邦訳 二〇〇七、二一一―二一二頁、傍点引用者）

物語が「分析的機能」を果たすとはいかなることか。ベネットらは、物語の次のような特徴が、裁判における法的判断を可能とするとともに、判決を理解可能にしていると説明している。第一に、物語は大量の情報を人々が秩序づけることを可能にし、裁判における情報負荷の問題を解決する。第二に、犯罪行為についての対立する異なった説明を解釈するという課題に対処するために、物語は裁判において本質的に重要である。つまり、「物語は、行為と文脈との間に緊張関係をうちたて（set up a tension）」、行為と文脈のある結びつきを肯定し、別の結びつきを否定することを可能とするのである（前掲書、九―一一頁）。

二　争点としてのいじめ

では、大津市事件裁判はどのような物語を紡いだのか。本裁判における争点は、自殺という損害に対する賠償を争ってきた観点からすれば、自殺の原因はいじめか否かであった。当事者主張と裁判所判断を地裁判決から確認することから始めよう[3]（地裁判決ウェブ公開版。以下、引用部分は「地裁　〇〇頁」と表記）。

（1）いじめの有無、態様等

原告遺族側は以下七点に分類できるいじめ被害を主張し、被告生徒側A・Bはそれぞれに応えている。一覧表にされた被害は、行為番号上五五件に及ぶ。以下はそれらの要約である。

【地裁判決における当事者主張と裁判所の事実認定】

①　転倒させ殴打・足蹴等の暴行

原告による最大の主張。行為番号上A二三件、B一九件の加害行為が主張された。

Aは、プロレスごっこや「こかし合い」、ボクシングのまねをして顔面に当たってしまったこと（一〇月三日）、トイレで顔面を一発殴ったこと（一〇月五日）の三件は認め、それ以外は否認。

Bは、遊びであったが「こかし合い」や柔道の寝技をしたことと、九月頃Xを転倒させて頸部を踏んだことの二件は認めたが、それ以外は否認。

裁判所は、これら被告否認の多くを否定して加害行為として認定。
② 蜂の死骸を食べさせようとした（九月二九日体育大会時）
Aは、じゃんけんで負けたXが罰ゲームを拒否したためXを後方から倒して押さえつけたことを認め、Bは、Xの唇に蜂の死骸をのせたことは認めるが、ふざけ合いの一環であり、Xの承諾の範囲内のことであったと主張。

裁判所は被告主張を認めつつ、「参加者の間に『Xでいいか』という雰囲気が形成され」、「生徒の中には、止めるように注意する者、Xが見世物にされているとの印象を持った者、他の男子生徒に助けてあげてほしいと依頼する女子生徒も存在した」（地裁 三九頁）と小括。
③ 下半身を半ば露出させ嘲笑（原告主張上Bは非関与）
Aは、ズボンをずらすいたずらは色々な生徒に頻繁に行っていたが、Xには九～一〇月頃一回行った際嫌がったためそれ以後は行っていないと主張。

裁判所は、AとBが「個別に、または協力して」加害行為を行い、「時にはXの下着や臀部が露出するほどズボンを下げることもあった」（地裁 二八頁）と認定。
④ 顔面に落書き（九月中旬）
Aは、床に倒れこんで背後からXを押さえ込んだことは認めたが、Xも笑い、恥ずかしそうな様子も見せずにいたと主張。Bは、Xの頬にペンで線を書いたことは認めたが、Xは笑いながらやめるように言っており、その後、Xとの関係に変化もなかったと主張。

裁判所は、「多数のクラスメートがXは嫌がっていた旨警察官に対して供述していた」（地裁 三三頁）ことからこの行為の加害性を認定。

⑤ 眼前で筆記用具や教科書等損壊（九〜一〇月）
Aはこれらを否認しBはインクで筆箱を汚損したり成績カードを破いたりプリントに自らの印を押印したことは認めたが、ふざけ合いでありXの承諾のもとで行ったと主張。

裁判所は、複数のクラスメートによる目撃証言から教科書や資料集の引き裂きなどを加害行為として認定したうえで、「亡Xのノートには、『Xキモイ　シネ』などの記載がなされていた」（地裁　三八頁）と付記した。

⑥ 自殺の練習や万引き等強要（九〜一〇月）
三階の教室の窓を開けて窓枠に腰掛け、外に落ちる寸前に窓枠を摑む行為。Aはこれをよくしていたが、自らが注目を浴びるためであり、他の生徒に強要したことはないと主張。本件に関する裁判所の言及なし。

⑦ 自宅を訪問して部屋を荒らす（一〇月八日）（原告主張上Aは非関与）
原告は、BとCがX宅を訪問してXの部屋を荒らし財布を机の下に隠し、コミック本一八冊・腕時計を窃取し、二時間後返して欲しいと連絡したXと公園で会ったがBらは返さなかったと主張。

Bは、本と腕時計は譲り受けたのであり、「こかし合い」をして遊んだため部屋が散らかった可能性はあるが意図的に荒らしていないという。財布も隠していないと主張。

裁判所は、他の同級生の警察証言からBの主張を否定。加えて、机の下にあった「当該財布に在中していた金額は三五円だった」（地裁　五二頁）と付記。

（2） 地裁判決の結論

以上の原告・被告当事者の主張に対する事実認定に基づき、地裁は、X・A・B三人の関係性、いじめの有無、そして自殺との関係について結論を出している。原告の主張は、被告らがXにいじられキャラを押し付け、その関係性の中でなされたいじめ（①～⑦）は一連一体の継続的なものであり、耐え難い精神的肉体的苦痛を与えた共同不法行為であるというものである。Xは執拗で苛烈な暴行や屈辱的な言動その他の陰湿ないじめにより耐えがたい苦痛を被り自己肯定感を喪失していき、学校でつらいことがあった旨示唆したうえで希死念慮を示した後に自殺したものであり、いじめと自殺には高度の蓋然性があり両者には事実的因果関係があるという主張である。

一方、被告の主張は次のように小括できる。Aの主張は、Xは四月以降AやBの自宅に頻繁に遊びに来てときには宿泊し、夏休みにはUSJや花火大会へ行く仲の良い関係であり、Xが父に無断で購入したゲーム機をAが貸したことにする「口裏合わせ」をした（九月二一日）関係であり、Aの行為は男子中学生友人間の遊びやけんかの範囲内であったというものである（地裁 五頁）。Bの主張も同様のものである。XはBの自宅によく遊びにきて、夏休みには週に二回程度宿泊し、お祭りやUSJなどに行き、互いに最も親しく一緒に過ごした友人であり、トラブルはあってもXとBの互いの態度に変化はなかった。違法ないじめと評価されるものではない、という主張である（地裁 六頁）。

地裁判決は、被告主張の大半を退け、請求額のほぼ満額の約三七五〇万円の賠償を命じた。原告側の主張は、（Cが賠償責任を負わない点以外）次のようにおよそ全面的に認められた（以下は、判決文に（ア）

〜(オ)の記号を付して段落分けし、〔　〕内に日付等情報の補足や証拠記号削除、ならびに人物名表記について修正を施したもの。これ以降の判決文抜粋時も同様)。

【地裁判決抜粋(地裁　六一―六二頁)】

(ア)　二学期に入るとA及びBが仕掛ける側・「いじる」側、Xが仕掛けられる側・「いじられる」側という関係が固定化し、これが(略)Xを格下と位置付ける意識の形成につながり、(略)行為が更にエスカレートしていったことが認められる。そしてこうした(①〜⑦の)行為はそれ自体がXに心理的負荷を与えることに加え、A及びBとの友人関係の崩壊と上下関係の構築・固定化に伴うXの強い孤立感・無価値感の形成に結び付いていった。

(イ)　Xはこうした状況の中、祖母〔九月二五日〕や塾の友人〔九月二六日頃〕に希死念慮を示唆、吐露することがあり、その原因は学校にあることも示唆していたが、体育祭〔九月二九日〕後は希死念慮を口にすることとすらなくなった。

(ウ)　一〇月上旬には、XはAから連日にわたって強く暴行されることになり、ここに至り、被告少年らとの関係からの離脱ともみられる行動に出たが、

(エ)　その翌日の休日〔一〇月八日〕には、B及びCに自宅に訪問されて、強く困惑させられることとなったことから、自宅においても被告少年らとの関係から解放されないとの強い不安感を抱くことになり、

(オ)　長姉への相談〔一〇月九日「どうしたらばれずに学校を休めるか」(地裁　五三頁)〕からも明らかなとおり、本件中学校への登校を避けられないかを考えるようになっていった。こうした事実経過の中、Xは三

連休が明けた一一日朝の登校時刻に自殺したのである（略）。

以上より、裁判所は、「Xの自殺の主たる原因は、被告少年らの（略）行為及びそこから形成された関係性にあったと優に認めることができる」（地裁　六二頁）と結論づけた。高裁判決でも同様にいじめと自殺の因果関係が認められた。

（3）　いじめ物語としての判決

さて、ここまでを読んでどのような感想を抱くだろうか。裁判には物語的特徴があると言及したが、以下では、判決文について具体的に考えてみよう。個々の加害行為の事実認定に際して、たとえば、前述の⑤で「亡Xのノートには、『Xキモイ　シネ』などの記載がなされていた」と付記し、誰が行ったかは事実認定できないまでも加害行為を推論させる表現や、⑦B・CのX宅訪問後机の下から見つかった「当該財布に在中していた金額は三五円だった」と付記し、現金窃取を事実認定できないまでも加害行為として推論させる表現が物語的であるとみなされるかもしれない。しかし、物語が「分析的機能」を果たすということの意味は、このようなレトリックの使用にとどまらない。以下では、地裁判決の結論部を物語として捉え直してみたい。

右記の（ア）〜（オ）は、地裁判決の言い渡し時に裁判長が読みあげた判決要旨とほぼ同じ内容である。筆者は判決傍聴時、「いじる側・いじられる側」「仕掛ける側・仕掛けられる側」という表現が気になった。後日、判決文を通読して気づいたことは、これらの表現は原告主張にも被告主張にもほとんど出てこないにもかかわらず、判決の言い渡し時に裁判官がわざわざこれらの表現を使用することに違和感を覚えたということである。ベネットらによると、裁判判決を一つの物語とみなすならば、「読み手」は以下の三点を行うことになる(Bennett & Feldman 1981／邦訳 二〇〇七、八二頁)。[4]

(1)その物語によって説明されるべき中心行為を探し出すこと。
(2)物語を構成するさまざまな要素を連結させること。
(3)その要素連結を、一貫性や、中心行為との関係において評価すること。

これらは翻って、判決の書き手、つまり裁判官が判決を書く際に、読み手がこれらのことを行えるように留意する点でもある。判決の書き手が「いじる側・いじられる側」「仕掛ける側・仕掛けられる側」という表現を使用する必要はどこにあったのか。

判決(ア)〜(オ)は、Xが自殺に至る事情を時系列に沿って示している。そのため読み手は、(ア)のために(イ)が生じ、さらに(ウ)以降へと展開するストーリーとして理解できる構造になっている。だが、注意深く読むと、(ア)〜(オ)は、必ずしもそれぞれ単独で、かつ(ア)〜(オ)の順に立証できる性格のものではない。五つのパートは互いに互いの根拠を構成し合っている。まず、(ア)Xの「孤立感・無価値感の形成」は、それ自体単独で観察できるものではない。これは(イ)「希死念慮の表明」によって推論可能であるとともに、「孤立感・無価値感」によって「希死念慮」が表明されたのだと理解できる構造になっている。ベネットらの用語で言えば、「孤立感・無価値感」と「希死念慮」という要素が連結されている。

（ウ）〜（オ）の展開にはさらなる要素連結がみてとれる。（ウ）「関係からの離脱行動」に出たが、（エ）「自宅においても解放されない強い不安感」を抱き、（オ）「登校を避けられないかを考える」ようになっていった中、「登校時刻に自殺」したというように、それぞれの要素が傍点部の表現によって連結されている。しかし、このストーリーがXの主観的現実を表していると言えるだろうか。

「登校を避けられないかを考えるようになっていった中」のXの行動として、地裁判決では、たとえばB・Cによる自宅訪問（エ）の翌日（一〇月九日）の卓球大会での様子が事実認定されている。「朝には、ぼうっとして少し下を向いており、日頃亡Xのことを元気で賑やかな人物だと考えていた同部の友人が少し驚くほど元気のない様子であった」が、一方で、その日の「試合には数回勝利し、試合の合間には楽しそうに同部の友人と隠れん坊をして遊ぶこと」もあったという（地裁　五二頁）。また、その翌日（一〇月一〇日）は、母らと墓参りに出かけ、父の好物を土産に購入して帰宅し一緒に夕食を取ったという（地裁　五三頁）。テレビドラマの脚本であれば、こうした場面ごとに「だが、憂いの表情を浮かべた」などのト書きが可能かもしれないが、Xが生きたのはドラマではなく現実である。この（ア）〜（オ）の短いストーリーがXの主観的現実を表していると言えるために越えねばならないハードルは案外高い。

もうひとつ、（オ）「登校時刻に」に着目しよう。時刻は八時一〇分頃でありたしかに登校時刻であったのかもしれないが、それを「朝食後」、あるいは後に見るように「父との電話後」ではなく他ならぬ「登校時刻に」と判決の書き手が記述したのはどういうわけか。ベネットらは、物語を構成する要素連結の五つの手法をあげているが（Bennett & Feldman 1981／邦訳 二〇〇七、五八—七四頁）、ここで使用されているのは「言語的カテゴリーによる連結」である。

「登校時刻に自殺」という要素連結は、それ自体で自殺の原因が学校にあることを推論させるとともに、直前の「登校を避けられないかを考えた」こととさらに連結する。この連結によって、判決物語の読者は（オ）が（ウ）（エ）によってもたらされたものであると理解可能になる。したがって、この物語において自殺を決行した「時」に関するカテゴリーとして、「登校時刻に」が「適切」になっているのである。なお、ここで「適切」とは、物語内で使用されるカテゴリー関係上の論理的一貫性にとってという意味であり、必ずしもXの主観的現実を適切に示しているという意味ではない。

（イ）「体育祭（九月二九日）後は希死念慮を口にすることすらなくなった」という記述にも着目しよう。この記述は、九月二九日以降希死念慮の表明がなかったという事実を単に示しているだけではない。表明はなくとも希死念慮を抱き続けたことを推論させる。この（イ）の希死念慮をめぐる記述が、（ア）と（ウ）〜（オ）の展開、そして最後の「登校時刻に自殺した」に至るまでを一貫して連結させ、物語は完成している。

このような要素連結の様子を確認することで、判決物語の書き手が、（ア）「いじる側・いじられる側」「仕掛ける側・仕掛けられる側」という表現を使用する必要性がみえてくる。判決物語の書き手にとっては、事実認定した前述①の「暴行」に関する被害主張は圧倒的な量であるとしても、被告側が認めるものはわずかであるだけでなく、個々の行為を個別に認定するだけでは自殺の原因を説明するのは難しい。その点は②〜⑦についても同様である。また、裁判所は少なくとも自殺の一カ月前頃までは彼らの「仲が良かった」と事実認定しており、加害行為の総和だけでなく関係性の質的な変化を描き出さねば、自殺原因としての「孤立感・無価値感」を立証できない。そのため、「いじる側・いじられる側」「仕掛ける側・仕掛けられる側」の固定化という関係性の変化を「中心行為」として導入する必要が生じたと考えられるのである。

だが、どのような物語にも綻びはある。しかも判決はフィクションではなく現実に生起した出来事に基づいている。「多くの法的紛争の核心に存在するのは、行為の意味が不確かであるということである。その不確かな社会的行為の解釈を構築するためには、自然の出来事を単純化し、一連の関連情報を選別し、情報をある方法でシンボル化し、情報を秩序づけ」る必要があるのだが(Bennett & Feldman 1981／邦訳 二〇〇七、八二頁)、この作業に際して物語に綻びが生じる余地が生まれうる。

(イ)の「表明はないが希死念慮を抱き続けた」といえる根拠の前提として、希死念慮の原因が「学校」にあることの根拠はどこにあるのかを再び問わねばならない。第4章で明らかになったことは、高裁が証拠として採用する第三者調査委員会報告書の記述――希死念慮を聞いた祖母がXに「『家でつらいことがあったのか?』と聴くと首を横に振り、『学校?』と聴くと首を縦に振った」(報告書 一五―一六頁)――を裏付ける資料的根拠はないが、三者委がこれをねつ造する動機はないため祖母に聞き取りをしたうえで事実認定されたと高裁が「推認」したということである(第4章二節参照)。つまり、いじめ自殺物語を成立させる決定的な要素である学校を原因とした希死念慮について、高裁判決は、根拠がどこにあるかは「わからない」まま認定したのである。

三　争点としての家庭問題

本章は、裁判の原告・被告いずれかの立場に立つものではない。しかしながら、報道をはじめとして家庭問題の中身に言及する公的議論は——三者委報告書は言及しているもののほぼ全文墨塗りであり——裁判記録を除いて皆無に等しい。たしかに、家庭問題の中身に触れることはためらわれる。「書く」ということは、Xの自殺の要因として家庭問題を検討する可能性を開くことになるからである。だが一方で、これを「書かない」ということは、自殺の原因をいじめにのみ求めるのに等しい。いじめ自殺であるのか、そうとは言えないのか。どちらをも前提とするわけではない本章は、以下書かざるを得ない。

（1）　家庭問題に対する当事者主張

被告生徒側A・Bは七点に及ぶ家庭問題を主張し、原告遺族側がそれに応えて反論していると読める判決文の箇所もある。以下は判決文の要約である（判決の結論は本節（2）に整理する）。

【当事者主張】

①　別居、および離婚の見込みを告げたこと（一〇月一〇日）

Bは、一月にXの母が、七月に長姉が、いずれも父との不仲を理由に別居し、自殺前日には母がいつ自宅に戻るのかを尋ねたXに離婚も考えている旨告げるなど、家族関係が崩壊していたと主張。

原告は、ひどい嫌がらせやいじめ、暴行等を受けるストレスはまれに経験する強いものであるが、家庭問題は日常的に経験するストレスであり一般的に問題とならない程度と反論。

② 体罰

Bは、原告父がしつけと称してXを小学生の頃から厳しく叱責し、時に殴打したり足蹴にし、中学生になっても顔面にあざができるほど殴打しており、懲戒権をはるかに逸脱した身体的虐待を加えてXとの関係が悪化していたと主張。Aもまた、Xは九月一五日に体罰を受けた後に泣きながら中学校に電話をするような状況に置かれていたと主張。

原告は、子が不適切な言動を取ったときは厳しく口頭で叱り、繰り返した場合にはたたくこともあったが、理由もなく日常的にたたくことはなく、子と親との信頼関係を壊すようなものではなく、家族は十分コミュニケーションを取ってごく普通の家庭生活を送っていたと主張。

③ ゲーム機取り上げ（七月下旬）

Bによると、Xは七月中旬のテストの成績が良くなかったため父によって学習塾に通わされ、成績が良くなるまで大好きなゲーム機を取り上げられていた。

④ 友人関係の制限（九月二一日）

Bは、原告父がXの問題行動の原因が被告少年らにあると決め付けて校外で被告少年らと遊ぶことを禁止するなどしてXの居場所を失わせていったと主張。Aは、Xは原告父に九月二三日に予定されていたB宅での外泊を禁止され、以後の外泊を一切禁止されたことに言及。

⑤ 発達障害の疑いを告げる（九月二五日）

Xが祖父母宅から現金を持ち出していたことが父に発覚。発達障害を疑って心療内科での診察を検討していた原告父から「お前は病気である[5]」などと言われ、Xは自宅を飛び出して自宅マンション一階のソファで一晩過ごすなどし、精神的に大きな衝撃を受けていた。このようにAは主張した（九月二九日時点で受診予定は一〇月一三日であった（地裁　三五頁））。

⑥　現金持ち出しに関する反省文（一〇月七日〜一〇月一〇日）

Xの現金持ち出し発覚後、中間テスト期間に入り、終了後の一〇月七日から自殺前夜まで、Xは複数回の書き直しを経て父方・母方の祖父母に各三通の反省文を作成した。Bは、被告らによる恐喝を疑う父から厳しく金員の使途を追及され、叱責されながら手書きで繰り返し反省文を書き直させられたことで心理的圧迫を受けたと主張。Aは、Xが反省文の書き直しをさせられた際、「わるい友達は一人もいない。それだけはわかってほしい」（地裁　一一頁）と記載していたと主張。

原告は、反省文は内容も常識的でXを精神的に追い込むものではなかったと主張。

⑦　自死当日の状況（一〇月一一日）

Aは次のように主張。死亡当日、Xは自宅テレビの後ろにパンの袋を捨てたことで父から午前七時頃電話で叱責され、通話の最中にXが一方的に電話を切ったため午前七時五七分にも父から再度電話を受け注意された。Xはその約一三分後の八時一〇分頃自宅マンションから転落死した。

（2）当事者主張・地裁判決・高裁判決

①〜⑦からなる被告生徒側の主張を小括すると以下のとおりである（以下、地裁判決文一一頁の該当箇

所に（カ）〜（コ）を付して段落分けしたものである）。

【Aの主張】

（カ）　Xは、中学二年生の男子にとって精神的負担を伴う衝撃的な出来事である父母の離婚を亡Xと強いきずなを有していた別居中の母から（自殺の）前日に告げられたこと、

（キ）　父から暴力や厳しい叱責等を受けてゲームや友人との交遊を禁じられるなどしていたこと、

（ク）　そのような父から反省文を作成させられる中で、死亡当日の早朝に更に叱責されたこと等によって、悲しみ、気分の落ち込み、孤独、無力、希望の無さ、無価値感等の感情を抱き、これにより希死念慮が発生し、衝動的に自殺したとみるのが相当であり、被告Aの言動とXの死亡との間に事実的因果関係は存在しないというべきである

Bもおよそ同様に、被告少年らの行為とは別の多数の要因がXの自殺に強く影響しており、被告少年らの行為とXの自殺とのあいだに事実的因果関係は存在しないと小括した。

それに対して原告側は、Xは父を慕っており、自殺直前の中間試験前には一緒に問題集を解き、試験後には手応えを報告し、自殺前日に母と墓参りに出掛けた際には父の好物を購入し、帰宅後父の作った夕食を取るなどしていた。これらの事情に照らせば、被告らの指摘する家庭問題など存在しないと小括した。地裁判決もまた、被告側の主張する事実はおおよそ認めるが、家庭問題が自殺の原因であるとは認めなかった。地裁判決の結論は以下のとおりである（地裁判決文の該当箇所に（サ）〜（ス）を付して段落分けした）。

【地裁判決（六四頁）】
（サ）原告父の懲戒に対してXが自殺を考えるほど追い込まれるような心情に至っていたという事情はうかがわれない（懲戒が厳格なものであったことは否めないが、Xが懲戒や過干渉にうとましさ以上の感情を抱いていたことまではうかがわれない）。
（シ）結局のところ、被告少年らの行為及びそこから形成されたXとの関係性という学校における問題がなければ、Xがあえて自殺に至ったとは到底認められず、
（ス）家庭の問題は、せいぜい、学校における問題を抱えるようになったXの問題を家庭内で受け止めて家庭において安心感を与えることができず、その自殺を防止できなかったという意味において、自殺の一要因として作用したということ以上のものを見いだすことができない。

一方、高裁判決は過失相殺を適用し、地裁で請求された合計約三七五〇万円の賠償額を四割減額し、災害給付金と大津市による和解金を控除した合計約四〇〇万円の賠償を命じた。その事情は次のとおりである（高裁判決ウェブ公開版。以下「高裁　〇〇頁」と表記）。

【高裁判決（五五頁）】
（タ）Xには、自らの意思で自殺を選択したものであるうえ、祖父母宅からの金銭窃取という違法行為により自らを逃げ場のない状態に追い込んだ点〔⓪〕
（チ）X親には、家庭環境を適切に整えることができず、Xを精神的に支えられなかった点〔①〕
（ツ）特にX父においては、体罰〔②〕や病気の可能性の不用意な告知〔⑤〕によりXの反発心や精神的動

揺を招くなど、同居する監護親として期待される役割を適切に果たし得なかった点

高裁は、以上の点で過失相殺を適用する事情があると結論づけたのである（〔　〕内の番号は、⓪以外は本節(1)の要約に対応。⓪は控訴に際しての控訴人（一審被告生徒側）の補充主張。(タ)〜(ツ)の記号と段落分けは引用者による）。

(3) 家庭問題物語のゆくえ

ここで再現を試みた家庭問題物語を初めて知った読者はどのように感じるだろうか。以上は、家庭に原因があったとみなされることを目指して取り上げたわけではない。その逆に、いじめ物語同様に、事情を掘り下げてそれぞれに反論を試みると、「わからない」部分が増えてくるのである。

まず、被告主張(カ)〜(ク)についてである。前節のいじめ自殺物語に対して指摘したのと同様に、(ク)「悲しみ〜無価値感等」によって「希死念慮が発生」したといえる根拠が「わからない」。父の行為に対して希死念慮が表明された証拠が認められないばかりか、父との間の出来事は(キ)(ク)だけではない。原告主張どおり前夜に夕食をともにしたことをはじめ、Xが父を慕っていた事情も存在するが、この物語では排除されている。つまり、家庭をめぐる(カ)〜(ク)の短い物語がXの主観的現実を反映しているとはやはり言いがたいのである。

一方で逆に、地裁判決(サ)〜(ス)に対しては、次のような反論もたしかに可能である。(サ)Xが自殺を考えるほど追い込まれた事情（父にうとましさ以上の感情を抱いていたこと）はうかがわれないという

が、「自宅を飛び出して一夜を明かす」(⑤九月二五日)のは余程のことではないか。また、(ス)に対して次のような反論は成り立たないだろうか。(ス)の要点は家庭問題は自殺を防止できなかった点で自殺の一要因に過ぎないというものである。だが逆に、Xがそもそも家庭に居場所をなくしており、居場所を求めていた友人関係が急速に悪化したと考えるならば、(ス)を次のように言い換えることも可能ということになってしまう。「学校での問題は、せいぜい、家庭に問題を抱えるようになったXに対し、Xの問題を友人間で受け止めて学校で安心感を与えることができず、自殺を防止できなかったという意味において、Xの自殺の一要因として作用したということ以上のものを見出すことができない」と。

これは詭弁だろうか。中学生が自らの居場所を家庭に求めるのか、友人関係に求めるのか、あるいは他に求めるのか。ベネットら(1981/邦訳 二〇〇七)によれば、これは物語構成における五つの要素連結のうち「規範的連結」に属するものである。Xの「居場所」が彼の主観的現実において家庭にあったのか学校にあったのかは筆者には「わからない」が、規範的には子どもの第一の居場所は家庭にあるはずだとされるのであろう。この規範を前提にするならば(ス)の言い換えは詭弁であるし、遺族はわが子の居場所が実際に家庭にあったことを確信していたからこそ、いじめにしか自殺の原因を見出せなかったのであろう。

高裁判決(タ)〜(ツ)についてはどうか。城内(二〇二〇)は、高裁による過失相殺の適用に対して次のように反駁している。(タ)Xは「自らの意思で自殺を選択した」というが、「自殺総合対策大綱」(二〇一七(二〇〇八・二〇一二年改訂))は、自殺を人が命を絶たざるを得ない状況に追い込まれるプロセスとして捉える必要を論じており、本判決の立場（従来の裁判例の立場）に正当性を見出すのは困難であり、（タ）「自らを逃げ場のない状態に追い込んだ」というが、別居している母の元に逃げ場を求める余地もあったのであり、「逃げ場のない状態」との判決の認識は事実に反するという。また、（チ）たしかにXの両親は別居していたが、「離婚や別居自体が法的に非難されるべき選択でないとすれば、（略）夫婦の行動に、何の非難すべき点があろうか。（略）裁判所が前提とする理想の家庭像は、現実から乖離しているといわざるを得ない」ともいう。さらに、（ツ）を導いた「安易な体罰」（高裁 五三頁）との表現が、「思春期の子どもの教育に悩む父親の過ちに適切であるか」と問い、「発達障害の疑いの告知」についても、「障害の告知のタイミングは判断が難しく、早期の障害の自己認識が障害者本人の救いとなることもある。（略）未成年者を身近に見守り、その性格を最もよく知る親が良かれと思い行った告知を、誰が責められようか」というのである（城内 二〇二〇、二一―四頁。人名・記号を引用者修正）。

このような反駁を受けてみると、高裁が判決を下し最高裁で確定することとなった過失相殺のロジックが適切であるといえる根拠も「わからなく」なってくる。城内（二〇二〇）の反駁は、それ自体、ベネットら（1981／邦訳 二〇〇七）のいう「要素連結」を再編成した物語として読むこともできるが、ここでは、家庭物語を検討してみるとますます「わからない」ことが増えていくことは確かであることを確認しておきたい。

四　二つの争点の「客観的」な検討

ここまで、原告遺族側と被告生徒側がそれぞれに「事実」を主張し、互いの主張を否定し合ってきた裁判の様子を再現しようとしてきた。いじめと家庭という二つの争点をめぐる判決物語を検討すると「わからない」ことが増える一方であるが、両者を合わせて「客観的」に「公平」に検討すべきだと思われるかもしれない。次の**表1**は両者の主張を時系列に沿って整理したものである。このような表は、一見「わかりやすく」、Xの主観に迫る現実を俯瞰できたかのような錯覚に陥るが、注意が必要である。この表は、あくまでも裁判の原告・被告が主張し、裁判所が認定した事実を整理したという意味で「公平」なものであり得るが、客観的な装いを施したひとつの表現に過ぎない。

まず、当然ながらXの身には判決において認定された事実以外の事柄も生じていたはずである。他にも「いじめ被害」を受けていたかもしれないし、逆にAやBと心が通じ合う日々があったのかもしれない。判決にはA・B・C以外の友人はほとんど登場しないが、Xは彼らとだけ会っていたわけでもない。家庭に関しても同様であり、表に記載されたトラブル以外にも、あるいはそうした一部のトラブルなど霞むほどに良好な関係を示す事実があった可能性がある。また、当事者たちが主張する二つの争点以外に自殺の要因を推測することも可能である。たとえば、亡くなった日に返却されるはずだったであろう中間テストの結果については言及されてもいない。

訴訟当事者の主張や証人尋問に基づいて下される民事訴訟判決に登場しない出来事があるのは当然

表1　9月中旬以降の主要な事実認定

日付	曜日	主要な事実認定		
		いじめ問題(XとA・B・C)	家庭問題	その他
9/15	木		8月中の無断外泊やUSJ行き，預金引き出し判明後，叱責・体罰	(夜)Xは学校に相談の電話
9月中旬		友人関係変容・「いじる・いじられる」関係へ		
9/21	火		ゲーム機所持発覚(Aと口裏合わせ) 友人関係制限(9/23の外泊禁止)	
9/24	金		祖父母宅宿泊	
9/25	土		(朝)祖母に希死念慮表明 祖父母宅から現金持ち出し発覚 発達障害の疑い告知 (夜)自宅飛び出し	
9/29	水	体育大会時じゃんけん罰ゲーム(「手足拘束」「死んだ蜂」)		この頃までに塾の友人に希死念慮表明の可能性
10/3	月	Aと「ボクシング」で顔面負傷		
10/4	火	Aによる暴行の疑い		
10/5	水	Aにトイレで顔面殴打される		
10/7	金		現金持ち出しの反省文・書き直し(10/10夜まで)	中間テスト終了
10/8	土	B・CがX宅訪問(「荒らされた」「漫画・時計持ち去り」)		
10/9	日		(夜)長姉に「どうしたらばれずに学校を休めるか」と質問	(日中)卓球大会参加
10/10	祝		墓参り後母が離婚可能性に言及 自宅で父らと夕食・反省文完成	
10/11	火		父から自宅のXに2度電話(7時頃・7時57分頃)	8時10分頃転落死

であるし、そもそもXの身に生じた出来事すべてを取り上げてXの主観的現実に接近するのは不可能であるが、一方で「時系列」にも注意が必要である。この表のように「整理」されると、自殺当日にかけてXの苦悩が蓄積され続け、蛇口から注がれ続けた水がコップから溢れるがごとく限界に達したかのようなストーリーを読みこみたくなるかもしれない。だが、時系列もまた一つの物語的表現である。いじめ問題にしろ家庭問題にしろ、Xの主観的現実として、必ずしも九月中旬頃からの一カ月で急速に「悪化」「深刻化」したとは限らない。

判決は、「どうしたらばれずに学校を休めるか」という長姉への質問を、自殺動機が学校にあること、つまり本事件が「いじめ自殺」であることの決定的な根拠としているが、Xは何が誰に「ばれない」方法を知りたかったのか。まず欠席自体が誰にも「ばれない」方法を知りたかったとは考えにくい。「サボり」で欠席することが「ばれない」方法を知りたかったのだとしたら、誰に「ばれない」方法を知りたかったのか。A・Bらになのか、家族になのか、教師になのか。皆になのか。このことも「わからない」のである。

二つの争点を時系列に沿って整理し、両方合わせて検討してみても、それは「客観的に判断するという立場からの物語」を紡ぐ素材にしかならない。先述のとおり裁判としてはX本人と原告遺族側に四割の過失を認定した高裁判決が確定したが、原告・被告のいずれも納得してはいないはずである。「いじめ問題と家庭問題の両方が自殺の原因である」などと結論を出すわけにはいかない。

五　判決物語の続きとしての羅生門的解釈

地裁判決を中心に判決文を物語として検討してきて「わかった」ことは、皮肉にも決定的なことが「わからない」ということであった。『羅生門』同様、われわれは、判決物語を解釈する必要性を突きつけられている。そこで、判決物語の外に出て「わからない」ことの意味を検討してみよう。本事件を数学の証明問題のように解けると考えるわけではないが、まずは結論を「場合分け」して物語の続きを検討したい。

（1）　場合分け①――「いじめ自殺事件であったとは言い難い」場合

まず、本事件はいじめ自殺事件であったとは言い難いという結論を採用する場合である。いじめがあったとの確信をもって学校・市教委に働きかけ、裁判を起こした遺族を批判する気は毛頭ないが、第I部で示してきた過熱報道は一体何だったのか。いつしか報道から消え去った「自殺練習」という語をきっかけに「自殺に追い込んだ加害者」のレッテルを生徒たちに貼り付けた責任を誰がどのようにとることができるだろうか。

いじめ加害者のレッテルを社会的に彼らに最初に貼ったのは、報道ではなく学校である。第7章で検討されたとおり担任教諭はいじめを否定したが、学校・市教委はいじめを認めつつ当初は自殺との因果関係は不明と判断した。だが、ひとたび報道が過熱すると市長が学校と市教委の当初の判断を覆し、第三者調査委員会が組織され報告書が提出された。裁判ではこの報告書の内容が証拠として採用され事実認定がなされていった。そうして下された判決の「わからなさ」はみてきたとおりである。あくまでも場合分けであるため、責任の所在を特定することに意味はないが、加害者とされた生徒への影響に加え、当該学校の教員や生徒、そして大津市立学校への影響をどう考えるべきだろうか。さらに、影響は教育施策に及んでいる。教育委員会制度改革、道徳の「特別の教科」化、そしていじめ防止対策推進法の制定は、教育現場に多大な影響を及ぼした。その意味でも本事件の社会的影響は極めて大きいが、これら施策が「大津市いじめ自殺問題」を枕詞に展開されたことをどう考えるべきか。もう誰にも責任はとれまい。

とはいえ、地裁判決を待たずに改革や法制定がなされたことを考えてみても、以前から改革すべきと考えていた政治的勢力にとっては、本事件の「真実」などどうでもよかったとみなす方が自然である。二〇一二年七月の過熱報道から一年も経ずに成立したいじめ防対法については、政治的アピールとして批判するよりも、与野党を超えて反対勢力もなく成立したことから、いじめの捉え方や指導のあり方、そして自殺事件の痛ましさに不満を抱き続けてきたこの社会の「歴史」が、法律を制定させたと考えることもできる。しかしながら、社会がいじめ自殺であることを自明視した本事件でさえ「わからない」点が少なくないことから考えると、本事件は例外的に不明な点が多い特殊な事例であるがこれまでのいじめ自殺事件はそうではない、とはいえそうもない。本事件でさえすでに「歴史」の一部となりつつあることを考えると、「歴史」には再検証すべき余地がある。

（2）場合分け②——やはり「いじめ自殺事件であった」場合

一方、本事件はやはり「いじめ自殺事件であった」という結論を採用する場合である。社会が真実のありかを委ねる裁判が認めたのであるから、教育施策や法制定は結果的に適切で正しいものであった、などと単純にいえるわけがない。ここでは関係当事者について述べてみたい。

まずは「加害生徒」らについてである。彼らはいずれもいじめを否定した。また、担任教諭も当初からいじめの存在を否定し、社会的なバッシングに晒されながらも証人尋問に出廷し、あらためていじめの存在を否定した。

彼らの認識にはどのような意味があるか。彼らのいずれもが責任逃れなどからいじめを否定してきたのであれば、いじめ自殺の立証が困難になっただけでなく、遺族に二重の苦しみをもたらしたことになる。しかし、彼らが責任逃れからではなく、心底そう考えているのだとしたら、そしてそれでもなお「いじめ自殺事件であった」という結論を維持するならば、遺族自身もまたXがいじめに苦しんでいたことに気づけなかったという事実も合わせて考えると、事態はより深刻である。加害生徒らにいじめの意図はなく、九年経ってみてもやはりそう思えず、担任教諭もいじめであるとは思わず、家族も気づかなかった……にもかかわらず、本人の主観的現実においてはいじめを苦にして自殺したということになるからである。

本事件はそもそも裁判で確定される以前から社会的にいじめ自殺とみなされてきたが、学校や市教委の当初の認識をはじめローカルな地域社会では必ずしもそうではなかったし、ましてや「加害生徒」をはじめとしてすべての人びとの主観的現実を変えることはできない。その意味で、本事件はいじめ自殺物語として完成してはいない。だからこそ、第5章冒頭で触れられたように、遺族はXに代わっていじめ問題の解決という使命を果たそうとしているのではないか。言い換えれば、遺族にも自らの人生があるはずだが、「いじめ自殺遺族」として生きていこうとしている。そうせざるを得ないのだとしたら、いじめ自殺とは何と理不尽な出来事であろうか。そして、いじめを苦に自殺したことを関係当事者たちが「事後に知る」とすれば、これはXの事件を超えて深刻な事態である。「事後に知る」リスクを抱える人は膨大にいるからである。だからこそ、自殺を防ぐためにいじめを広く感知すべきであり、被害者の苦痛に共感すべきだという発想。これまでのいじめ自殺事件はこの発想をもたらしてきた。

（3）他者の苦痛に対する共感と物語

検討すべき「場合分け」の論点はまだまだあるが、羅生門的解釈を別のやり方でもう少し続けよう。地裁判決直後、筆者ら調査グループはXの当時のクラスメイトPと会っていた。傍聴した判決の概要を伝えて感想を尋ねていた際、Pは事件のあった中学生当時から「ずっともどかしさを抱えている」などと答え、次のように語ったのである。

> 社会的な流れとは別に、自分の中でもやっぱりこの事件に関しては、ずっともやもやしてるわけです。結局何がどうやったか。でも、結局、それが、もやもやがなくなることとっていうのは、やっぱり彼の気持ちを聞かないと絶対消えないと思うんです。（略）やっぱり、じゃあ本当のとこど

うなの？　というふうに聞きたくなるわけですよ。やっぱり、どっちに転んでも。最終的にはそこに尽きるのかな。彼が何も遺さずに命を絶ったということがもうすべてなのかな（二〇一九年二月一九日）。

Pには中学生当時から数回にわたりインタビューしてきたが、歯切れの良い回答がなかなか得られないという印象を有してきた。事件から七年以上経過したこの時点でも、XとAらは「悪ふざけ」していたと中学生当時とらえていた一方で、自身の記憶が薄れていく中で「当時の自分を信じたいですけど、やっぱり友達に聞いても『いじめがあったん違うの』と言われるような中で、どうしても自分のことはあんまり信じられない（略）。事実関係に関してはあのとき、中学生のときにいろいろ取材を受けたときに言ったことを、否定も肯定もいまはできないのが、正直な気持ち」であるという。これを読む読者は、Pは慎重な人だという感想や、PとXやAらとの関係性はどのようなものかといった疑問、あるいはXの苦痛に共感的ではないという印象を抱くかもしれない。だが、他者の苦痛に共感するとはいかなる事態なのかと問うてみると、Pの語りの意味は別様に解釈できる。

岡（二〇〇〇）は、他者の苦痛に対する共感について、他者が味わっているのとまさに同じ苦痛を共有することは原理的には不可能であり、「想像的な同一化」によって共感することは可能だが、それはあくまでも想像的なものに過ぎない点に注意を促している（岡 二〇〇〇、二二六頁）。この議論を受けて西田（二〇一九）は、他者の苦痛を理解しようとする作業が、「『わかることを』『わかりたいように』再構成してしまう危険と常に背中合わせである」と指摘する。そして苦痛を感じる者自身が語るのであっても、「『わかってもらえそうなことを』『わかってもらえるよう』語るとき、経験は物語に語り尽くされ、出来事の固有性、一回起性はきれいに削ぎ落とされてしまう」のであり、さらには、「例えばそれが家族を失ったケースであれば、こうした物語的成就は、過去＝亡くなった人を裏切ることにもつながる」とさえ述べる（西田 二〇一九、一八九―一九〇頁）。

クラスメイトとしてのXを失ったPは、「歯切れの悪い回答」をしてきたのではなく、実は、一貫して「わからない」と述べてきたのではないか。遺書がないのだからそれも仕方がないと述べたいわけではない。遺書の不在という事態は、自殺を意図的・計画的ではない突発的な行為として理解することを可能にする。そのようにXの死を捉えるならば、遺書の不在とは、遺すべき語りを遺していない一種の欠落とみなすこともできよう。しかしそうではなく、まさに「遺書の不在」という声なき声を受け取ることも可能ではないか。Xは遺書を遺さなかったのではなく、A・W・フランク（Frank 1997／邦訳 二〇〇二）が示した「混沌の語り（chaos narrative）」にすら届かない、声以前の声としての自殺そのものを遺した。そう考えるならば、いじめ、家庭、または両方のいずれかに自殺に至ったXの主観的現実を「想像」することだけが、この事件に対する向き合い方ではない。

Pの「彼が何も遺さずに命を絶ったということがもうすべて」という語りは、Xの死の意味を物語的に成就して「わかった」ことにすること、つまり「過去＝亡くなった人を裏切る」可能性を拒否し、「わからなさ」に耐え続けるふるまいであると解釈できるのである。

六　未完のいじめ自殺

本章が「わからない」と述べ続けたことの意味もまた、このふるまいに通じるものである。研究とは基本的に「わかったこと」を明らかにする営みであるが、本事件に対するわれわれの共同調査においては、関係者への聞き取りを重ねるほどに、そして判決が出るとなお「わからなく」なっていった。もちろん、単に実際そうであるから「わからない」と述べてきたわけではない。

現在、子どもが自殺すると最初にいじめの有無が探られ、ひとたび疑わしい状況が認められると、当事者は他の当事者からだけでなく「外部」からのさまざまな解釈に晒され、過去が「わかるように」構成されることになる。それは、「加害」当事者にも教師にも、あるいはクラスメイトにも、そして遺族にも、さらには自殺者本人にまでも避けがたく訪れる物語化による理解の暴力であるといえよう。この理解の暴力に直面する関係当事者は、よほど強力に抵抗できない限りおよそ無力である。この無力さは、自殺の動機を含む他者の主観性に関するわれわれ社会の相互行為の性質に由来するものである。J・クルターは次のように述べている。

> 成員たちが他の成員の主観性について実際上の決定を下すとき、この決定は取り消し可能性という性質をもっている。つまり、このような決定は、反論・反駁・反証される可能性から免れていない。その決定の論理的身分は、あくまでも〔他人に対する心的述語の〕帰属である。

（Coulter 1979／邦訳 一九九八、一〇七頁。括弧内及び傍点原文）

そもそも社会的な行為の動機や精神的苦痛の意味は、自他が行う帰属が社会的に認められることによって構成される。もちろん行為者自身による自己帰属は認められやすいかもしれないが、他者帰属によって否定される可能性がある。そして他者帰属はさらに別の他者帰属によって「取り消される」可能性がある。[6]自殺動機をいじめに求めても、家庭問題など別の動機に求めても、「取り消し可能性（defeasibility）」から逃れることはできないのである。

「いじめ自殺」をめぐる物語を前にして関係当事者が無力となるのは、自殺が過去になった瞬間から、他者による過去の物語化に最も抵抗可能な当事者が不在となるからである。それは、いじめを動機として明言した遺書が遺されていたとしても原理的には変わらない。もちろん、関係当事者はいじめ自殺物語を生きやすくなるかもしれないが、とりわけ子どもの自殺に対しては「死ぬことはなかったのに」などと自殺という選択肢そのものを否定することが可能なだけでなく、自殺動機としてのいじめの内実に対しても「大人」であれば解決の方法はあったとの想いも生じやすい。ましてや、遺書がない場合、自殺した子どもの主観性をめぐる争いの過程で、争いの当事者同士は主観性の他者帰属を取り消し合うことになる。このような意味で、生じてしまった「いじめ自殺」は常に未完の物語とならざるを得ない[7]。

本章は、理解の暴力に対して「わからない」＝理解の拒否という別の暴力で対抗して、「いじめ自殺」に抵抗してきたつもりである。過去のいじめ自殺は常に未完であり続け、その前では何人も無力である。だからこそ、未来のいじめ自殺の解体を目指さねばならないのではないか。いじめの苦しみ方としての自殺に「共感」して、結果的にいじめ自殺を再生産し、遺族を救済し続けるのか。未完のいじめ自殺の「わからなさ」に耐えながら別の道を探るのか。われわれの社会には、まだ選択肢がある。

注

(1) 報道等資料の収集を除き、実地に赴いて行った共同調査の概要は次の通りである。二〇一二年二月二三日から二〇二〇年二月二八日まで、本書執筆者を中心メンバーとして、大津市や京都市を中心に全三一回訪問し、報道関係者・学校教員・本事件関係者など計七四名(延べ一一六名)のほとんどにICレコーダーでの録音の許可を得てインタビュー調査を実施した。これに加え、二〇一七年九月から一二月になされた一二名に対する証人尋問のすべてを傍聴して速記するとともに、大津地裁判決、大阪高裁判決の言い渡しを傍聴した。

(2) ホームページURLは本書目次後の凡例を参照のこと。

(3) 判決文の形式上は、主要な争点は、いじめの有無、態様、共同不法行為についてと、自殺の原因とに分類されている。なお、当事者について、本章では被告Cの主張を除いている。地裁判決がCの賠償責任を除外していることに加え、ただでさえ複雑な判決を物語として捉えやすくするためである。

(4) 原告主張には「いじられキャラ」という語が使用されている。

(5) 高裁判決では「何度も同じことを繰り返すのは病気かもしれんのやで」(高裁 一〇頁)という表現である。

(6) J・クルターの議論自体は、だからといって主観性の他者帰属が実際に常に取り消されるわけではなく、むしろ「正しい」とされる帰属がなされることも多いことから、主観性の問題を帰属の問題として社会学的に観察する方法の探究へと展開される。

（7）一方、本事件判決は、従来特別損害として認定されてきたいじめ自殺を通常損害として認定し、報道は「画期的」と評した。たしかに「いじめ自殺遺族の救済」にとってはそういえるが、未完であり続けるはずのいじめ自殺を法的に「完成」させようとする通常損害論の問題は十分に検討する必要がある。まずは終章を参照されたい。

文　献

岡真理 二〇〇〇、『彼女の「正しい」名前とは何か――第三世界フェミニズムの思想』青土社。

北村隆憲 一九九一、「法社会学と『物語』の概念」『東海法学』第七巻、七一―一〇七頁。

北村隆憲 二〇〇四、「法の物語と紛争の語り」『法社会学』第六〇号、五九―七五頁。

北村隆憲 二〇二〇、「『意味』としての法――記号、象徴、物語として法を理解する」『東海法学』第五九号、四七―六九頁。

城内明 二〇二〇、「いじめ自殺事案における過失相殺の可否（大津市いじめ自殺事件控訴審判決）」TKCローライブラリー『新・判例解説 Watch 民法（財産法）No. 190』（LEX/DB 文献番号 25570843）。

西田英一 二〇一九、『声の法社会学』北大路書房。

棚瀬孝雄 二〇一三、『権利の言説――共同体に生きる自由の法』勁草書房。

Bennett, W. Lance & Feldman, Martha S. 1981, *Reconstructing Reality in the Courtroom: Justice and Judgment in American Culture*, Rutgers, the State University.（北村隆憲訳『法廷における〈現実〉の構築――物語としての裁判』日本評論社、二〇〇七年）

Coulter, J. 1979, *Social Construction of Mind: Studies in Ethnomethodology and Linguistic Philosophy*, London: Macmillan.（西阪仰訳『心の社会的構成――ヴィトゲンシュタイン派エスノメソドロジーの視点』新曜社、一九九八年）

Frank, A. W. 1997, *The Wounded Storyteller: Body, Illness, and Ethics*, University of Chicago Press.（鈴木智之訳『傷ついた物語の語り手――身体・病い・倫理』ゆみる出版、二〇〇二年）

9

「大津市いじめ自殺事件」報道後の子どもたちが生きる場所
――いじめ防止対策推進法と高裁判決の相克の先に――

紅林伸幸

二〇一三年に第三者調査委員会による最終報告書(『調査報告書』)が提出されて間もない時期に、それを読む機会があった。ショックだった。そこには、時間経過とともに、少年にとって安心して居られる場所が、ひとつ、またひとつと無くなっていく様子が記録されていたからだ。

報告書が出てから七年が経って状況は変わっただろうか。

学校現場の動きとしては二〇一三年六月にいじめ防止対策推進法が可決成立し、二〇一五年の学習指導要領改訂では道徳が教科化され、いじめ教材を含む道徳の教科書が全公立小・中学校で使用されるようになった。財務省が二〇一六年度予算編成に際してチームとしての学校の推進を公言し(財務制度等審議会 二〇一五)、スクール・カウンセラーの全校配置に続いて、スクール・ソーシャルワーカーの配置も進められている。いじめの暴力性が深刻化することを抑える取組は粛々と進められているように見える。

一方、当の本事件についても、二〇二〇年二月、大阪高裁において、加害者とされた側の行為責任を全面的に認定する一方で、死に至らしめた責任を意味する賠償額について、過失相殺を認め、賠償額を減額する二審判決が下された。二〇二一年一月に最高裁が遺族側の上告を退けて確定したこの判決は、少年の自殺を行為と行為の単純な因果関係で捉えるのではなく、子どもの生活世界全体の中で起こった多義的な事象として捉えたものとして注目に値する。

一見すると並行して進んできたように見えるこれら二つの動きは、安易に一括りにして語ることはできない。本章の分析で明らかにすることは、二つの動きがいじめへの異なる二つのまなざしを表現しているということである。第三者調査委員会が作成した最終報告書とその判断に大きく影響したと思われる、客観的にいじめを理解したいという当時の私たち一般市民にも共通するまなざしと、それから七年という時間を経て、高裁がその判決において示したもう一つのまなざし、すなわち苦しみの中にあっても自身の置かれた世界を懸命に生き抜こうとした子どもの姿を全体的に捉えようとしたまなざしの二つが相克しているのが現在なのだ。

後者のまなざしは、第三者調査委員会の報告書から七年もの時を経て、ようやく社会的に承認されたまなざしと言ってよいだろう。しかしこの新しいまなざしは決して小さな兆しではない。現在、社会のいたる場所でこの兆しを確認することができるからだ。その現在を読み解き、そこに指し示されているいじめ対策のネクスト・ステージに照射することが本章の課題である。

一　限界を抱えるいじめ対策

本章の執筆を始めていた二〇二一年三月、またも痛ましい事件が起きた。新聞に以下のような記事が掲載された。

名古屋市教育委員会は一五日、ＳＮＳで嫌がらせを受けていると学校に相談していた市立中学一年生の女子生徒（一三）が、自殺したと明らかにした。いじめ防止対策推進法上の「重大事態」に当たるとして、弁護士や臨床心理士らによる第三者委員会が事実関係を確認し、学校側の対応が適切だったか調査する。（略）

女子生徒は昨年一一月下旬、担任に、同じ中学の生徒から、無料通信アプリ「ＬＩＮＥ（ライン）」のグループ内で中傷される嫌がらせを受けていると相談。この際、相手の名前は明かさず、一二月の三者面談でも同様だった。このため、学校側は全校生徒に対し、ＳＮＳなどに嫌がらせの書き込みをしないよう指導した。

生徒は一月以降、遅刻や欠席が目立つようになり、担任が話を聞くと、嫌がらせをした二人の名前を明かした。ただ、「仕返しが怖いので本人たちに指導しないでほしい」と要望したため、学校側は二人への直接指導は行わず、女子生徒にはスクールカウンセラーが話を聞いたり、別室登校を認めたりするなどの対応を取っていたという。

同市教委の安藤稔・指導部長は、「生徒の尊い命が失われ、痛恨の極み。スクールカウンセラーを増員し、生徒の不安の解消や心のケアに努める」と述べた。

教育評論家の尾木直樹さんの話「学校側は加害生徒を把握した以上、被害生徒を守りつつ手順を踏んで、『いじめを受けた人はかなり苦しんでいる』という指導をすべきだった。名古屋市は、中学校にスクールカウンセラーを常駐させるなど先駆的な取り組みをしているが、今回はいじめを防ぐ機能が十分働いたとは言えず、非常に残念だ」。（読売新聞中部本社　二〇二一年三月一六日）

大津市事件が起きて一〇年、いじめ防止対策推進法が制定されて八年になろうとしているのに、いじめも、いじめによる自殺も無くならない。むしろ対応の困難さはますます増している。子どもたちの生きる世界は複雑になり、いじめは、学校外の、教師の目の届かないところで深刻化している。当事者の苦痛の訴えを聞きとり、当事者の思いに配慮し、専門家が加わって対応しても、最悪の結果に繋がってしまうこともあるのだ。

本書第1章の分析に従えば新聞の引用記事をどこまで信じて良いのかということになるだろうが、最後に紹介されている大津市事件の第三者調査委員会のメンバーでもあった尾木氏の、「残念」という言葉の内側に見える嘆きには共感する。体制を整え、専門的に対応したのに、なぜ悲劇は回避できなかったのか。「残念」の先に私たちはどんな言葉をもっているだろうか。「仕方がない」という言葉で済ませることはできない。悲劇を回避できなかったという現実を問い続けていくことが、私たちには求められている。

問われる専門家の行為

現在、教師には、他の専門職と同様、高度専門職化が求められている。専門職とは、その人が職務として関与する状況における判断の権限を、全面的にあるいは部分的に委託されている職業のことである。一般的にその職に就くための要件としては、当該分野の高等教育機関の修了資格をもち、国家試験等の第三者機関による資格試験に合格しなければならないことが挙げられる。これらの要件はいずれも、彼らの有する専門的知識・技能・資質能力を指標として示しており、彼らに権限の委託が可能であることを保証するものである。専門職とは、専門的な判断が求められる状況で、適切な判断を下すことができると社会的に信頼された人びとによって担われている仕事であり、専門職者(専門家)とはそれを担いうる人たちなのである。たとえば、医師は診断と治療方針の決定、医療行為の裁量権限が与えられており、教師は教室での学習指導や生徒指導を自分が適切だと考えるやり方で行う権限が与えられている。彼らはそれを適切に実行すると信頼されていることによって、それを自律的に執行できるのである。

こうした信頼に基づく専門職のあり方は、専門家の判断について、素人と異なる彼らが専門的に下した適切な判断であるから、その判断に対する責任は問わないという暗黙のルールを慣行としてきた。そこには、専門性が一定の特殊性とそれに由来する閉鎖性をもち、高等教育機関という特定の場所でしか修得できなかったことや、彼らが専門的判断を下す場面が、外部の目に晒されない密室的な空間であったことなどもかかわっていたにちがいない。近代以降の分節的な空間構成は、専門家への権限の委託を常識化してきたのだ。

けれども、情報社会(Society 4.0)を経て、状況は大きく変わった。我々はさまざまなメディアを通じて専門的な知識に日常的に触れることができる。インターネットの発達によって、かなり高度な情報も得ることができ、目の前にいる専門家だけでなく、多くの専門家の声を聞くこともできる。専門家の判断の結果を四の五の言わず受け入れろという時代は終わったのだ。

こうした変化は、生活者にとって歓迎すべきものだ。専門家に委託した以上は任せてしまうしかなかった事柄について、実際に何が起こっているのかを知り、「そこ」で起こっていることが委託に足るものだったのか否かを問うことができるようになったのだから。しかし、これまでの状況を当然としてきた専門家たちはもちろん、彼らの行為と判断を疑うことができるようになった私たち一般市民にとっても、この大転換に対応することは簡単ではない。私たちは相変わらず「そこ」に居合わせることはできず、私たちのまなざしは事後の結果、おそらくはそのほとんどは私たちが望むものと異なる結果に対して向けられることになるからだ。

もちろんこうした状況の変化に対応した制度も整えられつつある。しかし、医療分野で医療事故調査制度が成立したのも二〇一四年、ついこのあいだのことだ。また、制度ができたからシステムが整ったというわけでもない。専門職を問う目は、当然制度設計にも、その運用にも向けられなくてはならないのだ。このことについては、後段で改めて取り上げたい。

いじめ対策の専門家としての教師

さて、教職に高度専門職化が求められていることも同じ文脈で理解することができる。授業における学習指導一つをとっても、教師は一人ひとりの子どものニーズや状況を適切に判断し、適切な指導を行うことが求められるようになっている。生徒指導も同様であり、いじめへの対応はその一つと言える。いじめ自殺は特別に重大化したケースだが、いつそうした結果に繋がるかわからない不確定な事案に、教師たちは日常的に対応することを求められている。いじめが望ましい解決に至らなかったならば、状況を把握し、その過程にかかわり、事態を変えることができる唯一の存在であった教師やカウンセラーらの専門家は、責任を問われることになる。三五名を前後する子どもたちの学習面と生活面の指導の適切性を問われるのだから、教師は大変だ。

高度専門職化はこうした複雑な問題群への適切な対応を求めるものだ。その分野の問題の理解や対応に必要となる知識、技能それぞれが高度化することを伴う。したがって医療のように高度な専門的行為を必要とするケースにおいては、チーム医療などの高度な専門職集団による対応が行われている。教育においても外部専門家の参画が求められているのはこのためだ。穿った見方をすれば、多様な分野の高度専門家の常駐や完全雇用に踏み切れないために、それを日常的には教師に託そうというのが、教職の高度専門職化のアイデアなのかもしれない。

ここで、私たちはこの問題の核心に迫る観点をもつことができる。教師個人に、これまで重視してきたことはさらにいっそう、そしてかつてならば周辺的なところに置くことが可能であったものの一つひとつに対しても、いっそう専門的な技能を強化することを求めるのが教職の高度専門職化だ。変えるのではなく、強化すること、それが特徴である。

いじめに対してはいじめに特有の専門的な対応が必要であり、不登校には不登校に適当な対応がある。学習指導には学習指導の対応があり、初等教育よりも学習内容が高度化した中等教育では教科担任制が必要となっている。すでに、私たちは単純な強化では現実に対応できないことを知っている。子どもたちが生活時間の半分近くを過ごす、学校というスモール・ワールドで起きていることのすべてを一人の教師に引き受けさせることは無謀だ。学校現場が必要としているのは、それとは別の高度専門職化だ。それがどんなものであるかを考える手がかりは、この七年間のいじめへのまなざしの変化の中にある。

二　いじめへの二つのまなざし

冒頭で示唆しておいたように、第三者調査委員会の最終報告書から大津地裁判決までのいじめへのまなざしと、大阪高裁判決におけるいじめへのまなざしは大きく異なっている。前者は、行われた行為の一つひとつがいじめ行為として認定されるかどうかを確定するまなざしによるものであり、加害者とされる側の行為にそのまなざしは向けられている。一方、後者は、自殺という行為がいじめを原因として起こったと言えるかどうかを確定するまなざしによるものであり、このまなざしは自殺した少年の世界に向けられている。それは、個別行為をいじめ認定し、認定されたいじめを累積し、その総和によって結果の行為を理解するアメリカ大統領選の選挙人票の総取り方式のような手続きと、結果の行為を彼の世界の中で選択された行為として理解し、彼が経験した事柄それぞれの重みを推し量る手続きの違いでもある。前者ではいじめは累積された量が問題とされ、後者においては彼の世界に占める位置が問題にされている。両者は見ているものが大きく異なっている。この違いこそが、七年のあいだに社会に芽生えたまなざしの変化と言える。

第三者調査委員会『調査報告書』と大津地裁判決のまなざし

第三者調査委員会『調査報告書』は、冒頭に「起こった事実を明らかにし、いじめか否かを認定し、自死の原因について考察した」(一頁)と記されているように、そのとき学校で起こっていた事実を明らかにすることを作業の第一にしている。そのために、教師が通常業務内では到底収集できないであろう膨大なデータが集められ、それらを時間をかけて丁寧に検討し、事実を確定していったことが示されている。そしてその作業に続けて、認定された事実の一つひとつがいじめであるかどうかを検討したことと、認定されたいじめ行為に基づいて自殺の理由を検討していったことが記されている。

ここに示されているのは、第三者調査委員会による報告書が、事実認定することを目的としており、その作業を、行為、いじめ、自殺の原因のそれぞれを、一つひとつ事実として認定していく手続きによって行ったということである。それらの作業は〈切片化〉に基づく事実認定と表現することができる。

本書第4章で検討したように、事実の認定は難しい。とりわけそれらがもつ社会的意味を含めて認定しようとすれば、どのように切片化するのか、つまりどのように単位化し、どの文脈を切り取るのか、どの行為を関係づけるのかによって、いくらでも変わりうる。この切片化をベースとした解釈は、日常的な理解よりも、分析的な解釈で用いられ、行為者自身が意識していないことを明らかにすることに有効性があると考えられている。しかし、そもそも切片化という人為的な操作に基づいて作られた事実は、潜在的に「他でもあり得る」ことを伴っているために、解釈の正しさを絶対的に証明する手立てがない。したがって、外的な要件にその解釈の正当性を委ねることになる。『調査報告書』が冒頭に、上記の手続きの説明と、報告書の作成にかかわった委員会メンバーや、検討作業の中で意見をもらったアドバイザーの属性を示し、報告書における事実認定が、認定の資格のある人物によって、正当な手続きによって行われたことを示しているのもそのためである。これは、私たちが専門とする社会学の研究においても行われていることである。複数の専門家が事例の解釈に参加すること、研究者間で共有された定式化した手続きに従っていることなどだ。

『調査報告書』がこの切片化ベースの事実認定を行ったのは、客観的に事実を認定するという目的によると思われる。けれども、それは結果的に、行為者の世界のリアリティから乖離した事実を認定することになっている。膨大なデータを用いた事実認定も、長い時間をかけて熟慮した事実認定も、いずれもその場を生きる人たちの事実認定とは異なるのだ。

二〇一二年に始まり、二〇一五年の一部和解合意(大津市)を経て、二〇一九年に七年にも及ぶ時間をかけて結審した大津地裁による判決も、『調査報告書』と同じ切片化ベースの事実認定を行っている。

両者は独立したものであるが、大津地裁の判決のスタイルは、『調査報告書』と同質である。七二頁にわたる判決文のほぼ半分(二〇頁から五四頁まで)が、自殺に至る日々の記述に割かれており、五五頁から六七頁までは共同不法行為の認定作業が続き、それらに基づいて自殺への因果関係の確定が行われている。この構成は、第三者調査委員会の報告書とほぼ同じであり、両者が同じ論理、おそらくは司法の論理構造で構成されていることが窺える。事実認定の手順も、一つひとつの行為を個々にいじめとして認定したうえで、それらの加算で自殺の原因認定に進んでいく事実認定の手順も、両者は共通している。時系列的に見れば、大津地裁判決は第三者調査委員会『調査報告書』のあとのものとなるが、第三者調査委員会のメンバーのうち、委員長含む二名が法曹界の専門家だったことを考えれば、おそらくは第三者調査委員会の調査とその成果のとりまとめが地裁のスタイルを援用していると考えることが適当だろう。しかし、どちらが先かは別にしても、大津地裁の結審は二〇一九年二月一九日と、事件からも、第三者調査委員会による調査からも長い時間を経ているにもかかわらず、両者は共通のまなざしの下でいじめの認定作業を行っているのである。

大阪高裁判決のまなざし

では、大阪高裁の判決内容はどうだろうか。

高裁は控訴状に基づいた事案の再認定を行うため、地裁とはそもそも判決に至るプロセスが異なる。行為のいじめ認定と、自殺の原因認定が争点であり、事実の有無についてはその二つの認定にかかわる当事者以外の行為が再認定の対象となっている。また、新証拠がないものについては解釈の違いを争っておらず、行為のいじめ認定に関しては、いずれも地裁判決は覆っていない。

しかし、争点以外のところで両者は大きく異なっている。高裁判決が再認定の作業で行っていることは、地裁とは逆の手続き、切片化された事実を、文脈の中に戻す作業になっていると言える。この違いは、両者の判決結果、家庭環境を自殺の原因として認定するかどうかの判断に端的に表れている。

地裁判決は、家庭環境を以下のように理解する。

原告甲〔父〕の懲戒に対して亡Xが自殺を考えるほど追い込まれるような心情に至っていたとい

う事情はうかがわれない（原告甲の亡Xに対する懲戒が厳格なものであったことは否めないが、亡Xが原告甲の懲戒や過干渉にうとましさ以上の感情を抱いていたことまではうかがわれない。）。結局のところ、被告少年らの前記（ア）の行為及びそこから形成された亡Xとの関係性という学校における問題がなければ、亡Xがあえて自殺に至ったとは到底認められず、家庭の問題は、せいぜい、上記の学校における問題を抱えるようになった亡Xに対し、亡Xの問題を家庭内で受け止めて家庭において安心感を与えることができず、その自殺を防止できなかったという意味において、亡Xの自殺の一要因として作用したということ以上のものを見いだすことができない。したがって、前記（イ）の亡Xの家庭環境によって、亡Xの自殺の主たる要因が被告少年らの前記（ア）の行為及びそこから形成された亡Xとの関係性という学校の問題にあったとの前記判断が左右されることはない。（地裁判決　六四頁）

家庭内の出来事の少年への影響を認めながらも、それを自殺への動因としないのは、第三者調査委員会最終報告書と同様である。

一方、高裁判決は過失相殺が争点となっていることから、地裁とは異なる評価を下している。

被控訴人E〔父〕は、その体罰のために、亡D〔X〕にとって、控訴人らによるいじめで傷ついた心を安らげる相手としての役割を果たし得なかったほか、慎重さを欠く病気の可能性の告知が、亡Dに不安や心理的負担を与えたものであり、亡Dが希死念慮を抱く上での要因、背景事情の一つとなったことは否定できない。したがって、被控訴人Eの亡Dに対する体罰や病気の可能性の告知も、過失相殺を基礎付ける事情の一つとして考慮することが相当である。（高裁判決 五四頁）

家庭環境は、亡Dが自殺を回避する上で重要な役割を果たし得たはずのものであり、家庭環境が整っていれば、亡Dの自殺は回避できた可能性も十分考えられるというべきであるから、被控訴人らの上記主張は、採用することができない。（同上 五四頁）

家庭が少年にとって大切な場所であったがゆえに、家庭で起こっていた一つひとつの出来事が彼にとって大きな意味をもっていたことを臨床心理学等の科学的な知見に基づいて了解し指摘している。これは、行為と行為の関係に限定してその関係性を認定していく事実認定型の指摘ではない。この判断は自殺を文脈を欠いた切片化された一つの行為として理解するのではなく、彼の世界の中での出来事として理解することに基づいている。行為と行為の一元的な関係性ではなく、出来事を多元的に構成されているものとして認識しているのである。続く判決文は、この多元論的な理解を明確に示している。

そのほか、上記のとおり、亡Dにとって、控訴人らのいじめ行為により傷ついた心を癒せる場所ではなかったところ、亡Dは、従来から、自宅から自転車で行ける距離にある父方及び母方の祖父母宅へ出入りしており（弁論の全趣旨）、上記のような家庭環境にあった亡Dにとって、祖父母宅は、数少ない安息の場であったものと推認される。それにもかかわらず、九月二五日、亡Dは、祖父母宅から現金を窃取していたことを被控訴人Eに知られ、被控訴人Eから祖父母宅への出入りを禁止されており（前記前提事実(7)イ）、これにより、上記のような貴重な安息の場を失ったことも、亡Dが自殺することに影響を与えたものと考えられる。したがって、亡Dは自らの違法行為により自らを逃げ場のない状態に追い込んだという点で落ち度があるから、このような事情も、過失相殺を基礎付ける事情の一つとして考慮すべきものと考えられる。

（高裁判決　五四―五五頁）

以上のとおり、亡Dには、自らの意思で自殺を選択したものである上、祖父母宅からの金銭窃取という違法行為により自らを逃げ場のない状態に追い込んだ点で、被控訴人らには、家庭環境を適切に整えることができず、亡Dを精神的に支えられなかった点で、特に被控訴人Eにおいては、体罰や病気の可能性の不用意な告知により亡Dの反発心や精神的動揺を招くなど、同居する監護親として期待される役割を適切に果たし得なかった点で、過失相殺の規定の適用及び類推適用を基礎付ける事情があるというべきである。（同上　五五頁）

高裁判決は筆者が『調査報告書』を読んだときに受けた衝撃の理由に踏み込んでいる。彼の居場所がどこにも無くなっていき、そこから抜け出すことに希望をもてなくなっていく彼の生きた世界に言及している。いじめや自殺を、行為と行為の関係性のレベルで捉えるのではなく、少年が生きている全体的な世界の中で起こった出来事として捉えるまなざしがここにはある。

もちろん二つの判決を生み出したそれぞれのまなざしは、裁判の必要に基づいている点で、単純に時系列的な変化として捉えることはできない。高裁判決がいじめの事実認定に関して地裁判決をほぼそのまま承認していることは、まなざしが変わったわけではないことを示している。それでもここで、二つのまなざしの違いを取り上げたのは、いじめに対して二つのまなざしの可能性があることを私たちは確認しなくてはならないからだ。なぜなら、現在の学校におけるいじめ対策は、高裁判決以前のこの七年間の、第三者調査委員会の最終報告書から大津地裁判決までのまなざしの中で作られた体制として理解できるからである。

三　いじめ防止対策推進法下の学校

大津市の事件はまちがいなく現在のいじめ対策に大きな影響を与えた。本章の冒頭で紹介した現在の取組の主要なもののほとんどは、この悲劇後に講じられた。とりわけいじめの詳細を公的に確定し、いじめ理解の雛形を作った第三者調査委員会の調査と報告書が果たした役割と貢献は大きい。しかし、それがもついじめへのまなざしが、先述の二つのまなざしの前者のものであるとしたならば、そこで作られたいじめ防止対策推進法に基づく対策はそのまなざし故の特徴をもつのかもしれない。私たちは、この制度についても、その適切性を問わなくてはならないだろう。

ここまでの議論で明らかにしてきたように、いじめ防止対策推進法を生み出したいじめを見る私たちのまなざしは、第三者調査委員会の報告書や地裁判決と親和的な、事実認定型のまなざしであり、いじめを客観的に捉えようというものである。おそらく、それを最も端的に象徴しているのが、その中で確定したいじめの定義「児童等に対して、当該児童等が在籍する学校に在籍している等当該児童等と一定の人的関係にある他の児童等が行う心理的又は物理的な影響を与える行為（インターネットを通じて行われるものを含む。）であって、当該行為の対象となった児童等が心身の苦痛を感じているもの」だろう。

この定義は、「当該行為の対象となった児童等が心身の苦痛を感じているもの」という行為の結果に基づいて判別される、防止のための定義としてはなんとも不思議な定義である。この定義はもともと文部科学省が実施してきた「児童生徒の問題行動等生徒指導上の諸問題に関する調査」において、学校現場のいじめの状況を把握するために、操作的に定義されたもの、つまり事後に調査可能な定義なのである。明確に件数を捉えることができる定義になっているのはそのためだ。既に多くの場所で指摘されているように、当該の行為をする前はもちろん、しているときもわからないような定義に基づいて対策を講じることは、対策を求められた側にとっては困難きわまりない課題だ。事実認定という、法曹界をはじめ、心理学、社会学、教育学、元教員などさまざまな分野の専門家が総掛かりで検討しても結論を出すのに長い時間がかかった作業を、予見的に行わなくてはならないのだから。

小学校の現場で最近話題になっていることに「あだ名禁止」があるが、これなどはいじめになるかもしれないものは一切禁止するしかないという、この定義の悪しき帰結の一つだろう。ちなみに、私は、親しい友人に「クレキン」と呼ばれていたことがある。彼は私の幼なじみであり、親友を超えた存在だ。彼と私はお互いを「ちゃん」付けで呼び合う関係だったから、思春期になったときにお互いを昔ながらの呼び方で呼び合うことが気恥ずかしくなった。そんなときに、他の友人がふざけて使い、すぐに使わなくなった「クレキン」を、自分だけの呼び方にしたのだ。さて、いまからでは遅すぎるけれど、一〇年後に私が嫌だと言っていたら、彼は私をいじめていたことになるのだろうか。さすがに私は彼と私の物語を捨てたくないのでそんなことはしないけれども、先日話題になった韓国の女子バレーボール選手の学生時代のいじめ行為による代表チーム追放のニュースなどを聞くと、あり得ない話ではなさそうだ。

つまり、上記のいじめの定義は、未確定な社会的なリスクを前提にするために、個人の事情を考慮しているようで、個人の事情を排除するものだ。個人の事情、それは、教師が子どもと向き合ううえで、最も大事にしようとしてきたことだ。子どもたちを大事にすることは、子どもたち一人ひとりの事情を大事にすることだ。それは難しいことだから、上手くいかないこともある。そんな努力はいじめ防止対策推進法下の学校では生ぬるいことかもしれない。あだ名は禁止されるし、海外には、三人以上の子どもたちが集合していたらその場で教師が介入しなくてはならないことになっている学校もある。しかし、個人の事情を考慮するよりも、そんな対策ばかりを講じる学校を、子どもたちは居場所にすることができるだろうか。高裁が判決文に示したように、居場所が無くなっていったことが、少年に死を選択させたのではなかったか。

四　子どもに注がれているまなざし

本章では、いじめに対しては二つのまなざしがあることを紹介するにあたって、この二つの存在を安易に変化として語ることはできないと述べてきた。二つは異なるコミュニケーションの中で用いられているものだからである。しかし、このことは、大きな意味をもつ。司法の事実認定のコミュニケーションをベースにしたまなざしの中で作られたいじめ防止対策推進法の下で、子どもたちの生活が構成されていくとしたら、そこは事実認定のまなざしをデフォルトとした空間となり、そのまなざしに基づくコミュニケーションが行われることになるかもしれないからである。そこでは、あらゆるコミュニケーションが、いじめかそうでないかを判断する二項コードで語られるのだ。

こうしたまなざしが抱える問題に対する言及は、司法の分野でも行われている。

我が国においても二〇〇〇年代になって紹介されることが多くなった「修復的司法」の推進者であるハワード・ゼアは、その著書『修復的司法とは何か――応報から関係修復へ』（原題：*Changing Lenses: A New Focus for Crime and Justice*）において、司法の二つのまなざしを応報レンズと修復レンズとして紹介している。ゼアは司法のパラダイムを分析し、そこに応報的司法と修復的司法という二つのスタイルがあることを指摘する。ゼアによれば司法システムの主流となっている応報的司法とは次のような特徴をもっている。

つまり、要約すると、司法の理解の中心をなすものは、罪責の確定である。司法の運営は一種の劇場である。舞台では有罪、無罪をめぐる問題が幅を利かせ、公判や有罪答弁がドラマの中心となり、判決は大団円である。結果として、司法は過去ばかりにとらわれ、未来は切り捨てられてしまう。(略)

罪の定義は狭く、個人の行動を中心にしているので、犯罪の社会的、経済的な原因や事情を無視することができる。このように、多くの関連する要素を排除することによって、司法を形づくろうとする。そして、罪は二者択一的な表現で見られるために、単純な世界観を生み出し、善と悪、彼らと私たち、というように物事を理解しやすくなる。司法は、罪のドラマ、つまり私たちに世界を単純化して考えさせる道徳劇なのだ。(Zehr 1995/邦訳 二〇〇三、七八頁)

応報的司法とは、「犯罪は、国家に対する侵害であり、法違反と罪責によって定義づけられる。司法は、体系的規則に従い、加害者と国家との戦いの中で、責任を決定し苦痛を科する」(前掲書、一八四頁)ものであり、応報レンズは「犯罪を専門的で、法律的な用語で定義する」(一八八頁)のである。一方、修復的司法は、「犯罪は、人々やその関係に対する侵害である。犯罪は事態を健全化する義務を生み出す。司法は被害者、加害者、およびコミュニティに対し、回復や和解を進め、自信を増進させる解決策を求める」(一八四頁)という理解を特徴とし、修復レンズは「犯罪をあらゆる背景(すなわち、道徳的、社会的、経済的、政治的)のもとで理解する」(一八八頁)と説明されている。

つまり、現在の司法システムで一般的な応報的司法では、加害者は被害者に対してではなく、社会に対して責任を負わされるのである。したがって関係に基づく事情の考慮よりも、第三者による客観的理解が重視される。それに対して、生活者のための、生活者としての問題状況の解決手段として注目されてきた修復的司法のレンズは、この視線を当事者たちのもとに引き戻し、共生するための解決(「回復」)を見つけることを求めるというのである。ちなみに、ゼアは、比較法学者ジョン・O・ヘイリーの日本の司法システムに関する分析結果に基づき、日本における刑事事件の有罪率が九九・五%にも及んでいるにもかかわらず、長期刑等の重大な刑罰に及ぶケースが少ないことに注目し、日本の司法システムは罪責と刑罰に重点を置く応報的司法の先に、罪を認めることによってスタートする回復と赦しの司法が控えているという、二つの異なるレンズで構成された二重構造システムであると言及している(二一九―二二二頁)。この指摘は、大津地裁判決と大阪高裁判決の中に異なる司法のまなざしが機能していたとする本章の分析を先取りした大変興味深い指摘であり、ゼアのレンズ・モデルが我々の議論において大いに参考になることを示している。

ゼアがこの分析で指摘していることは、応報的レンズの司法の下では〝回復〟が期待できないということである。いじめ防止対策推進法下の学校は、第三者調査委員会最終報告書と大津地裁判決と共通するまなざしの下で、子どもたちの行動を観察するようになった。それは切片化して捉えるまなざし、行為のレベルで捉えるまなざし、ゼアのモデルの応報的レンズが子どもたちを包み込むようになったことを示唆していると言える。その危険性に無自覚でいることはできない。多くのいじめは子どもたちの日常の中で起こり、その当事者たる子どもたちは、望もうと望むまいとその日常を生き続けなければならないし、私たちも生き続けてほしいと願っているからである。そのための回復を期待することができないまなざしで良いだろうか。

このまなざしはいじめをめぐるあらゆる場所に入り込んでいる。たとえば、教室の中の子どもたちの世界を理解するモデルとして既に一般的なものとなっている「いじめ集団の四層構造理論」も、このまなざしの影響下にある。

このモデルは、教室で起きるある種のいじめのメカニズムを捉えたものだが、森田(二〇一〇)はこのモデルの中でいじめ問題の解消の鍵を握るものとして、傍観者の層から現れる「仲介者」の存在に注目している。森田のまなざしの先にあるものが、いじめ集団ではなく、子どもの生きる世界であったならば、「仲介者」をいじめ集団とは別のループを生み出す存在としてモデル化することが可能だっただろう。仲介者をいじめ関係を仲裁する者ではなく、いじめという権力関係をもたない、別のループを象徴する存在として位置づけることができたに違いない。そうしたループが複数存在すれば、子どもたちの生きる場は多元的な空間となる。つまり、居場所が減っていき、最後には自分を捕まえて放さないたった一つの世界しかなくなっていくのではなく、そこから離脱することができる別のループを子どもたちはもつことができるのだ。「いじめ集団の四層構造理論」はそこで起こっているいじめのメカニズムを説明するには有効だが、いじめを説明する理論であって、子どもの世界を説明するものではない。このモデルに基づいて教室を見ることは、傍観者の位置にいる者も、仲介者の位置にいる者も、全員がいじめ／非いじめの二項コードのもとに投げ込まれてしまう。子どもたちはいじめと無関係に生きることはできず、いじめと向き合うことを強いられ、傍観者の位置にいる子どもたちは仲介者という大きな役割を担うことが期待されるのである。

当然、制度にもこのまなざしは入り込んでいる。いじめ防止対策推進法では、「学校におけるいじめの防止等の対策のための組織」を学校に設置しなければならないことになっている。

（学校におけるいじめの防止等の対策のための組織）

第二二条　学校は、当該学校におけるいじめの防止等に関する措置を実効的に行うため、当該学校の複数の教職員、心理、福祉等に関する専門的な知識を有する者その他の関係者により構成されるいじめの防止等の対策のための組織を置くものとする。

この条文は現場レベルのいじめ対策の責任の所在が学校にあることを明示したという意味で画期的なものであり、この組織（学校いじめ対策組織）が学校としての対応を始動させることを定式化した。いま教員に現場でいじめにどのように組織的に取り組んでいるかを問えば、ほぼ全員からこの学校いじめ対策組織の名前（いじめ対策委員会など）が挙がる。実際には校内のさまざまな組織が動いているにもかかわらず、「いじめの組織と言えば学校いじめ対策組織」という定式化が進んでいるのだ。この定式化のもつまなざしも問題視しなければならないもののひとつだが、ここでは別のことを問題にしたい。この組織の構成メンバーについてだ。

多くの学校が組織するこの学校いじめ対策組織のメンバーには、保護者や地域住民が含まれていない。もちろん、保護者への情報の提供、支援や相談などのサービスを行うことは重要とされている。しかし、どのような対策を取るかを議論するメンバーに、保護者は含まれていないのである。

先の第二二条の条文には、「当該学校の複数の教職員、心理、福祉等に関する専門的な知識を有する者その他の関係者により構成される」とあり、ここでいう「その他の関係者」には保護者や地域住民が含まれると考えられる。二〇〇七年の学校教育法の改正において学校評価が義務化されるにあたって、保護者と地域住民は学校関係者として位置づけられているからである。それにもかかわらず、方針を決める組織から、保護者と地域住民が除かれているのは、手続き主義と専門家主義のまなざしに囚われているからだろう。いじめ対策の責任はいじめ対策組織にではなく、学校にあり、その責任は国家に対して負っているからだ。

ここには学校の主体的な判断がかかわっていることも推測される。いじめ対策・いじめ対応に関して学校はしばしば批判に晒されるが、六一万二四九六件(二〇一九年度)という膨大な認知件数から見れば、生命、心身または財産に重大な被害が生じたり、相当の期間学校を欠席することを余儀なくされた重大事態は〇・一％とかなり少ない。もちろんたとえ一件でもその事案は重大であり、七二三件という数を私たちは深刻に受け止めなければならない。しかし、ほぼ六一万件は重大化させずに対応できているのだから、重大化させないということに関して、現場は時間による解決に委ねるケースを含めて、案外巧くいじめに対応していると言える。学校いじめ対策組織のメンバーに保護者や地域住民がほとんど含まれていないのは、そうした現場の自律的な専門的判断を潰さないために、従来のやり方を安易に変えない組織を選択しているということかもしれない。

しかし、その可能性を認めたうえで、やはりこの組織には不満を感じる。安易な手続き主義と専門家主義のもとで強化される組織化は独断的なものになりかねず、学校がそもそももっていた子どもたちの生きる世界を大切にし、いじめに柔軟に対応してきたいじめへのまなざしを、自ら否定し、回復するチャンスを失うことに繋がるからだ。選んだ組織に縛られて、状況の中で対応する他の可能性が制限されたり、臨機応変に柔軟に動くことができなくなってしまったりしたら、教師たちはどのように子どもたちを守るのだろうか。自律性を高めるとは、選択の自由度が拡大され、他でもあり得る可能性を高めることだ。教師に求められる自律的で専門的な判断は、状況の中で子どもたちに向けて適切に行使されてこそ「専門的」たりうる。

ネットいじめの例を出すまでもなく、いじめはそもそも学校の中だけで起こっているわけではない。学校の中にとどまるものでもない。保護者や地域住民が積極的にかかわれば、子どもたちの世界を多元化させる対応の可能性は大きく広がる。しかし、学校はそれを選択しなかったと言えるだろう。学校と保護者、地域住民で構成された学校運営協議会が学校の運営主体になるコミュニティ・スクールにおいてさえ、多くの学校がいじめ対策組織に保護者や地域住民を含めていない。学校はいじめに柔軟に対応してきたいじめへのまなざしをいじめ対策・いじめ対応の核心とし、子どもたちの生きる世界を多元化し、拡大する選択ができなかったのではないだろうか。私たちは市民社会の新しい道徳的な秩序を模索した社会学者ユルゲン・ハーバーマスが残したことばを思い出さずにはいられない。

不寛容な実践へと導く原理主義は法治国家と両立しえない。そのような実践は、宗教的あるいは歴史哲学的な世界解釈に支えられ、特定の生活形式を特権的なものとし、排他性を要求する。そのような見解は自らの要求の可謬性に対する自覚と「理性の重荷」（J・ロールズ）に対する敬意を欠いている。もちろんグローバルな世界解釈や宗教的信念が、今日の経験科学の仮説的知が伴うような可謬性に拘束されねばならないというわけではない。しかし、原理主義的世界像は、また違う意味で独断的である。そこには、他の世界像と自らの世界像との関係に対する反省の余地は存在しない。したがって、原理主義は異なる世界像と一つの討議空間を共有できず、競合する要求について根拠を示して主張することもできない。原理主義の世界像には、「理性的不一致」の余地が存在しないのである。（Habermas 1996／邦訳 二〇〇四、二五五頁）

「多文化社会においては、生活諸様式の平等な権利での共存が意味するのは、全ての市民に文化的伝統の世界で差別されずに成長し、またその中で子どもを育てる機会を保証することである」（前掲書、二五四頁）とするハーバーマスは、硬直化した秩序の再生を目指す復古的な原理主義を批判し、右のように語っている。学校は原理主義的でない別の選択を行えるだろうか。私たちは市民社会の来たるべき未来像に向けて、新しい秩序を造り出す課題の中にいる。多元的多文化主義の世界像に準拠する秩序をだ。たとえ困難であっても、挑戦しなくてはならないのではないだろうか。

五　七年後の世界へ――カラフルな学校は可能か

応報的レンズによる司法手続きが進む中で、いじめへの対応を整備してきた学校。学校は本当の意味でいじめへの対応力を高めたのだろうか。子どもたちの味方になれたのだろうか。七年後のまなざしを知ったいま、私たちは改めて、立ち止まって再考する機会を得たのかもしれない。

いじめを切片化した行為のレベルで捉える事実認定型のまなざしは特殊なものでなく、私たちの日常生活においてもあたり前の認識のスタイルである。本書の各章で取り上げてきた社会のいじめに対するまなざしのほとんどは、そうした種類のものと言える。そして、それに対する本書の議論も決してそのまなざしから完全に自由なわけではない。社会的な事象に言及するにあたって、私たちはみなその事象を社会化しているまなざしを参照しなければならず、それゆえに私たちの議論はいともたやすく既存のコードに組み込まれて、読み直されてしまうからだ。ゼアが示唆する回復のパラダイムを実現することはあまりに理想主義的に過ぎると揶揄されるかもしれない。

しかし、私たちが行うべきことは、それを空想的と言って放棄することではない。その息吹を支え、大きな力に変えることだろう。なぜなら、現実は甘くないという言葉の前提となっている社会のさまざまな場所で、新しいまなざしは力をもち始めているからである。

体罰の禁止、パワハラやアカハラの問題化、部活指導の旧日大ラグビー部型から青学駅伝部型への転換などはいずれも、教育システムの中で当然視されてきた、悪いものを矯正して善いものに変える善悪─矯正型の教育者優位のコミュニケーションを、被教育者のニーズに基づいて意味づけるコミュニケーションに転換するものである。生徒指導の場面だけでなく、授業の学習指導場面でも同じことが起こっている。決められたことを一方的に教え、習得できなかったことを学習者個人の責任に帰する教育はもはや過去のものとなっている(はずだ)。学習を個別最適化させることが要請され、一人一人に応じた教育の実現が期待されている。そこでは教育のコミュニケーションは、教育システム内の行為であるというだけで正当性をもつことはできない。教育的行為は生活者の世界を意味基盤とするものに変わりつつあるのだ。

これは教師の行為の適切性を問うまなざしとも繋がっている。適切性は個別の事情に応じて判断されなければならなくなったのである。同様の適切性を問うまなざしが他の専門職に対しても向けられていることを考えれば、こうした変化が教育に特有のものでなく、社会のさまざまな場所で起こりつつあることが理解できるだろう。二〇一九年版『犯罪白書』によれば、一九四八年に設置された検察審査会制度の中立件数は一九八九年度から二〇一八年度までで一一〇三件から二二一五件に倍増している(第六編/第二章/第一節/三)。一九四三年度に停止されていた一般市民が犯罪の審理に参加するかたちばかりの陪審制度も、二〇〇四年に裁判員制度として復活し、実効的な審議が行われている。これらは市民感覚を重視する転換として理解できる。ただし問題は、既に指摘したように、その市民感覚が旧来のまなざしから自由ではないということだ。したがって、市民感覚の名の下に、旧来の判断が追認され、正当化されてしまうことの方が現実的には起こりやすい。制度の運用がどのようなまなざしのもとで行われているのかを問うことができないならば、それはたちまち旧来のまなざしに絡め取られてしまうのだ。それはコミュニティ・スクールにおける学校いじめ対策組織の例からもわかる。専門的なものであるということによって正当性が保証されなくなった判断を、市民感覚の美名の下に正当化するだけの、単なる、いや、より強力な正当化装置を手に入れただけになってしまうのだ。

当事者の世界のもとで一つひとつの行為の意味、出来事の意味を捉えようというまなざしへの転換は確実に起こっている。このまなざしに基づくいじめ対策・いじめ対応を構想することは決して夢物語ではない。だからこそ、まなざしを子どもに向け続け、彼らを自身の世界を生き抜こうとしている存在として支え続ける関係性を回復できるように、自身のまなざしを徹底して従来のまなざしから引き離す自己省察的な視角を、私たちは社会に対しても自分に対してももたなくてはならないのである。

文献

財務制度等審議会 二〇一五、「平成二八年度予算の編成等に関する建議」（平成二七年一一月二四日）。https://www.mof.go.jp/about_mof/councils/fiscal_system_council/sub-of_fiscal_system/report/zaiseia271124/index.htm

法務省法務総合研究所 二〇一九、『令和元年版 犯罪白書』「平成の刑事政策（第六編／第二章／第一節／三 不起訴処分に対する不服申立制度 6-2-1-2表 検察審査会の事件の受理・処理人員の推移）」。http://hakusyo1.moj.go.jp/jp/66/nfm/n66_2_6_2_1_3.html

森田洋司 二〇一〇、『いじめとは何か——教室の問題、社会の問題』中公新書。

文部科学省 二〇二〇、「令和元年度児童生徒の問題行動・不登校等生徒指導上の諸課題に関する調査結果」。https://www.mext.go.jp/content/20201015-mext_jidou02-100002753_01.pdf

Habermas, J. 1996, *Die Einbeziehung des Anderen: Studien zur politischen Theorie* (suhrkamp taschenbuch wissenschaft), Suhrkamp Verlag; 4th edition.（高野昌行訳『他者の受容——多文化社会の政治理論に関する研究（叢書・ウニベルシタス）』法政大学出版局、二〇〇四年）

Zehr, H. 1995, *Changing Lenses: A New Focus for Crime and Justice, Second edition*, Herald Press.（西村春夫・細井洋子・高橋則夫監訳『修復的司法とは何か——応報から関係修復へ』新泉社、二〇〇三年）

終章

「囚われ」の意味するところ
――『3月のライオン』のいじめ観の先へ――

北澤　毅

序章で論じたように、本書が目指しているのは、「いじめ」をなくすことというよりは「いじめ問題」をなくすことであり、それは言い換えれば、「いじめられて苦しむ」という経験の仕方を変更し、「いじめ苦」を動機とした自殺をこの世界からなくすことである。そのためには、日本社会を強烈に呪縛している「いじめ物語」からの解放を目指さなければならないというのが本書を貫く問題関心であり、「囚われのいじめ問題」という題名に込めた狙いでもある。そして第9章までの各章で、多角的な視点から大津市事件を分析的に捉え直すことで囚われの姿を描き出してきたが、それを踏まえて終章では、「いじめ物語」への私たちの囚われの姿をより一般化して論じるとともに、「囚われ」から脱し「いじめ問題」を収束させる方法を考えてみたい。

一　「傍観者」という囚われ

『3月のライオン』という羽海野《うみの》チカ作の漫画がある。二〇二一年七月現在、単行本一五巻、実写映画化もアニメ化もされており、文部科学省のいじめ対策ともコラボレーションしているなど絶大な人気を誇る作品である。文科省はコラボした理由について、「アニメでは、ヒロインの川本ひなたが、中学校でいじめられるものの、主人公の桐山零や家族の助けを得ながら、いじめに立ち向かっていく様子が描かれています。これは、文部科学省の施策である、いじめ防止の取組を普及啓発する趣旨にも沿っていると考えられます」と述べているが(1)(https://www.mext.go.jp/march_lion/)、ここで注目したいのは、作品に描かれているいじめ観である。

ひなたのクラスには、いじめ加害側のリーダー高城と、彼女に同調する女子生徒たちがいる。ひながいじめられるようになったのは、それ以前にいじめられていた友人の佐倉ちほを庇ったからであり、佐倉が転校した後にいじめられ役がひなたに回ってきたという経緯がある。このクラスには、無力な担任教師といじめに気づいているが無関心を決め込む生徒しかおらず、そのことが一層ひなたを孤立無援の状態に追い込んでいくという、まさに「いじめ集団の四層構造」(森田・清永 一九八六)の典型的な姿が描かれている。

（1） 鹿川君事件と四層構造論

森田らによる「いじめ集団の四層構造」論の最大の功績は傍観者の存在に光を当てたことにあるが(2)、傍観者とは「見て見ぬ振りをする者」というほどの意味だろうから、傍観者を含む四層構造は、「学級のなかで起きている〈いじめ〉をクラスのみなが知っている」ことを前提にしているモデルと理解できるだろう。実際、『3月のライオン』では、担任教師を含めクラスの生徒全員が「高城たちがひなたをいじめている」ことを知っている様子が描かれているが、こうした「クラス全員がいじめを知っている」という認識の一致を前提とした四層構造論には重大な問題が潜んでいるのではないかということを、一九八六年二月に発生した鹿川君事件を事例に論じておきたい。

「いじめ問題」において傍観者の存在が注目されるきっかけとなったのは、「葬式ごっこ」が激しく非難された鹿川君事件であった。当時の朝日新聞が、「鹿川君自殺、葬式ごっこ追悼色紙の全容分かる」という見出しの記事本文中で、「周囲に、はやし立てる同調者と、自分が代わりの標的になるのを恐れる傍観者がいて、止める子がいない――というのが『現代いじめ』の特徴」(朝日新聞 一九八六年二月二日)と四層構造論の視点から解説しているが、それから五年後の一九九一年四月六日夕刊「らうんじ」欄には、「いじめに四層構造 森田洋司さん」という見出しのもとで、豊田充(朝日新聞記者、当時)による三〇〇〇字に及ぶインタビュー記事が掲載されている。このようにして葬式ごっこが四層構造論の視点から語られるようになるのだが、注目したいのは、一九九四年に豊田が刊行した『「葬式ごっこ」――八年後の証言』の中での元生徒たちの証言内容である(3)。

(2) 認識の不一致(すれ違い)のもつ意味

八年後の証言に登場する元生徒は一〇名だが、ここでは鹿川君と同じクラスだった八名の証言内容を検討する。まず注目したいのは、当時から「いじめだと思っていた」とはっきりと語っているのはわずか一名であることだ。それ以外の七名は、たとえば、「フェルトペンのひげ描き事件のときは、鹿川もおもしろがっていたと思う。葬式ごっこも、みんなはそのノリでやったから、本当に遊びのつもりだった。あれは、みんなの意図と鹿川が感じたものの、すれ違いだったんだ」（豊田 一九九四、一〇一頁）などのように、その当時は、葬式ごっこをはじめとした鹿川君をめぐる出来事を軽いノリの遊びのつもりだったとか、そもそも鹿川君たちのグループに関心がなかったなどと答えている。しかし同時に、葬式ごっこについて「いまにして思えば、葬式ごっこは、鹿川がみんなにとっての自分の生命の軽さを感じ、自殺の前に踏みとどまる最後の支えであるべき一つを失った伏線だったと思う」（同書、一三〇頁）などと、過去を振り返るなかで「あれはいじめだった」と語るばかりか、自分もいじめに加担していたと自責の念を表明する者もいる。

　こうした元同級生の語りを受けて豊田は、まさにこのクラスの中に「いじめの四層構造」を見て取ることができると二度にわたり言及していることに加え（同書、九六頁、二二八頁）、同書の中で豊田と対談をしている森田も「傍観者が増えると、いじめっ子が増えるのです」（同書、二三三頁）と語っている。

　しかし、このクラスの人間関係をいじめの四層構造モデルで理解しようとするのは適切なのだろうか。鹿川君は、「このままじゃ生きジゴク」と書かれた遺書を残して自殺をしたのだから、「いじめ苦」を動機に自殺をしたことは疑いないだろうし、あれほどまでに大きく報道されたのだから、「葬式ごっこ」の色紙に寄せ書きをした生徒たちとしては「私はいじめていない」などとは口が裂けても言えない状況だったに違いない(4)。しかし八年後の彼らの語り方で注目すべきは、「あの当時は、本当に遊びのつもりだった」と、事件前の当時のクラスの様子を再現しようとする再現話法と、「いまにして思えば」という、事件を踏まえて、現時点から過去を再解釈する遡及話法とを使い分けつつ、再現話法においては、八名中七名が「あの時は遊びのつもりだった」などと八年後でも（あるいは、八年経過したからこそ）語っていることである。こうした同級生たちの語りを「言い逃れだ。無責任極まりない」と非難するのはたやすいが、彼らもそのような非難を充分予測しながら、それでも「遊びのつもりだった」と語っているように思われてならない[5]。

この点については豊田氏本人に尋ねる機会を得たが、豊田氏は「不本意な思いがした。しかし、私はジャーナリストとして、彼らの語りを正確に伝えようと思った」と語っていたのが印象的だった[6]。確かに、「言い逃れ」とも解せる語りを伝えることが不本意だったという豊田氏の思いも理解できるが、同級生の一人による、「あれは、みんなの意図と鹿川が感じたものの、すれ違いだったんだ」という語りの中には、「いじめ問題」の重要な要素の一つが隠されているのではないか。つまり、加害者とされた生徒たちはもちろん傍観者とされた生徒たちの多くも「遊びやじゃれあい」としか見ていなかった出来事を、鹿川君本人は「生きジゴクの苦しみ」と思い自殺を決行してしまったという、どうしようもなく悲劇的なすれ違いが起きていたのではないかということだ。

ところで、「いじめ自殺」をめぐるすれ違いは、いじめに気づかなかったというレベルと、いじめには気づいていたが自殺のSOSには気づかなかったというレベルとの、二段階で生じる可能性がある。そうした様子については、「いじめ自殺」で子どもを失った遺族へのインタビュー集である鎌田（二〇〇七）に詳しいが、その中で鹿川君の父親は、いじめには気づいていたが、まさか自殺するとは思わなかったと語っている（同書、九頁）。とはいえここで重要なのは、鹿川君の父親が「自殺するとは思わなかった」ことを、「いじめ自殺」が社会的に認知されていなかった時代のせいにしてはいけないのではないかということだ。この点を明確にするために、近年の事例をもう一つ紹介することで、すれ違いを生み出すメカニズムを明らかにしたいと思う。

二〇一四年五月二〇日、神奈川県の高校一年生が「いじめ苦」を動機とした自殺を図り植物状態になってしまった事件がある。この事件は裁判になり最高裁まで争われたが、「社会通念上許される限度を超えた客観的に違法な行為（不法行為）と評価することはできない」（地裁ウェブ版 一五頁）という判断が地裁から高裁まで一貫しており、原告側の全面敗訴となっている。地裁の判決文によれば、高校入学後、原告生徒には四人の友達ができ仲良くしていたが、五月一五日から一六日にかけて、突然、「無視される、にらまれる、笑われる」など五件にわたる問題行動を受けたという。そして、土日を挟んで一九日（月）に登校したが体調不良で保健室に行き、養護教諭や担任に相談し、帰宅後は両親にも事情を話し、両親は、友達との関係改善のためにとスマートフォンを買い与えたという。しかし翌朝、自室で心肺停止状態のところを母親に発見され、命は取り留めたものの植物状態になったという。なお遺書には「Y1、Y2、Y3、Y4 ずっと仲よかったのにイジメられてすごいかなしかったもうたえられないそして一生ゆるさない」（地裁ウェブ版 一二頁）と書かれていたというから、いじめを苦にした自殺の試みであったことは確かである。

ここで注目したいのは、地裁判決文の中で引用されているクラスメイトに対するアンケート結果である。三八名中一名の女子からのみ「詳しくは分からないけど、いつも一緒にいる子たちからはぶかれていたらしい」という「いじめ」を疑わせる伝聞回答があったというが、男子二一名中一二名、女子一七名中一〇名は「特にありません。分かりません」と回答しており、アンケート結果からすれば、クラスのほとんどの生徒たちは、原告生徒が死にたくなるほどの「いじめ」に苦しんでいたことを知らなかったように思われる。確かに、仲の良い友達だと思っていた相手から無視されれば傷つくだろうし地裁もその点は認めている。しかし、確認されている五件の問題行動はわずか二日間の出来事であったこと、アンケート結果からも「いじめ」を疑わせる有力な回答がなかったこと、さらには月曜日には養護教諭と担任ばかりか両親にも事情を話し、落ち着いた様子を見せていたとすれば、たとえ友達関係上の苦しみを打ち明けていたとしても、すぐにも自殺を試みるとは誰にも予測できなかったのではないか。

このように、鹿川君事件もそれから三〇年後の自殺未遂事件も、認識の一致を前提とする四層構造論的いじめ観では説明のつかない「いじめ」の存在を示しているとすれば、私たちにはどのような対応が可能なのだろうか。

二　「いじめ苦→自殺」という囚われ——いじめ裁判と大津市事件

『3月のライオン』の中でもう一つ注目したいのは、ひなたが「こんな所　何があったって　生きて卒業さえすれば　私の勝ちだ」と叫んでいる場面だ（第七巻六九章）。言うまでもなく、「生きて卒業さえすれば」という叫びを可能としているのは、「いじめ苦→自殺」を中核要素とする「いじめ物語」にひなた自身が囚われているからである。

「いじめ苦」が死と結びつくことを日本社会が明確に意識し始めるのは、一九八五年一月に発生した水戸市中学生自殺事件の報道が契機となっていると考えられるが(北澤 二〇一五)、それから三十数年間にわたり、私たちの社会はいじめ問題解決を志向するさまざまな言説を生み出し対策を講じてきた。しかし、こうした動向は、「いじめ問題を解決したい」という思いとは裏腹に、「いじめ苦→自殺」という囚われをますます強化している恐れがあるのであり、そのことが、『3月のライオン』にも先の高校生自殺未遂事件にも、象徴的に表現されているように思われる。

ただし、いじめ裁判の世界での自殺判断においては、そうした社会動向とは異なる独自の論理が維持されてきた。つまり、自殺とは基本的には本人の意志の問題であり、自殺を予測させる特別の事情がない限り、他者には予見不可能という理由から、自殺に対する被告側の損害賠償責任を認めてこなかったという歴史がある。(7) しかし、このような裁判動向に変化をもたらすうえで、大津市事件は二重の意味で重要な転換点になっているように思われる。一つは、大津市事件の社会問題化を契機として、二〇一三年に「いじめ防止対策推進法」が成立したこと、もう一つは、本事件の確定判決である大阪高裁の判決(二〇二〇年二月)で、「いじめと自殺との間には相当因果関係がある」とし、自殺を通常損害と認めたことである(通常損害については、次頁に引用している高裁判決文参照)。

まず、いじめ防対法の「いじめ観」であるが、第一条で、いじめは「生命又は身体に重大な危険を生じさせるおそれがある」としたうえで、第二条で、いじめを「心理的又は物理的な影響を与える行為であって、当該行為の対象となった児童等が心身の苦痛を感じているものをいう」と定義していることからすれば、どのような行為を他者からされたかはともかく、その行為によって本人が心身の苦痛を感じれば「いじめ」であり、いじめであるなら生命に重大な危険をもたらす恐れがある、と捉えていると理解できる。そうだとすれば、先述した高校生自殺未遂事件も、友達の行為を「いじめ」と捉え遺書を残して自殺を図ったのだから、いじめ防対法に依拠すれば「いじめ自殺未遂」と判断すべきと言えるのかもしれない。

実際、市川(二〇一八)は、この自殺未遂事件を紹介しつつ、「いじめ対策法上のいじめ該当行為が、不法行為法上の違法に直結せず、違法性が否定されるケースの存在は、いじめの定義の広範さから必然ともいえる」(同書、二七頁)と論じる一方で、「心理的いじめによる自殺についてだけ、暴力的いじめよりも予見可能性のハードルを高く設定する判例傾向は、克服されるべきである」(同書、三六頁)と論じている。さらに裁判官の橋本英史も、いじめ防対法に言及しつつ市川と同様の見解を表明している(橋本 二〇一八)。橋本は、いじめ自殺のみならず過労自殺や体罰自殺の判例や、いじめ自殺裁判をめぐる学術界や法曹界の先行研究を丹念にレビューしつつ、いじめが当該生徒の生命・身体に重大な被害をもたらす危険があることは確固たる周知性を獲得しているゆえ、自殺は予見可能だと判断している。それゆえ、いじめ自殺が起きれば、学校側は、自殺という結果を予見し回避する義務に違反したものといえ、学校側は自殺損害について賠償責任を負うと解釈するのが相当だと論じている(橋本 二〇一八、(二)一一頁)。

市川と橋本の論文はともに、いじめ防対法の成立を踏まえて二〇一八年に発表されているが、こうした学術界や法曹界の論理展開の流れの中に、本事件の大津地裁判決(二〇一九年)と大阪高裁判決(二〇二〇年)は位置づくように思われる。なかでも確定判決となった大阪高裁は、「その行為当時、いじめによりその被害者が自殺に至る可能性があることについて学術的にも一般的知見として確立し(略)

いじめによってその被害生徒が自殺することもあり得ることは社会一般に広く認知されており、行政の側でもその対策を模索し、平成二五年にはいじめ防止対策推進法の成立にまで至っているという経緯も併せ考慮すれば、本件各いじめ行為を受けた中学二年生の生徒が自殺に及ぶことは（略）社会通念に照らしても、一般的にあり得ることというべきであり、亡Xの自殺に係る損害は、本件各いじめ行為により通常生ずべき損害に当たるものということができ、控訴人らの本件各いじめ行為と亡Xの自殺に係る損害との間には相当因果関係あるものと認められる」（高裁ウェブ版 四九頁）と、いじめによる自殺を通常損害として明確に認めている点が注目される。

この判決が、今後のいじめ裁判にどのような影響を与えるかを注視していく必要があるが、さしあたり言えることは、ここに至って「いじめ物語」は法的にも正統性を付与されたとみなせることだ。そのことで多くの遺族は救われるかもしれないが、「いじめ苦」を覚えた子どもたちがますます死の世界に引き寄せられ、新たな遺族を生み出す危険性を高めることにはならないかと危惧している。

ではどうしたら良いのか。不幸にも遺族となってしまった人びとに対しては、災害共済給付制度のように、いじめ事実が疑われるかどうかにかかわらず「学校災害」に対する経済的救済制度のさらなる充実が求められるとともに、(8) 本書第5章で言及している裁判外紛争解決手続き（ADR）の試みや第9章で紹介している修復的司法の理念の制度的実現を図ることで、遺族の社会的・精神的救済を志向していくことが不可欠であろう。

そして、それと同時に重要なのは新たな遺族を生み出さないための対策である。そのためには、現行のようないじめ防止対策や「いじめ自殺」を通常損害と認めるような判決よりも、「いじめ物語」

への囚われからの解放を目指した解決策こそが必要なのである。

三　「いじめ問題」の解決とは――囚われからの解放を目指して

（1）避難するか闘うか

『3月のライオン』には、いじめへの二つの対処法が描かれている。第一は「避難」であり、佐倉が不登校を経て転校し、転居先で「心のケアセンター」に通う中で徐々に立ち直っていく姿が描かれている。ただ本作では、佐倉の転校は、いじめの残酷さから逃れるためのやむを得ない手段として描かれているが、現実社会においては、自分の身を守るための積極的な選択肢として不登校や転校を理解すべきだろう。

学級とは、たまたまある地域に暮らす同世代というだけで一つの空間に押し込めることを強制する制度であるとすれば、「みんな仲良く」などというのはそもそも無理がある。だから、嫌なら行かなくて良い、他にもさまざまな選択肢があるということを、大人社会はもっとはっきりと子どもたちに伝えるべきだし、学校以外の多様な居場所作りをさらに進める必要があるはずだ。

そして第二は「闘い」である。ひなたは、学級内での孤立を恐れつつも、そのことにおびえるのではなく怒りを覚え闘う決意をし、「こんな所　何があったって　生きて卒業さえすれば　私の勝ちだ」と叫ぶ。この姿勢は、『私のいじめられ日記』の中の「私は死にません。それでは戦えないもの」（土屋怜・土屋守　一九九三、八二頁）という語りと同型とも言え、「いじめ苦→自殺」物語を引き受けているという意味では危うさが感じられるが、いじめと闘おうとしているという意味では人間的な強さの表われでもある。では、不登校も転校もせず(できず)いじめと闘うこともできない生徒たちはどうすれば良いのだろうか。最後に、個人レベルと社会レベルでの「囚われ」からの解放戦略を示しておきたいと思う。

(2)「いじめ経験」を書き換える――再著述化実践という方法

まずは個人レベルの戦略である。子ども時代に過酷ないじめられ経験をしたという精神科医の中井久夫の「いじめの政治学」(中井 一九九七、二一-二三頁)は、学級集団を権力社会と捉え、その閉塞社会の中で標的にされたいじめ被害者が「透明化」させられ自尊心を失い、いじめっ子に従属していく過程を鮮やかに描き出しており、大津市事件の第三者調査委員会報告書も中井の「透明化」概念に複数回言及している(報告書 五五頁他)。しかしここで注目したいのは、子ども時代の過酷ないじめに耐えることができた理由として、「自分を乖離していじめられている自分をひとごとのように外から眺める能力」(中井 一九九七、二二頁)をもてたことと論じている点だ。

ここで「自分をひとごとのように外から眺める」とは、「自己を相対化する」とほぼ同じ意味と理解できるが、重要なのは相対化する方法である。序章で論じたことだが、いじめに苦しむ子どもがなぜ自殺をするかといえば、①自分の経験をいじめと解釈し、②「いじめは死に値する苦しみである」と解釈するという、二段階の解釈を行っているからである。そうだとすれば、この二つの解釈過程に変更を加えることで、「死にたい」という苦しみから子どもたちを解放できるのではないか。

まず第一段階への対処は、自分の経験の意味を書き換える試みである。「私はいじめられている」と自覚し始めることで、過去のみならず、今後自分の身の回りで起きる出来事のすべてを「いじめ」という枠組を通してしか解釈できなくなるとすれば「いじめ物語」に閉じ込められてしまう恐れがある。これこそが、自殺未遂をした高校生の姿かもしれない。しかし、私たちの日々の生活やこれまでの人生のすべてが「いじめられてばかりだった」ということはありそうにない。自己の存在を肯定できるような何らかのエピソードがこれまでの人生の中に必ずあるはずだ。それに気づき、そのエピソードを手がかりに自分の人生に新たな意味づけを始めることで経験を書き換えることができれば、「いじめ物語」から脱出できる可能性が生まれる。これは、ナラティブセラピーの再著述化(Re-Authoring)実践の応用であり、ホワイトは「再著述する会話は、人生についてのストーリーを発展させ、語り続けるよう人々を促すと同時に、彼らのドミナントなストーリーラインには『同調していない』、ないがしろにされてきたが重要性を秘めた出来事や経験を盛り込むよう助ける」(White 2007／邦訳 二〇〇九、五四頁)と論じており、ここでのドミナント・ストーリーが「いじめ物語」に該当することは言うまでもない。そしてこうした実践を効果的なものにするためには、人生の物語性を理解する大人たちの協力が必要不可欠となるだろう。(9)

もっとも、この方法では二〇一四年に自殺未遂をした高校生は救えないかもしれない。教師たちや両親からすれば、相談を受けた翌日には自殺を決行されてしまったわけだから、たとえ再著述化などの経験の書き換え方法を知っていたとしても実践する時間がなかったということになるだろう。しかし、それでも救える可能性として残されているのが、「いじめ苦→自殺」という「いじめ物語」の解体である。

（3）「いじめ」と「自殺」の結びつきが文化的な構築物であるとするなら、その結びつきを解除できれば論理的には「いじめ問題」は解消することになり、上述の高校生は「いじめ苦」を動機として自殺を試みることはなかったはずだ、というより、できなかったはずだ。それゆえ、「いじめ苦→自殺」は因果的必然ではなく、社会的構築物であり文化的慣習であることを理解すること、言い換えれば、自分の苦しみの由来を理解することができれば、苦しみから解放される可能性が高まる。あくまでフィクションの世界だが、テレビドラマ『わたしたちの教科書』（二〇〇七年四月一二日から六月二八日まで全一二話、フジテレビ系）のラストでは、いじめられて死のうと思っていた中学生が自らの力で「いじめ物語」を解体し生きようとするという、いわば自己相対化の究極の姿が感動的に描かれている。しかし、「いじめ物語」に強烈に囚われている現実社会を生きる子どもたちが、自らの力で経験の意味を書き換え「いじめ物語」を解体し囚われから脱するなどということは限りなく難しいだろう。

そして、そこにこそ本書の存在意義がある。大津市事件という一つの事例を通して、「いじめ」という事実と「いじめ自殺事件」という社会問題が、教育委員会、マスメディア、第三者調査委員会、裁判所などの公的機関によってどのように構築されてきたのか、そして構築された公的で規範的な事実に事件の当事者たちがいかに巻き込まれていったのか、さらに私たち社会はこの事件にどのように向き合い応答してきたのかを描き出したつもりである。なお、社会の応答の具体的な姿とは、たとえば、いじめ防止対策推進法の成立であり、いじめによる自殺を通常損害と認定した大阪高裁判決であり、なにより、大津市事件以降も、「いじめ苦」という動機を表明し自殺を試みた子どもたちの存在である。さらには、「いじめ」に関連するさまざまな事件を連綿と報道し続けているマスメディアの振る舞いはもちろん、それに応答し、その時々の当事者に対し誹謗中傷を繰り返す匿名社会もまた、見過ごすことのできない応答の一形態である。

このように、実に多様な存在が相互に応答し続けることで「いじめ物語」が再生産され続ける社会に生きる私たちに、どうしたらこの不気味で強大なうねりを食い止めることができるかが問われ続けている。その意味で、「いじめ物語」に抗おうとする本書の試みに応答してくれる他者が現れるのかどうか、その行方を見守りたいと思う。

注

(1) 本章での分析対象は漫画だが、文科省がコラボしているアニメ作品は、原作漫画をほぼ忠実に再現している。

(2) 傍観者論としては、限界質量概念を導入して傍観者の動向といじめ容認との相関メカニズムを分析している正高信男の議論が刺激的である(正高　一九九八)。

(3) 同書九六頁に、「いじめに関する森田教授の最初の著作『いじめ――教室の病い』(共著、金子書房)を、刊行前にゲラ刷りのまま読んだのは、鹿川君が亡くなる二ヶ月ほど前だった」とあるので、一九八六年一二月二二日の記事が四層構造論を念頭において書かれていることは間違いないと思われる。

(4) 鹿川君の遺書には「いじめ」という言葉はない。ゆえに、自殺の動機は「生きジゴクになるほどの苦しみ」と言うべきかもしれない。ただし担任教師や父親は、事件の二～三カ月前から、彼の経験を「いじめ」という言葉で把握していたということ（鎌田 二〇〇七、三頁）、そして事後的には、彼の自殺は「いじめ自殺」事件の象徴的一事例となったことなどから、本章でも「いじめ自殺」と表記する。

（5） 二〇二一年五月に、第7章に登場するQ君にあらためて話を聞くことができた。高校時代の経験として、X君と同じクラスだったとわかると、同級生から「お前らも同罪だろう」と何度か非難されたことが辛かったという。そして、元クラスメイトの多くが同じような経験をしたはずだと語っていたが、こうした非難を可能としているのは、現代の高校生もまた傍観者論に囚われているからであると言えるだろう。

（6） 立教大学で実施した北澤主宰の研究会に豊田氏を招き、鹿川君事件と大河内君事件（一九九四年一一月発生）を中心に「いじめ問題」について話をうかがった（二〇一五年一一月一五日）。

（7） いじめ裁判の歴史については元森（二〇一六）が参考になる。自殺の予見可能性をめぐる裁判所の判断の変遷に着目した詳細な議論を展開しており、いじめによる自殺の予見可能性を全面的に認めた裁判は（一審二審とも）、同書が刊行された二〇一六年時点では、津久井町立中野中自殺事件（一九九四年七月発生）のみであると論じている。

（8） 災害共済給付制度の意義とその変遷については、今井（二〇二一）を参照のこと。

（9） ここで「大人たち」とは、「人生の物語性」を理解し、「いじめ物語」に閉じ込められている子どもの経験の書き換えに手を差し伸べることのできる他者であれば、親、教師、カウンセラーなど誰でも良い。

文献

市川須美子 二〇一八、「いじめ防止対策推進法といじめ裁判の現段階」『獨協法学』第一〇五号、一一一―四二頁。

今井聖 二〇二一、「〈子ども〉の自殺をめぐる補償・救済の論理――災害共済給付制度における運用上の変化に着目して」『教育社会学研究』第一〇八集、一四一―一六一頁。

羽海野チカ『3月のライオン』白泉社、第一巻（二〇〇八年）〜第一五巻（二〇一九年）、『ヤングアニマル』連載中。

鎌田慧 二〇〇七、『いじめ自殺――一二人の親の証言』岩波現代文庫。

北澤毅 二〇一五、『「いじめ自殺」の社会学――「いじめ問題」を脱構築する』世界思想社。

土屋怜・土屋守　一九九三、『私のいじめられ日記――先生、いいかげんにして！』青弓社。
豊田充　一九九四、『「葬式ごっこ」――八年後の証言』風雅書房。
中井久夫　一九九七、『アリアドネからの糸』みすず書房。
橋本英史　二〇一八、「いじめ自殺訴訟における過失及び因果関係の各要件の内容と判断の枠組み(一)(二)(三)――いじめ自殺の周知性の獲得を斟酌した『自殺の予見可能性』の位置付けを中心とし、主に学校側の責任の判断の在り方(予見可能性緩和説の採用)について」『判例時報』二三六八号、三―一四頁、二三七〇号、三―一八頁、二三七一号、三―一三頁。
正高信男　一九九八、『いじめを許す心理』岩波書店。
元森絵里子　二〇一六、「自殺を予見する――現代のいじめ自殺訴訟と子ども・教育」貞包英之・元森絵里子・野上元『自殺の歴史社会学――「意志」のゆくえ』青弓社、一七九―二三二頁。
森田洋司・清永賢二　一九八六、『いじめ――教室の病い』金子書房。
White, Michael 2007, *Maps of Narrative Practice*, W. W. Norton.（小森康永・奥野光訳『ナラティヴ実践地図』金剛出版、二〇〇九年）

資料

横浜地方裁判所横須賀支部判決文：D1-Law. com 第一法規法情報総合データベース。
東京高等裁判所判決文：D1-Law. com 第一法規法情報総合データベース。

あとがき

二〇一二年夏、学校教員とのあいだで大津市事件が話題になることがたびたびあった。いじめをめぐるトラブルの複雑さをよく知っているであろう学校教員が、遠く離れた大津市の事件に対しては学校や教育委員会を痛烈に非難し、「自分たちの現場ではあのように隠蔽はしない」、「そもそもいじめにはすぐに気づく」と自信をもって語る姿に驚かされた。

一方、自らが属する自治体での事件ということになると、教員は慎重になる。もちろん、地域から漏れ聞こえてくる実情、あるいは知人が在籍する学校や教育委員会だからということもあろうが、S・ミルグラムのアイヒマン実験ふうに言えば、対象が抽象的であるほど非難しやすいのかもしれない。対象の抽象化の条件の一つは空間、ここでは地理的な距離がそれにあたり、大津市の学校教員の顔がみえてこなければ非難もしやすくなる。もう一つの条件は時間である。報道がなされ時間が経過し一定の理解が進んだとみなされるほど、事件は過去のものとなり、歴史の一部に近づいていく。

二〇一三年夏には、大津市事件を契機に法律が制定されるなど、この事件は、当事者や関係者の経験から遠くかけ離れたところで早々に過去の出来事とみなされ、言及され続けることで「定説」になっていった。これが社会問題になるという事態の一つの側面である。

その後、大津市とは別のところでこの社会問題の力に直面せざるを得なくなった教員の声を聞くこともあった。ひとたび事件当事者になると、現場の現在は、その固有性に無関心なよくある社会問題言説に有無を言わさず押し切られていくことに気づくことになる。そして、気づいたときには手遅れであるという事態が繰り返されるたびに、多様性をもっていたはずの現在は定説化された過去の一部に組み込まれ、完了形へと変貌していくのである。

しかし、過去は絶えず書き換えられていく可能性に開かれており、それが未来を変える力となるはずだ。本書副題に「未完」の語を付す一方で、「いじめ」という語を使用しないのは、現在のいじめ物語に大きな影響を及ぼし続けている本事件を、「自殺練習」「隠蔽」「いじめ自殺」などの言葉で定説化してしまっては、この事件から何も学べないと思うからである。とはいえそれは、別の定説、あるいは「真実」の制作を目指しているからではない。当事者や関係者の経験を捨て去るのではなく、事件の再検証の可能性を確保し、いじめ物語に囚われた現在そして未来を変えたいと思うからである。そのための第一歩は、過去を完成されたものとみなして「わかった」つもりにならないことであるが、向き合うべき過去は本事件に限らないのは言うまでもない。

本書のもととなる調査の経緯は序章で述べたとおりであるが、ここでデータの説明と使用について、本書が採用した基本方針を述べておきたい。まず、データの説明は、必要に応じてデータの種類ごとに最初に使用する各章で提示することとした。また、インタビューデータの使用については、調査時に書面で依頼したうえで、公表前の原稿を事前に確認してもらい、あらためて使用許可を得た。

録音やデータ使用を許可してくださったインタビュー協力者の方々はもちろん、さまざまな事情から録音データの使用は許可できないと回答された方々へも、あらためて調査にご協力くださったことに感謝申し上げたい。本書で直接的には言及できずとも、貴重なお話を伺うことで、本事件の理解を深める助けとなったことは間違いないからである。なお、本書ではインタビューデータのごく一部しか使用できておらず、多くの貴重な証言が埋もれたままになっている。その意味で本書は、現時点での私たちの成果ではあるものの、研究としては「未完」であり、他日を期したいと思っている。

本書の企画段階から随分と時間が経過したが、こうして刊行できたことに深く安堵している。第三者調査委員会報告書や地裁・高裁の判決文の読み合わせや草稿検討会をもっぱらZoom形式で約二〇回実施したが、共同研究メンバーからばかりか法律専門職の方からも助言をいただく機会をもてたことに感謝している。さらには、岩波書店編集部の田中朋子さんも毎回のように検討会に参加してくださり、その時々に貴重なご意見をいただくことができ大変ありがたかった。

本書のもととなる共同調査は、二〇一二年二月に開始し、これまでに三〇回以上にわたり大津市や京都市などを訪ねることになったが、インタビュー調査や、新聞・テレビ・週刊誌・いじめ裁判関連資料などの収集整理作業においては、本書執筆陣に加えて、その時々に立教大学の北澤研究室に所属していた大学院生たちの献身的な協力にも大いに助けられたことを記しておきたい。

二〇二一年七月

北澤　毅・間山広朗

［執筆者］

越川葉子（こしかわ・ようこ）（第 1 章，第 6 章）

1978 年生．東京未来大学こども心理学部講師．教育社会学，子ども問題の社会学．「『家族』になった『父』と『娘』――成員性の喪失と回復手続きとしての〈泣き〉」北澤毅編『文化としての涙――感情経験の社会学的探究』（勁草書房），「『いじめ問題』にみる生徒間トラブルと学校の対応――教師が語るローカル・リアリティに着目して」『教育社会学研究』第 101 集など．

稲葉浩一（いなば・こういち）（第 3 章，第 7 章第 1〜4 節）

1976 年生．北海道教育大学大学院教育学研究科准教授．教育社会学，青少年問題．「記録される『個性』――言説－解釈実践としての児童理解の分析」『教育社会学研究』第 93 集，「『寮の子』としての少年院生――寮を基盤とした『集合的個性』に着目して」『犯罪社会学研究』第 44 号など．

今井　聖（いまい・さとし）（第 5 章）

1991 年生．立教大学文学部教育研究コーディネーター．教育社会学，子どもの自殺問題の社会学．「『いじめ自殺』事件における過去の再構成――大津いじめ事件の『自殺の練習』報道に着目して」『現代の社会病理』第 35 号，「〈子ども〉の自殺をめぐる補償・救済の論理――災害共済給付制度における運用上の変化に着目して」『教育社会学研究』第 108 集など．

山田鋭生（やまだ・ときお）（第 7 章第 2 節）

1983 年生．共栄大学教育学部准教授．教育社会学，教師－生徒関係の社会学．「『学級的事実』としての『学習』の達成――授業場面における〈文の協働制作〉の相互行為分析」『子ども社会研究』第 21 号，「幼稚園教育場面にみる学校的相互行為――第二次的社会化の原初形態としての『学校的社会化』という観点から」『共栄大学研究論集』第 17 号（共著）など．

紅林伸幸（くればやし・のぶゆき）（第 9 章）

1962 年生．常葉大学大学院初等教育高度実践研究科教授．教育社会学，教師研究．『シリーズ現代の教職 7　新しい時代の教育社会学』，『アクティベート教育学 2　現代の教師論』（ともに共著，ミネルヴァ書房）など．

［編者］

北澤　毅（序章，第 4 章，終章）

1953 年生．立教大学名誉教授．教育社会学，逸脱の社会学．『少年犯罪の社会的構築――「山形マット死事件」迷宮の構図』（共著，東洋館出版社），『「いじめ自殺」の社会学――「いじめ問題」を脱構築する』（世界思想社）など．

間山広朗（第 2 章，第 8 章）

1974 年生．神奈川大学人間科学部教授．教育社会学，いじめ問題・学校授業の社会学．「概念分析としての言説分析――『いじめ自殺』の〈根絶=解消〉へ向けて」『教育社会学研究』第 70 集，「いじめの定義問題再考――『被害者の立場に立つ』とは」北澤毅編『〈教育〉を社会学する』（学文社）など．

囚われのいじめ問題―未完の大津市中学生自殺事件

2021 年 9 月 10 日　第 1 刷発行

編　者　北《きた》澤《ざわ》　毅《たけし》　間《ま》山《やま》広《ひろ》朗《お》

発行者　坂本政謙

発行所　株式会社 岩波書店
〒101-8002 東京都千代田区一ツ橋 2-5-5
電話案内 03-5210-4000
https://www.iwanami.co.jp/

印刷・法令印刷　カバー・半七印刷　製本・牧製本

ISBN 978-4-00-061488-7　Printed in Japan